재무관리원론

: 사례중심

정 기 웅

탑북스

저자 서문

재무관리란 기업활동 중에서 자금의 흐름과 관련한 여러가지 의사결정을 효율적으로 수행하기 위한 이론과 기법을 다루는 것이다. 기업의 모든 활동은 돈과 관련되어 있는 만큼 재무관리는 기업의 어떤 기능보다도 핵심적이고 중요한 기능이다.

그러나 현대의 재무관리는 단순히 기업의 자금조달과 운용에 관한 문제를 넘어서, 이를 효율적으로 달성하기 위한 원리로서 광범위한 이론을 바탕으로 하고 있다. 따라서 이러한 이론들이 현실에 적용되고 접목되기 위해서는 충분히 그 핵심원리를 이해할 수 있어야 한다. 본서는 그 핵심원리를 가능한 한 읽기 쉽게 이해시키고자 하는 바람에서 집필되었다.

현재까지 대학에서 재무관리 교재는 다수 출판되었으나 사례를 중심으로 한 서적은 출판된 적이 없다. 그러나 본서는 사례를 중심으로 기업의 경영과 업무를 수행하는 데 꼭 필요한 핵심적 원리를 전달하는 것에 목표를 두었다.

본서의 특징을 간단하게 정리하면 다음과 같다. 첫째, 사례를 중심으로 재무관리기법에 대해 서술하였다. 둘째, 재무관리의 기반이 되는 재무제표(손익계산서, 대차대조표, 현금흐름표)와 회계의 기본개념(회계의 역할, 원가계산, 예산 등)에 대해서도 서술하였다.

본서는 크게 6편으로 구성되어 있다.

제1편에서는 기업의 종류(개인회사, 합자회사, 주식회사)에 대해 살펴본다.

제2편에서는 재무제표의 개념과 작성에 대해 살펴본다. 특히, 재무관리의 기반이 되는 회계의 역할과 목적에 대해 살펴보고, 재무제표가 어떻게 작성되는가를 간단하게 살펴본다.

제3편에서는 재무제표의 하나인 손익계산서와 그 활용에 대해 살펴본다. 특히, 원가계산방법에 대해 간단히 살펴보고 손익계산서를 활용하여 재무성과를 측정하는 것에 대해 살펴본다.

제4편에서는 관리회계 방법에 대해 살펴 본다. 특히, 모든 기업은 예산을 짜고 그 예산을 활용하는데, 여기에서는 사례를 중심으로 살펴본다.

제5편에서는 재무제표의 하나인 대차대조표와 활용에 대해 살펴본다. 대차대조표는 어떻게 작성되고 특히, 재무관리에서 중요한 개념의 하나인 감가상각비와 재고자산가치의 계산 사례도 서술된다.

제6편에서는 본서의 핵심주제라고 할 수 있는 재무관리에 대해 살펴본다. 우선 기업들이 선택하는 재무전략들이 어떠한 것들이 있는가를 살펴보고, 간단하게 기업의 성과를 측정할 수 있는 비율분석에 대해 살펴본다. 둘째, 기업의 생존과 직결되는 현금흐름의 측정과 개선방법에 대해 살펴본다. 셋째, 개별 프로젝트, 기업 전체, 그리고 신생기업의 가치평가에 대해서도 살펴본다. 마지막으로 기업의 자금조달 종류에 대해 살펴본다.

본서를 출판하는 데 있어서 많은 분들의 도움이 있었다. 우선 본서를 흔쾌히 출판해 주신 탑북스 출판사의 김광식 대표님을 비롯한 관계자 여러분들의 노고에 감사를 드린다. 그리고 여러 가지로 도움을 주신 영남대학교 김지수 교수님께 심심한 감사를 드린다.

2015년 6월
저자 올림

차 례

제1편 기업의 종류

제2편 재무제표의 개념과 작성

제3편 손익계산서와 활용

제4편 손익분기점과 예산

제5편 대차대조표와 활용

제6편 재무관리

제1편 기업의 종류

제1장
개인회사와 합자회사

서 론

기업이란 종종 조직을 말한다. 하나의 조직이란 목적을 달성하기 위해 설립된 몸통이다. 기업조직은 사람들에게 재화와 서비스를 제공함으로써 필요성을 충족시킨다. 모든 조직은:

- 목적을 달성하려고 노력한다.
- 자원을 사용한다.
- 지휘를 받을 필요가 있다.
- 책임을 져야만 한다.
- 법적 요건을 충족시켜야 한다.
- 공식적인 조직구조를 갖고 있다.

주요 내용

1. 기업의 종류
   (1) 비법인기업-개인회사와 합자회사(partnership) (2) 법인기업(주식회사)
2. 개인회사의 장 · 단점
3. 합자회사의 장 · 단점

사 례 1-1

갑순이는 서울에 현대화원을 소유하고 있다. 그녀는 세 분야-웨딩, 지역기업들의 업무, 그리고 개인집의 꽃-에서 고객들을 유치한다. 지난해 7월에 설립되었음에도 불구하고, 수요가 창조적인 업무처리방식의 명성덕분에 급증했다. 그녀는 가족을 부양하기 위해 직장을 그만두고 개인사업자로 기업을 설립했다. "현재 9살과 6살인 내 아이들을 보살피기 위해 내 인사관리업무를 그만둔 후, 나는 내 경력으로 내가 실제 가고 싶었던 곳에 대해 생각할 시간을 가졌다. 나는 적절한 훈련을 받고 나의 꽃에 대한 열정을 개발하기를 원했으므로 나는 전문대학에서 2년 파트타임 과정을 밟았다." 또한 그녀는 서울에 있는 꽃가게에서 일주일에 하루 업무경험을 쌓았다. 그녀가 졸업하자 그녀는 벌써 그녀가 그들의 개인적인 업무를 해주기를 원하는 사람들로부터 많은 제안을 받았다. 그래서 그녀는 집에서 자기자신의 사업을 운영하기 위해 그 꽃가게를 떠났다.

갑순이는 회사를 설립한 직후 기업자문, 자원 및 정보에 대한 객관적인 무료(free)안내자인 지역의 Business Link를 찾았다. "나는 5월 매우 존경받는 서울 화훼전문가의 결혼기법고급과정에 자리를 하나 예약할 수 있었다. 그 과정의 비용은 90만원이며 그 비용의 절반은 Business Link의 기법개발팀에게 지급될 것이다. 또한 나는 광대역 지원금을 찾았으므로 나는 잠재적 기업고객들과 웨딩 예약을 위한 나의 업무에 대해 슬라이드쇼(slideshow)를 제공할 수 있다. 나는 35만원어치의 자금을 나에게 제공할 여자대학에 의해 운영되는 여성기업가지원금을 신청중에 있다."

(1) 개인사업자(개인회사)로서 갑순이는 무한책임(unlimited liability)을 지고 있다. 이것은 무엇을 의미하는가?
(2) 갑순이가 개인사업자로서 사업을 하는 두 가지 장점에 대해 설명하라.
(3) Business Link는 갑순이가 작은 기업을 운영하는데 어떻게 도움을 주는가?

해설

(1) 개인사업자로서 사업을 하는 주요 단점 중의 하나는 기업소유주가 무한책임을 진다는 것이다. 이것은 그 기업이 부채를 가지고 있을 경우 그 소유주가 개인적으로 책임을 진다는 것을 의미한다. 이 사례에서 갑순이는 이들 부채를 갚기 위해 강제로 그녀의 개인 및 가족 재산을 팔아야 할 것이다.

(2) 개인사업자로서 사업을 하는 주요 장점 중의 하나는 갑순이가 그 기업에 의해 창출된 모든 세후 이익을 갖게 될 것이다. 그녀는 그녀가 기업의 유일한 소유주이므로 어느 누구와도 그것을 공유할 필요가 없을 것이다. 또한 갑순이는 그녀가 고객들에게 제공할 수 있는 개인적인 서비스로부터 대가를 받을 것이다. 그 이유는 개인사업자는 보통 작은 규모의 기업이기 때문이다. 갑순이는 창조적인 꽃다발(부케)과 업무처리방식의 명성을 가지고 있다. 그녀는 고객들이 기업의 소유주와 직접 거래하기를 더 선호하며, 그렇게 해야 더 높은 가격을 지불하기도 한다는 것을 알았다. 또한 갑순이와 같은 개인사업자들은 재정적 지원을 받을 자격을 가지고 있다. 예를 들어, 그녀는 그녀에게 35만원 어치의 자금을 제공할 여자대학에 의해 운영되는 여성기업가지원금을 신청중에 있다.

(3) 많은 새로운 기업소유주들은 그들이 기업을 설립할 때 도움과 지원을 받고자 한다. 갑순이는 지역의 Business Link로부터 도움–기업자문, 자원 및 정보에 대한 객관적인 무료안내–을 받았다. 예를 들어, 그녀는 매우 존경받는 서울 화훼전문가의 결혼기법 고급과정에 자리를 하나 예약할 수 있었다. 그 과정의 비용은 90만원이며 그 비용의 절반은 Business Link의 기법개발팀에게 지급될 것이다. 갑순이는 또한 광대역 지원금을 찾았으므로, 그녀는 잠재적 기업고객들과 웨딩예약을 위한 그녀의 업무에 대해 슬라이드쇼(slideshow)를 제공할 수 있다.

사 례 1-2

갑돌이, 갑순이, 그리고 이철수는 서울에서 치과사무실을 운영한다. 그들은 합자회사로 운영한다. 그들은 공적업무(의료보험환자에 대한 치료)로 시작했으나 그들 소득의 더 많은 부분이 사적 업무(비의료보험환자에 대한 치료)에서 발생되었다. 합자회사는 2003년에 설립되었다. 3명의 치과의사들은 창업자금으로 각각 1억원을 제공했다. 추가 1억원은 은행으로부터 차입되었다. 그 자금은 건물임차 및 치과장비의 구입에 사용되었다. 그 기업은 다른 4명-3명의 치과의사보조원과 경리직원-의 직원을 고용한다.

3년 동안 함께 성공적으로 영업을 한 후 문제가 발생했다. 갑순이는 더 많은 비보험 개인고객들-특히 수익성이 매우 좋은 성형치료를 요구하는 고객들-을 유치하기를 원했다. 갑돌이와 이철수는 의료보험환자의 치료에 더 전념했다. 그들은 단지 돈을 벌기 위해 그 사업을 하는 것은 아니다. 소통이 잘 안되었던 일정 기간동안의 불협화음 후에 해결을 찾기 위해 동업자회의가 소집되었다. 그러나 갑순이는 앞으로의 유일한 해결책이 그녀가 합자회사에서 탈퇴하고 나오는 것이라고 생각했다.

(1) 3년째 말에 1억8천만원의 이익이 그 기업에 의해 창출되었다. 동업계약증서(deed of partnership)가 없을 경우 각 동업자는 얼마씩 받을 것인가?
(2) 치과의사들이 합자회사로 운영하는 두 가지의 장점을 설명하라.
(3) 이 사례는 합자회사의 주요 단점 중 하나를 어떻게 보여주고 있는가?

해설

(1) 동업계약증서(deed of partnership)는 분쟁이 발생할 경우 동업자의 권리를 설명하는 법적 서류이다. 예를 들어, 그것은 각 동업자가 제공하는 자본의 크기와 이익이 어떻게 배분되는가를 나타낸다. 동업계약증서가 없을 경우 동업자간의 합의는 합자회사법(Partnership Act)을 따른다. 이 법에 의하면 이익은 동업자들 간에 똑같이 분배된다. 따라서 이 사례에서 각 동업자는 6천만원(=1억8천만원/3)을 받게 될 것이다.

(2) 합자회사로 영업을 하는 주요 장점의 하나는 기업을 운영하는 업무량과 책임이 공유될 수 있다는 점이다. 예를 들어, 갑돌이, 갑순이 그리고 이철수는 각각 병가나 각종의 휴가기간 동안 서로의 업무를 대신해줄 수 있을 것이다. 또한 그들은 핵심의사결정을 할 때 아이디어를 교환할 수 있다. 합자회사는 더 많은 자금을 조달할 수도 있다. 이 사례에서 3명의 동업자들은 총 6억원을 조달할 수 있었다. 이러한 자금의 규모는 한 개인만이 충당하기에는 어려웠을지도 모른다. 또한 동업자들은 전문화하여 기업의 효율성을 높일 수도 있으며, 광범위한 서비스를 제공할 수도 있다. 예를 들어, 갑순이는 성형치과 치료에 전문화할 수 있다.

(3) 합자회사로 운영하는 주요 단점의 하나는 동업자들이 그 기업의 운영방식에 대해 의견을 달리 할 수 있다는 점이다. 이 사례에서 성공적으로 3년을 함께 영업을 한 후, 불협화음이 발생했다. 갑순이는 개인고객들을 더 공격적으로 유치하기를 원했다. 특히, 그녀는 성형치료를 요구하는 고객들을 유치하기를 원했다-이것은 수익성이 매우 좋았다. 그러나 갑돌이와 이철수는 의료보험환자의 치료에 더 전념했다. 그들은 단지 돈을 벌기 위해 그 사업을 하는 것은 아니다. 이 사례에서 합자회사는 와해되어야만 할 수도 있다. 그 이유는 앞으로의 유일한 해결책이 갑순이가 합자회사에서 탈퇴하고 나오는 것이라고 그녀는 생각했기 때문이다.

종합사례 1-3

갑돌이는 유명한 클래식자동차를 사고 파는 작은 회사를 운영한다. 그는 경매와 딜러로부터 자동차를 구매하고 현재 그것들을 이베이(Ebay)에서 판매한다. 현재 그는 자동차에 대한 수리작업을 하지는 않는다. 그는 단지 자동차를 구매하여 다시 판매한다. 지난해 그는 3,700만원의 이익을 창출했다. 그러나 갑돌이는 야망을 가지고 있어 자신의 웹사이트를 설치하여 옥스퍼드 서울의 전시장에 있는 자동차로 영업하기를 희망한다. 그가 판매하는 많은 자동차들은 영국의 클래식자동차와 클래식스포츠자동차들이다. 이러한 차들은 처음에 옥스퍼드에서 만들어졌으며 갑돌이는 그들의 고향에 전시장을 설치하는 아이디어를 좋아한다. 그는 또한 그것들을 수리하기 위해 수리팀을 고용하기를 원한다. 그는 잘 수리된 명품 클래식자동차에 대해 프리미엄 가격이 지급될 것이라는 것을 안다.

불행하게도 갑돌이는 그 사업을 진척시키기 위해 필요한 1억원 중 단지 5천만원만 조달할 수 있다. 그는 여러 은행을 접촉했으나 그가 과거에 차압당한 이후 부실한 신용등급을 받았기 때문에 자금을 확보할 수 없었다. 그러나 그의 친구 중의 하나인 철수가 그 사업에 참여하고 싶어 한다. 철수는 3년 전에 갑돌이로부터 자동차 한 대를 구입하였고 그 이후 둘은 계속 접촉하였다. 철수는 그가 똑같은 동업자가 되면 나머지 5천만원을 기꺼이 제공하고자 한다.

갑돌이는 결국 철수의 제안을 받아들였고 새로운 전시장이 곧바로 열릴 예정이다. "옥스퍼드 명품클래식자동차"라고 불리는 그 합자회사(partnership)는 열정적인 고객들을 위해 모든 재고자동차와 기타 유용한 정보에 대한 자세한 사항을 포함하는 스마트한 웹사이트를 가지고 있다.

합자회사의 계약증서가 작성된 후 갑돌이는 "처음에 나는 합자회사에 대한 검토를 원하지 않았으나 현재는 그것이 잘 작동될 것이라고 생각한다. 철수는 나만큼 헌신적이고 몇 가지 좋은 아이디어도 내놓았다. 예를 들어, 철수는 우리가 결혼식과 같은 특별한 행사를 위해 재고자동차의 일부를 임대해 줄 수 있다고 생각한다. 나는 그것에 대해 전혀 생각해본 적이 없었다. 또한 그는 자동차수리분야에 대해 잘 알고 그는 나보다 더 효과적으로 수리공들을 감독할 수 있을 것이다. 나는 구매와 판매에 집중할 것이며, 그것이 내가 잘 아는 부분이다"라고 말했다.

(1) 이 사례를 예로 사용하여 합자회사가 무엇인가를 설명하라.
(2) "옥스퍼드 명품클래식자동차"회사는 비법인회사이다. 이것은 무엇을 의미하는가?
(3) 이 사례는 개인사업자(개인회사)로 영업을 할 때의 문제점들 중 하나를 어떻게 강조하는가?
(4) 갑돌이는 왜 합자회사를 만들기를 원하지 않았다고 여러분은 생각하는가?
(5) 합자회사의 동업자들은 어느 정도 그 회사에서 특화할 수 있을 것인가?

해설

(1) 합자회사는 이익이라는 공통의 목적을 가지고 기업을 운영하는 사람들간의 유효한 관계라고 합자회사법에 정의되어 있다. 간단히 말하면 그것은 한 기업이 1명 이상의 소유주를 가지고 있다는 것을 의미한다. 이 사례에서 그 기업에는 2명의 동업자–갑돌이와 철수–가 있다. 이들 두 명의 공동소유주들은 그 기업을 운영하는 책임을 분담하며, 또한 이익에 대한 지분도 공동으로 소유한다.

(2) 비법인기업들은 소유주와 기업간에 법적인 차이가 없는 회사들이다. 모든 영업이 소유주의 이름으로 행해진다. 이 사례에서 옥스퍼드 명품클래식자동차회사와 소유주인

갑돌이 및 철수 사이에는 법적인 차이가 없다. 예를 들어, 그 기업이 고소를 당할 경우, 소송대상은 옥스퍼드 명품클래식자동차회사가 아니라 갑돌이와 철수가 될 것이다.

(3) 이 사례는 개인회사들이 직면하는 가장 어려운 문제 중의 하나를 분명하게 보여준다. 그것은 바로 자금을 조달할 때의 어려움이다. 개인회사들은 종종 그 기업들이 성공적일지라도 새로운 자금을 조달하는 것이 어려운 문제일 수 있다는 것을 안다. 자금대출자 및 자본제공자들은 작은 기업들이 위험하다고 생각한다. 이 사례에서 갑돌이는 그의 주택압류로 인하여 그의 신용등급이 부실하기 때문에 특정의 문제를 가지고 있다. 이로 인하여 갑돌이는 훨씬 더 큰 위험을 가지게 되고 그것은 그가 왜 자금을 유치할 수 없는가를 설명해준다.

(4) 갑돌이는 원래 그가 합자회사를 만드는 것을 희망하지 않았다고 말한다. 그 이유는 그의 기업이 성공적이었고 수익성도 좋았으며, 그리고 그는 과거 그의 노력으로 발생할 미래의 이익에 대해 아마도 공유하기를 원하지 않았기 때문일 것이다. 또한 그는 의사결정을 함께 하는 것에 대해 의구심을 가졌을 수도 있다. 동등한 파트너는 기업운영에 대해 동등한 발언권을 가지고 있다. 갑돌이는 미래의 불협화음 가능성에 대해 걱정을 했을 수도 있다.

(5) 합자회사 장점 중의 하나는 소유주들이 기업을 운영하기 위해 요구되는 서로 다른 업무를 특화할 수 있나는 것이다. 이것은 효율성을 높일 것이며, 그로 인해 기업은 고객들에게 보다 더 넓은 범위의 서비스를 제공할 수 있을 것이다. 이 사례에서 동업자들은 분명하게 특화할 수 있는 것처럼 보인다. 예를 들어, 갑돌이에 비하면, 철수는 자동차수리분야에 대해 잘 알고 갑돌이보다 더 효과적으로 수리공들을 감독할 수 있을 것이다. 반면, 갑돌이는 자동차의 구매와 판매를 전문으로 하여 그 일에 집중할 것이다. 이것은 그 동업자들이 각자 잘 알고 있는 서로 다른 업무에 집중함으로써 그 기업이 이득을 볼 것이라는 것을 의미한다. 전문화(specialization)는 효율성을 높여 그 기업이 더 많은 이득을 보게 될 것이다. 이 사례에서처럼 전문화의 영역은 매우 넓으며, 여러분은 갑돌이가 가능한 한 많은 기회를 이용할 것으로 예상한다.

제2장
주식회사(기업소유주들과 별개의 법적 실체를 가지고 있는 기업조직)

서 론

한국에는 주식회사(또는 유한책임회사, limited companies)의 많은 예가 있다. 그 예로는 작은 규모의 가족기업에서부터 수십만명의 주주를 가지고 있는 삼성전자가 있다. 주식회사의 한 가지 특징은 그들 모두가 그들의 소유주와는 별개의 법적 실체를 가지고 있다는 점이다. 이것은 그들이 자산을 소유하고, 계약을 행하며 사람들을 고용하고, 그리고 그들 자신이 고소하고 고소당할 수 있다는 것을 의미한다. 또 다른 특징의 하나는 그 소유주들 모두가 유한책임을 가지고 있다는 점이다. 유한책임회사가 부채를 가지고 있을 경우, 소유주들은 그들이 회사에 투자한 자금만을 잃게 된다. 개인회사나 합자회사와 달리, 그들이 기업 부채를 갚기 위해 그들 자신의 재산이 강제로 압류당하지 않는다.

주식회사의 자본은 주식으로 나누어진다. 각 주주는 이러한 주식을 많이 소유한다. 그들은 기업의 공동소유주이고 투표를 하고 이익을 지분만큼 가져간다. 주식을 더 많이 소유할수록 기업지배를 더 많이 하고 이익도 더 많이 가져갈 수 있다.

주식회사는 주주들에 의해 선임된 이사들에 의해 운영된다. 이사회 대표는 사장이며, 이사회는 주주들에게 책임을 지고 주주들이 원하는 대로 회사를 운영해야 한다. 회사의 성과가 주주들의 기대에 미치지 못하면, 이사들은 연차총회에서 투표로 퇴출될 수 있다.

주요 내용

1. 주식회사의 설립절차
2. 비상장 주식회사(private limited companies)의 장점과 단점
3. 상장 주식회사(public limited companies)의 장점과 단점
4. 사모주식 투자회사(private equity companies)
   보통 금융기관들의 지원을 받아 개인들이 소유하는 기업.
   소수의 특정금융기관이나 기업, 개인을 대상으로 투자자금을 유치하여, 부실기업인수나 유망 중소기업의 발굴 등을 통해 높은 수익률을 제공하는 회사
5. 지주회사(holding companies)
   지배를 목적으로 많은 다른 기업의 상당한 주식을 소유하고 있는 상장주식회사

사례 2-1

갑돌이는 그의 집을 담보로 대출을 받아 그 자금으로 주식회사(유한책임회사) 천명기업을 운영하기 시작했다. 그 기업은 2000년 10월 16일에 설립되었으며, 등록주소는 대구시 달서대로 1000번지 이다. 그 회사의 등록번호는 1000777이다. 그 회사는 가벼운 탄소섬유 안테나, 그리고 위성시스템이 장치된 차량과 같은 위성통신장비를 개발한다. 그 기업의 고객으로는 뉴스채널인 CNN과 YTN 등이 있다. 그들은 천명기업의 기술을 사용하여 실시간 텔레비전 방송을 많이 한다. 또한 그 장비는 안전한 위성통신망을 위해 정부와 군대에서도 사용되어 왔다. 예를 들어, 그 장비를 사용하여 해외에 주둔한 군인들이 인터넷에 접촉하여 연인들에게 대화를 할 수 있다. 매출은 2003년 200억원에서 2005년에는 570억원으로 증가, 67%의 성장률을 보였다.

(1) 이 사례에서 천명기업이 비상장 유한책임회사라는 것을 제시하는 증거가 있는가?

(2) 주식회사인 천명기업은 주주와 회사등록관청에 매년 어떠한 법적 의무를 가지고 있는가?

(3) 비상장 주식회사 형태로 영업을 하는 천명기업 소유주들의 장점을 두 가지만 설명하라.

해설

(1) 천명기업은 그 자체에 유한이라는 단어가 있기 때문에 유한책임회사라는 것이 자명하다. 또한 이 사례에서 그 회사가 법인회사로 된 날짜에 대한 정보가 있고 등록된 주소도 있다. 또한 회사의 등록번호도 있다.

(2) ① 주식회사는 법적인 의무를 가지고 있다. 이러한 의무 중 일부는 주주와 관련되어 있다. 예를 들어, 주식회사의 주주들은 연차총회에 참석할 자격을 가지고 있다. 이것은 천명기업이 모든 주주들에게 미리 연차총회의 날자와 장소를 우편으로 통보해야 한다는 것을 의미한다. 또한 주주들은 연차보고서와 회계장부의 복사본을 받을 자격을 갖는다.

② 주식회사는 또한 등록관청에 법적인 의무를 갖는다. 매년 회계장부와 연차보고서의 복사본이 등록관청에 제출되어야 한다. 그리고 이사회 명부의 변경이 있을 경우에 등록관청은 보고를 받아야 한다.

(3) 비상장 주식회사 형태로 영업을 하는 주요 장점의 하나는 소유주들이 유한책임을 가지고 있다는 점이다. 이것은 회사가 파산하여 영업을 중단할 경우 그 회사의 소유주들은 그들이 처음 회사에 투자한 자금만을 잃게 된다는 것을 의미한다. 예를 들어, 이 사례에서 갑돌이는 그의 집을 담보로 대출을 받아 천명기업을 운영했다. 이렇게 그가 조달한 자금이 그가 잃을 수 있는 최대자금량이다. 그는 기업부채를 갚기 위해 더 이상의 개인자산을 매각할 필요가 없다. 비상장 주식회사 형태로 영업을 하는 또 다른 장점은 더 많은 자본이 조달될 수 있다는 점이다. 주주의 수에는 제한이 없기 때문에, 천명기업이 결정만 하면 자본을 납부할 더 많은 주주들을 초대할 수 있다. 또한 기업의 지배권이 외부인들에게 넘겨질 수 없다. 그 이유는 기존 주주들의 승인이 없으면 주식이 새로운 회원에게 매각될 수 없기 때문이다.

사례 2-2

Wagon Wheels와 Jammie Dodgers 비스켓으로 유명한 Burton 식품회사가 2007년 사모투자 주식회사인 Duke Street 캐피탈에 의해 인수되었다. 영국에서 두 번째로 큰 비스켓 생산업체인 Burton 식품회사는 영국의 5개 지역에서 3,000명을 고용하고 있다. 1930년대에 설립된 그 회사는 1949년에 연합영국식품회사(Associated British Foods)의 일부가 되었다가 2000년에 Hicks, Muse, Tate & Furst에 매각되었다. 그 거래금액은 약 2억 파운드인 것으로 알려졌다. 그러나 두 달 후 새 소유주들은 비스켓 생산이 Wirral에 있는 공장에서 중단되어 660개의 일자리가 없어질 것이라고 발표했다. 일자리 손실이 발표되자 노조로부터 부정적 반응이 촉발되었다.

2007년 새로 탄생된 통합노조의 사무총장인 Tony Woodley는 다음과 같이 말했다: "우리는 패배해서 나가 떨어지지 않고 이것을 받아들일 것이다. 우리는 조만간에 그 공장이 폐쇄되지 않도록 하기 위한 전략에 대해 노조회원들과 협의를 할 것이며, 생산중단이라는 큰 타격에 대한 이유를 들어보기 위해 월요일 경영진을 만날 것이다."

Moreton에 있는 공장은 Vauxhall자동차회사 다음으로 Wirral에서는 가장 큰 고용자이다. Woodley 사무총장은 일자리 손실이 "그 지역을 황폐화시킬 것이다"라고 말했다. "그 회사는 그 지역에서 비스켓 생산을 중단할 예정이지만 쵸코렛 생산을 지속할 것이며 그 공장에서 계절적인 분류를 종합할 것이다. 따라서 330개의 일자리가 그 지역에 계속 남아 있게 될 것으로 생각된다." Burton 식품회사의 사장인 Paul Kitchener는 그 회사가 일자리의 손실에 대해 매우 유감스럽게 생각했으며 비스켓 시장의 과잉공급으로 변화가 요구되었다고 말했다.

〈자료출처: The Guardian, 2007년 3월 19일자로부터 발췌〉

(1) 이 사례를 예로 이용하여 사모주식 투자회사(private equity companies)가 무엇을 의미하는가를 설명하라.

(2) 이 사례에서 사모주식 투자회사가 무자비한 효율성 이득을 추구한다는 것을 제시하는 증거가 있는가?

해설

(1) 사모주식 투자회사(private equity companies)는 은행으로부터 자금을 차입, 자신의 자금을 추가하여 그 자금으로 기업을 구매하는데 사용하는 조직이다. 이 사례에서 Duke Street 캐피탈이 사모주식 투자회사이다. 그들은 영국에서 두 번째로 큰 비스켓 생산업체인 Burton 식품회사를 2억 파운드에 인수했다.

(2) 사모주식 투자회사의 핵심특징 중의 하나는 그들은 그들이 인수하는 기업들의 효율성을 개선시키려고 한다. 그렇게 함으로써 그들은 수익성을 높이려고 한다. 많은 사람들은 그들이 무자비하게 효율성만을 추구한다고 말한다. 이 사례에서 Burton 식품회사를 인수한지 단지 두 달만에 비스켓 생산이 Wirral에 있는 공장에서 중단되어 660개의 일자리가 없어질 것이라고 발표되었다. 일자리 손실이 발표되자 노조로부터 부정적 반응이 촉발되었다. 새로 탄생된 통합노조의 사무총장인 Tony Woodley는 다음과 같이 말했다: "우리는 패배해서 나가 떨어지지 않고 이것을 받아들일 것이다. 우리는 조만간에 그 공장이 폐쇄되지 않도록 하기 위한 전략에 대해 노조회원들과 협의를 할 것이며, 생산중단이라는 큰 타격에 대한 이유를 들어보기 위해 월요일 경영진을 만날 것이다." Moreton에 있는 공장은 Vauxhall자동차회사 다음으로 Wirral에서는 가장 큰 고용자이다. Woodley 사무총장은 일자리 손실이 "그 지역을 황폐화시킬 것이다"라고 말했다. 일자리 손실을 초래하는 효율성 추구는 그것이 이 사례에서 나타난 바와 같이 지역사회에 미치는 영향 때문에 무자비하다고들 한다. 그러나 Burton 식품회사의 사장인 Paul Kitchener는 그 회사가 일자리의 손실에 대해 매우 유감스럽게 생각했으며 비스켓 시장의 과잉공급으로 변화가 요구되었다고 말했다.

종합사례 2-3

〈 ImmuPharma 상장주식회사 〉

의약품 개발회사인 ImmuPharma 상장회사는 2006년 초에 영국의 대체투자시장(Alternative Investment Market)에 상장되었다. 상장의 주요 목적은 심한 통증과 메티실린 내성 황색포도알균 감염(MRSA-related infections)치료제인 ImmuPharma 의약품에 대한 최초의 임상실험에 소요될 자금을 조달하기 위해서였다. 현재 특정의 치료제가 없는 질병인 Lupus의 치료를 목표로 하는 제품이 ImmuPharma 의약품 중에서 가장 선두에 있다. 2010년경에는 7개의 핵심시장에서 Lupus 질병으로 진단된 환자수가 140만명이 될 것으로 추정된다. 특정의 보조금과 함께 그 상장으로부터의 조달된 자금으로 Lupus 치료제를 위해 1단계 임상실험 및 2단계 연구가 실행될 것으로 예상된다. 그 상장의 결과 기관 및 개인투자자들에게 주당 42.5페니의 가격으로 6,780만주가 매각되었다.

Lupus는 잠재적으로 생명을 위협하는 만성의 자가면역질환이다. 전 세계적으로 약 100만명이 피부, 관절, 신장, 혈액세포, 심장 및 폐와 같은 여러 기관을 공격하는 이러한 염증질환자로 진단받았다. 현재 특별한 치료법은 없으며 ImmuPharma 의약품인 IPP-201101이 신체면역시스템을 조절하는 것을 목적으로 하는 행동메커니즘을 가지고 있으므로, 그것은 역효과를 일으키지 않으면 건강한 세포를 공격하지 못한다. 그것은 대부분의 환자들의 경우에 그 질환의 진척을 멈추게 할 수 있는 잠재력을 가지고 있다.

Datamonitor 보고서에 의하면, 현재 유일한 ImmuPharma 의약품인 IPP-201101은 최고로 달성가능한 50%의 시장점유율을 가지고 있다. 또한 그 보고서는 그 의약품이 다발성 경화증 치료제인 인터페론과 비슷한 가격, 환자당 매년 약 1만달러로 팔릴 것이라고 제시한다. 그 질병의 성격과 치료제의 부족으로 인하여 미국 FDA는 2단계 연구가 2007년 1사분기에 끝나자 마자 3단계의 신속한 개발 및 승인과정을 허가할 것이라고 ImmuPharma는 주장했다. 그것이 승인되면 그 의약품은 2010년 초 시장에서 판매될 수 있을 것이다.

〈자료출처: www.drugresearcher.com and ImmuPharma 2006년 연차보고서 및 회계장부〉

〈표 2-1〉 ImmuPharma 재무정보

	2006년*	2005년**
매출액	44,818파운드	25,409파운드
손실	(1,860,038파운드)	(2,482,778파운드)

* 2006년 4월 1일-2006년 12월 31일
** 2005년 1월 13일-2006년 3월 31일

(1) ImmuPharma가 왜 상장 주식회사가 되기를 결정했다고 여러분은 생각하는가?
(2) 대체투자시장에 상장시킨 주요 장점은 무엇인가?
(3) ImmuPharma는 그 상장으로부터 얼마의 자금을 조달할 것인가를 계산하라.
(4) 상장 주식회사로 운영을 하는 ImmuPharma의 단점은 무엇인가?
(5) ImmuPharma의 미래 성공잠재력을 평가하라.

해설

(1) 기업이 상장 주식회사가 되려는 주요 이유 중의 하나는 자금을 조달하기 위해서이다. 상장 주식회사는 매각될 주식의 수에 제한이 없고 누구든지 그 주식들을 매입할 수 있기 때문에 대규모의 자금을 조달할 수 있다. 이 사례에서 ImmuPharma는 그 기업이 의약품의 개발에 필요한 자금을 조달해야 했기 때문에 상장 주식회사가 되었다. 이 사례에 의하면, 상장의 주요 목적은 심한 통증과 메티실린 내성 황색포도알균 감염(MRSA-related infections) 치료제인 ImmuPharma 의약품에 대한 최초의 임상실험에 소요될 자금을 조달하기 위해서였다.

(2) 대체투자시장(Alternative Investment Market)은 한국의 코스닥시장에 해당되는 것으로 규모가 비교적 작고 종종 새로이 설립된 상장 주식회사를 위한 영국의 '하위'증권시장이다. ImmuPharma가 대체투자시장에 상장시킨 주요 장점은 런던증권시장에 '완전하게'(fully) 상장시킬 때 발생되는 높은 비용을 피하는 것이다. 대체투자시장에 상장시키는 것이 더 쉽고 더 싸다. 그러나 ImmuPharma의 주주들은 완전하게 상장된 기업의 주주들과 동일한 보호를 받지는 못할 것이다.

(3) 상장에 의해 조달된 자금의 규모는 28,815,000파운드(=67.8백만주×42.5페니), 약 29백만파운드이다.

(4) 상장 주식회사가 될 때 단점 중의 첫 번째는 비용이다. 상장비용의 예로는 법적 수수료, 예비설명서의 발간 및 배포, 인수수수료(underwriting fees) 및 행정비용 등이 있다. 상장에 의해 조달된 29백만파운드 중 상당한 부분이 이들 비용을 충당하는데 사용될 것이다. 기타 지속적인 비용으로는 기업법 및 증권시장규제 준수비용이 있다. 두 번째 문제는 누구든지 그 주식을 매입할 수 있으므로 그 기업은 적대적 인수합병의 희생물이 될 수도 있다는 점이다. 이것은 외부인들이 그 회사의 지배권을 뺏어갈 수 있다는

것을 의미한다. 세 번째 문제는 ImmuPharma가 등록관청에 재무정보를 공표해야 한다는 점이다. 이것은 누구든지 그것을 살펴볼 수 있으며 그것은 경쟁자들에게 이용될 수도 있다. 몇몇 상장 주식회사들은 규모가 매우 커져서 개인적인 수준에서 직원들과 고객들을 관리하는데 덜 효율적이다. 그 회사들은 덜 탄력적이 되고 변화를 극복하는 것이 어렵다는 것을 발견한다. 그러나 ImmuPharma는 작은 규모의 상장 주식회사이므로 그 회사는 그러한 문제를 겪지 않을 것이다. 마지막으로 소유와 경영이 분리되어 주주들이 광범위하게 분산되어 있을 경우 그들 주주들은 주요 경영진들에게 기업의 효율적인 지배권을 잃게 될 수도 있다. 그러나 이 사례에서 ImmuPharma는 매우 작기 때문에 이러한 문제가 당장에 발생할 것 같지는 않다.

(5) 현재 ImmuPharma의 재무상태는 인상적인 것처럼 보이지는 않는다. 그 회사의 매출액은 2006년 44,818파운드로서 매우 작고, 그 회사는 2005년과 2006년 두 해 모두 약 2백만파운드의 손실을 입었다. 그러나 이것은 영업활동을 R&D에 중점을 두는 제약회사의 경우에는 매우 일반적인 현상이다. 임상실험이 완료되고 의약품이 시장에 출시될 때까지는 매출액이 작을 것으로 예상된다. ImmuPharma의 주요 제품은 잠재적으로 생명을 위협하는 만성질환인 Lupus를 치료하기 위해 고안되었다. 전 세계적으로 약 100만명 이상이 그러한 질환자로 진단받았으며, 현재 특별한 치료법은 없다. ImmuPharma 의약품인 IPP-201101은 대부분의 환자들의 경우에 그 질환의 진척을 멈추게 할 수 있는 잠재력을 가지고 있다. 최근의 Datamonitor 보고서에 의하면, 현재 유일한 ImmuPharma 의약품은 최고로 달성가능한 50%의 시장점유율을 가지고 있다. 또한 그 보고서는 그 의약품이 다발성 경화증 치료제인 인터페론과 비슷한 가격, 즉 환자당 매년 약 1만달러로 팔릴 것이라고 제시한다. 또한 그 질병의 성격과 치료제의 부족으로 인하여 미국 FDA는 2단계 연구가 끝나자마자 3단계의 신속한 개발 및 승인과정을 허가할 것이라고 ImmuPharma는 주장했다. 그것이 승인되면 그 의약품은 2010년 초 시장에서 판매될 수 있을 것이다. 이것은 아직도 갈 길이 먼 것처럼 보이지만, 그 의약품은 임상실험이 끝나면 잠재적인 매출액이 매년 50억달러(=50%×1백만명×1만달러)에 다다를 만큼 거대하다. 그 동안 그 회사의 명성도는 높아질 것이며 필요할 경우 추가로 R&D자금을 유치하는 것이 더 쉬워질 것이다. 임상실험이 실패할 수도 있기 때문에 그 미래는 불확실하지만, 잠재력은 어마어마하다.

제2편 재무제표의 개념과 작성

제3장

회계의 역할과 목적

서 론

기업의 활동에는 원재료, 노동 및 기계와 같은 자원을 구입하고 이들 자원을 이용하여 생산된 재화 및 서비스를 판매하는 것이 수반된다. 공급업자로부터 자원을 구입하고 고객에게 생산품을 판매하는 것이 기업거래의 예가 된다. 다른 예로는 은행에서 자금을 차입하고 세금을 지불하는 것 등이다. 생선튀김 및 칩 가게와 같은 작은 기업의 경우에는 기업거래의 예로서 다음과 같은 것들이 포함된다:

- 도매업자로부터 25만원어치의 감자 구매
- 생선튀김 및 칩을 5,300원에 고객에게 판매
- 은행에 14만원의 이자지급
- 일정량의 칩 및 커리소스를 고객에게 3,900원에 판매
- 직원에게 22만원을 지급

기업에게는 이러한 거래를 정확하게 기록하는 것이 중요하다. 모든 개별 거래는 기록되어야만 한다. 이 사례에서 생선튀김 및 칩가게의 판매는 계산대에서 기록될 것이다. 구매가격은 장부에 기록될 수도 있다. 연중 그러한 기업은 아마 수 천건의 개별거래를 수반한다.

이와 대조적으로, KT와 같은 대기업의 경우에는 일년 동안 일어나는 거래의 수가 매우 많다. KT 네트워크를 이용하여 이루어지는 모든 전화는 단일의 거래로 기록된다. 그러한 거래들은 전자적으로 기록되고 그들의 가치는 컴퓨터에 의

해 계산된다. KT의 고객들은 이들 거래를 요약한 보고서를 분기별로 받는다. KT는 또한 직원들에게 지급한 것과 통신장비를 구입한 것과 같은 지출의 세부 내용을 기록해야 한다.

주요 내용

1. 기업거래의 기록과 회계절차
2. 회계장부란?
3. 누가 회계장부를 필요로 하는가?-회사내부의 필요성
   (1) 경영진 (2) 직원 (3) 주인
4. 누가 회계장부를 필요로 하는가?-회사외부의 필요성
   (1) 세무당국 (2) 회계감사인 (3) 회사등록청 (4) 은행가 (5) 공급업자 (6) 경쟁자 (7) 회사가 위치한 지방정부 (8) 미디어언론 (9) 투자자와 재무분석가 (10) 정부
5. 누가 회계장부를 작성하는가?
6. 기업의 보고서
   (1) 대차대조표 (2) 손익계산서 (3) 현금흐름표 (4) 주석사항 (5) 이사회보고서 (6) 이사회의장의 설명서 (7) 감사보고서 (8) 통계
7. 회계장부에서 IT의 활용
8. 회계장부에서 컴퓨터 시스템 활용의 장점과 단점
9. 사회적 감사(social auditing)

사례 3-1

갑순이는 음악관련 기업을 운영하며 또한 전문음악가이다. 첫째, 갑순이는 그녀의 음악연주서비스를 원하는 고용주나, 영구적인 멤버는 아니지만 그녀의 음악연주를 필요로 하는 이동밴드로부터 수입의 일부분을 벌어 들인다. 가끔 그녀는 공연 후 일시불로 보수를 받기도 하지만, 다른 때에는 일정기간마다 정기적

으로 보수를 받는다.

둘째, 그녀 사업에는 수집가들에게 악기를 판매하는 것이 포함된다. 그녀는 미국을 정기적으로 방문하며, 거기에서 많은 지인들과 접촉하여 그들의 집에서 오래된 악기를 찾을 수 있다. 그들은 다락방이나 차고에서 상당한 가치가 있는 것들을 찾아내려고 시도한다. 갑순이는 이것들을 수선한 다음 상점이나 전문수집가들에게 판매한다.

셋째, 그녀의 마지막 서비스사업은 음악을 가르치는 것이다. 그녀는 종종 학생들을 위한 악보, 악기의 리드, 그리고 연주기법을 보여주기 위한 DVD와 비디오를 대량으로 구입하기도 한다.

(1) 갑순이의 음악사업에서 일어나는 기업거래에 대해 설명하라.

(2) 갑순이기업이 정확하게 거래를 계속 기록하는 것이 어려운 이유에 대해 설명하라.

해설

(1) 기업의 활동으로는 원재료, 노동, 그리고 기계와 같은 자원을 구입하고, 이들 자원을 사용하여 생산된 물건이나 서비스를 판매하는 것이다. 공급업자로부터 자원을 구입하고 고객에게 제품을 판매하는 것이 기업거래의 예이다. 갑순이 기업에서 일어나는 거래의 예로는 다음과 같다:

* 이동밴드를 위해 연주하여 그녀가 받는 보수
* 미국의 지인들로부터 악기의 구입
* 수집가와 상점에게 악기를 판매
* 악기를 수선하기 위해 그녀가 구입하는 여분의 부품 등
* 음악수업에서 그녀가 학생들로부터 받는 보수
* 학생교육을 위한 악보의 구입
* 리드, DVD, 비데오 같이 연주기법을 보여 주기 위한 기타 자원의 구입

(2) 기업들은 사업거래기록을 지속적으로 해야만 한다. 단일의 거래마다 기록해야 한다. 그 기록들은 예를 들어, 그 기업이 어떻게 영업을 잘 하고 있는가를 보여주기 위해

필요한 장부를 만드는데 사용될 것이다. 갑순이는 작은 기업을 운영하므로 거래기록을 계속 할 수 있으며, 장부에 상세한 구입내역을 기록할 수 있을 것이다. 그러나 갑순이는 정확하게 계속 기록하는 것이 어렵다는 것을 발견하게 된다. 이에 대한 주된 이유는 많은 거래가 현금으로 이루질 것이며 그녀가 영수증을 발행하지 않거나 받지 않을 수도 있기 때문이다. 거래를 확인해줄 영수증이 없으면 그녀는 몇몇 거래의 세부사항을 잊어버리게 되고 그 거래들은 기록되지 않고 그냥 넘어가게 된다. 예를 들면, 기업거래와 달리 접촉하는 지인들로부터 직접 어떤 악기를 구입할 수도 있다. 이러한 지인들과의 직접 거래는 영수증을 발행하지 않을 것이다. 또한 그녀는 학생과 이동밴드로부터 보수를 받는데, 그것들은 영수증에 의해 확인되지 않는다. 보유영수증이 없으면, 거래가 일어났다는 것을 잊어버리기가 쉽고 따라서 그녀의 기록은 불완전하게 될 것이다.

사례 3-2

Next는 영국의 소매업자로서 의류, 신발류, 악세서리 및 가정용품 분야에서 고급 유행제품을 판매하고 있다. Next는 다음의 3개 판매망을 통해 거래한다:

* Next 소매-영국과 아일랜드에 480개 이상의 체인점
* Next 회원명부-직접판매목록(direct mail catalogue)과 2백만명 이상의 적극적인 고객을 보유한 거래웹사이트
* Next International-140개 이상의 해외 체인점

또한 Next는 Next Sourcing과 Ventra 같은 기업들을 보유하고 있다. Next Sourcing은 Next와 Lime 브랜드제품을 디자인하고 공급해주며 구입도 해준다. Ventra는 고객접촉관리와 고객의 주문처리활동에 대해 외주를 원하는 기업들에게 고객서비스관리를 제공한다. Next는 최근 상당히 성공을 했다. 다음의 그림은 Next의 재무정보를 나타낸다.

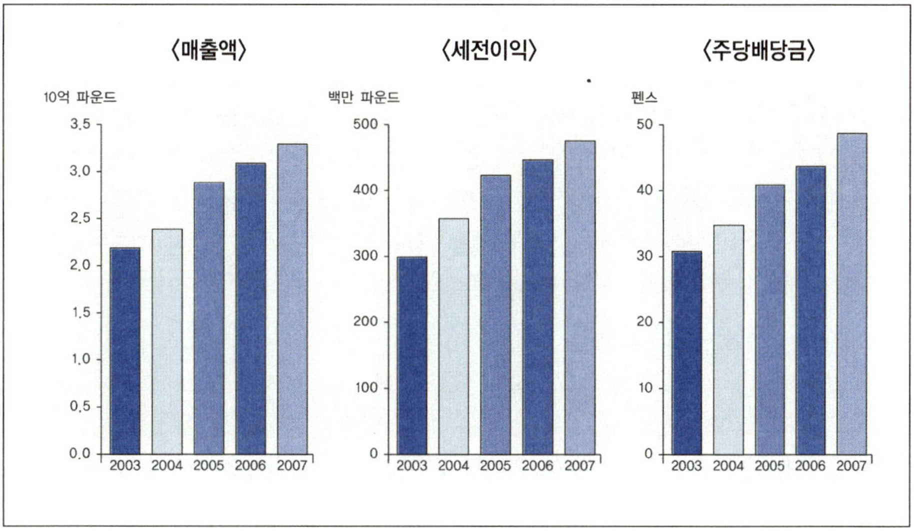

〈그림 3-1〉 Next 상장회사의 재무정보

(1) ① 언론, 그리고 ② 잠재적 투자자들은 이 사례의 재무정보를 어떻게 사용하는가를 설명하라.

(2) 이 사례의 재무정보를 토대로 할 때, 투자자들이 Next 회사의 주식을 매입하는데 관심이 있을 것이라고 생각하는가?

(3) Next는 회계작성과정에서 IT를 어떻게 사용하는가?

해설

(1) ① 재무정보를 정기적으로 사용하는 그룹의 하나가 언론(미디어)이다. 기업은 종종 신문, TV, 온라인 그리고 라디오의 뉴스주제가 된다. 예를 들어, 매일경제신문은 거의 기업과 재무정보에만 전념하는 신문이다. 또한 한국경제TV는 기업과 금융시장에 대한 매일의 최신 뉴스를 제공한다. 이 사례에서 Next에 관한 재무정보는 언론에 의해 사용될 것이다. Next는 유명한 소매 대기업이다. 언론은 그들의 영업에 대한 진척상황에 대해 민감하게 뉴스를 보낸다. 이 사례의 정보는 Next의 연차보고서와 회계장부에서 발췌된 것이다. 이것은 2007년 회사의 재무정보에 대한 상세한 내용을 제공한다. 그러한 정보는 정기적으로 언론에 보도된다.

② 잠재적 투자자들과 재무분석가들은 Next와 같은 기업들의 성과와 연관된 재무정보를 평가하는데 상당한 시간을 투입할 것이다. 2007년 매출액, 이익, 그리고 주당배당금 같은 재무정보는 Next에 투자할만한 가치가 있는가를 결정할 때 도움을 받기 위해 잠재적 투자자들에 의해 사용된다. 예를 들어, 연기금, 보험회사, 그리고 기타 기관투자자들은 재무분석가들을 고용하여 연금납입액과 보험료수입으로 모아진 자금을 운용한다. 이와 같은 많은 자금이 주식에 투자된다. 분석가들은 Next 주식에 투자할 가치가 있는가를 판단하기 위해 Next가 발표한 재무정보를 분석할 것이다.

(2) 많은 투자자들은 재무적으로 건전하고, 훌륭한 재무역사와 미래의 잔재력을 가지고 있는 유명한 기업의 주식을 사고 싶어 한다. 이 사례에서 Next의 성과와 연관된 정보는 매우 긍정적이다. 첫 번째 그림은 2003년과 2007년 사이의 매출액을 나타낸다. 매출액은 그 기간동안 22억 파운드에서 33억 파운드로 50% 증가했다. 이것은 그 회사가 상당히 크게 성장했다는 것을 말해준다. 두 번째 그림은 세전 이익을 나타낸다. 이익은 2003년 3억 1백만 파운드에서 2007년 4억 7천8백만 파운드로 해마다 증가했다. 이것은 58.8%의 증가를 나타내며, 매우 큰 폭으로 증가한 것이다. 마지막으로, 주당 배당금 또한 2003년 31페니에서 2007년 49페니로 약 58% 증가했다. 여기에 제시된 재무정보에 의하면, Next가 상당한 재무성과를 나타냈으며 잠재적 투자자에게 매력적인 주식으로 추천될 것이다. 그러나 최종 결정을 하기 전에 기타의 정보를 분석하는 것이 필요하다. 예를 들어, Next의 주가와 연관된 정보, 그리고 그 산업의 경쟁자들의 성과 등이 분석될 필요가 있을 것이다.

(3) 대부분의 기업들은 회계작성과정에서 IT를 이용한다. Sage와 같은 많은 기업들은 전체 회계기능을 관리하는 완전하게 통합된 소프트웨어 패키지를 제공한다. 그러한 패키지는 매우 정교하고, 거래의 세부사항들이 시스템에 입력되면 그것들은 수많은 업무를 처리할 수 있다. 이러한 업무에는 첫째, 모든 고객들과의 거래를 계속 기록하여 모든 계정에 대한 잔고를 나타내며, 둘째, 모든 공급업자와의 거래를 계속 기록하여 모든 계정에 대한 최근의 잔고를 나타내며, 마지막으로, 일별, 주별, 월별, 또는 연도별 매출액, 매출채권과 매입채무의 기간목록, 시산표, 손익계산서와 대차대조표를 제공하며, 그리고 직원임금을 계산하여 급여명세서를 제공하며, 상세한 재고를 제공한다. Next는 회계부서에서 IT를 사용하여 많은 혜택을 볼 것이다.

종합사례 3-3

Luton공항에 기반을 둔 easyJet은 유럽의 최대 저가항공사 중의 하나이다. 그 항공사는 약 80개의 유럽의 핵심도시간에 250개 이상의 국내 및 국제선을 운영하고 있다. 2007년 easyJet의 이용승객 수는 3,700만명이었다. 그 회사는 저비용, 기본서비스만을 제공하는 항공사다. easyJet는 비용을 계속 낮추어 값싼 가격을 제공한다. 예를 들어, 관리비용을 낮추기 위해 거의 모든 예약이 온라인을 통해 자동으로 이루어진다. 2006년 그 회사의 성과는 21% 증가한 16억 파운드의 매출액, 그리고 56% 증가한 1억 2천9백만 파운드의 세전 이익이었다. 몇 가지 재무정보는 다음과 같다.

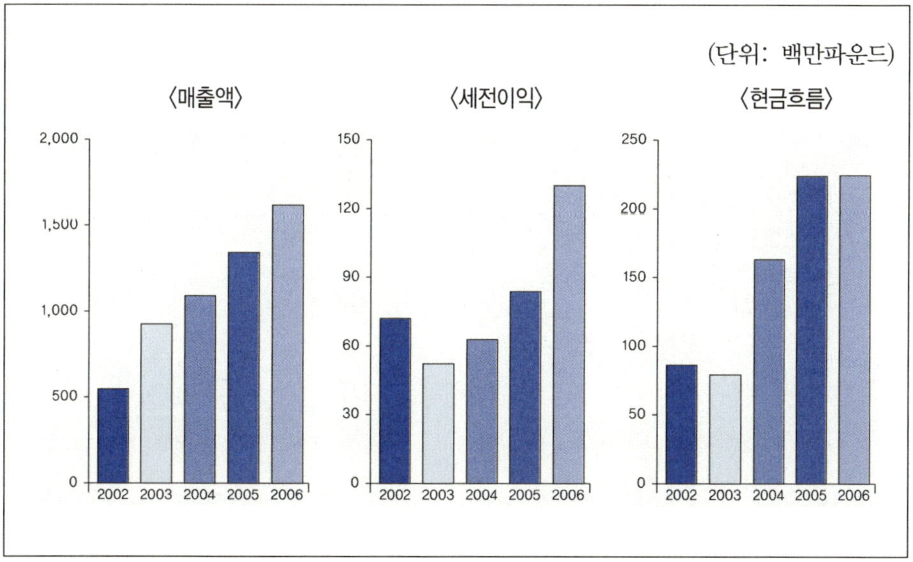

[그림 3-2] 2002년~2006년 easyJet의 매출액, 이익, 그리고 현금흐름

〈표 3-1〉 easyJet의 요약손익계산서

(단위: 백만 파운드)

	2006년	2005년
매출액	1,619.70	1,341.40
영업비용	1,341.20	1,134.90
감가상각비와 리스비용	160.7	140.3
영업이익	117.8	66.2
이자 및 기타 재무소득	35.4	27.2
이자 및 기타 재무비용	−24.1	10.9
세전 이익	129.2	82.6

〈표 3-2〉 easyJet의 영업비용분석

(단위: 백만 파운드)

	2006년	2005년
지상관리수수료(급여포함)	144.1	130.5
공항수수료	258.4	230.1
연료	387.8	260.2
이착륙수수료	121.2	108.6
승무원 비용(훈련비 포함)	160	136.2
유지비	109.5	119.2
광고	38.2	32.8
무역수수료 및 인센티브 성과급	17.9	15.6
비행기 및 승객 보험	15.8	19.3
기타 비용	88.3	82.4
	1,341.2	1,134.9

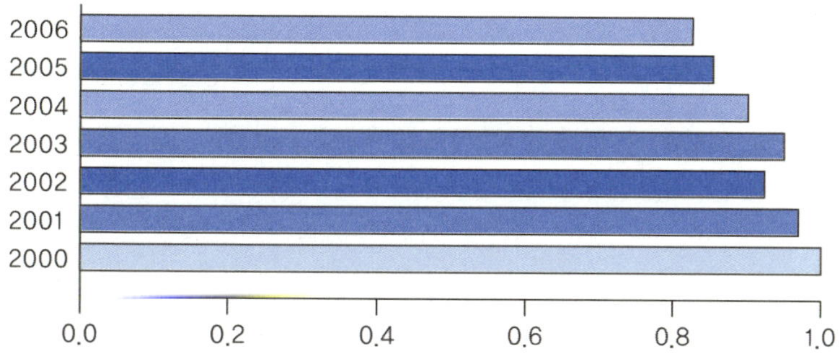

〈그림 3-3〉 easyJet의 기업 및 사회적 책임보고서에서 발췌

〈E〉 보건과 안전

안전은 기업의 최우선 순위이다. easyJet은 모든 직원들을 위해 안전하고 효율적인 근로환경을 제공하는 것을 목적으로 한다. 사무실에서 일하는 사람들 외에도, 대다수의 직원들은 항공승무원들이다. 그들은 easyJet 성공의 대들보 중 하나이었으며 노력을 기울여 왔다. easyJet은 근무당번제도에 상당한 노력과 자금을 지속적으로 투자하고 있다. easyJet은 조종사들을 위해 산업에서 가장 먼저 항공사의 안전관리의 종합프로그램으로서 피로위험관리시스템(FRMS)의 개발에 전념한다. 그 프로그램의 목적은 항공사 운영상의 피로위험과 그 영향의 원천을 탐지하는 것이다.

〈G〉 기업윤리

easyJet은 회사의 임원들과 직원들에 대해 기업행동의 최고의 기준을 설정한다. easyJet은 모든 직원들에게 그들의 의무를 효율적으로 그리고 부지런하게 수행하도록 요구하며, 고객 및 다른 사람들에게도 항상 똑같이 예의바르게 행동하도록 요구한다. easyJet의 자원조달과정은 엄격하게 통제되어 어떠한 거래도 공개적이고 투명하며, 그리고 이해의 상충문제에 대한 의심을 제거한다. 특히, easyJet은 각 직원과의 고용계약에서 특별조항을 두고 있는데, 그 조항에는 선물이나 팁을 받을 때 엄격한 규정이 있다.

〈그림 3-4〉 easyJet의 연차보고서에서 발췌

(1) easyJet에 고용된 재무회계사의 역할을 간단하게 설명하라.
(2) 〈그림 3-2〉와 〈표 3-1〉의 재무정보는 경쟁자들에 의해 어떻게 사용되는가?
(3) 〈표 3-2〉의 재무정보는 easyJet의 경영진에 의해 어떻게 사용되는가?
(4) easyJet은 사회적 회계를 어느 정도 실행하는가?
(5) 회계작성과정에서 easyJet이 IT를 사용할 때의 장점과 단점에 대해 설명하라.

해설

(1) easyJet은 매우 큰 상장기업이며 광범위한 회계와 사무직원을 고용하는 회계부서를 가지고 있을 것이다. 회계사들은 재무정보를 공급하고 사용하는 데 책임을 진다. 회계부서는 그 회사의 모든 재무거래를 기록하는데 책임을 질 것이다. 그들은 또한 최종의 장부를 공급할 것이다. easyJet은 재무 및 관리 회계사를 모두 고용할 것이다. 재무회계사의 역할은 회사의 장부가 거래를 '진실하고 공정하게' 기록한다는 것을 확실하게 하는 것이다. 그들은 회계장부 작성과정을 감독하는데, 거기에는 모든 단일의 기업거래의 값을 기록하는 깃이 포함된다. 가끔 그들은 이러한 기록들을 요약하며 그것들을 다양한 그룹들이 사용할 수 있도록 보고서로 전환한다. 재무회계사들은 과거에 대해 관심을 둔다. 그들은 회계기법, 기업법, 감사요건, 세법 등에 대해 숙지할 필요가 있다. 기업의 모든 수준에서 다양한 직원들과 매우 심한 시간적 압박하에 일할 수 있는 능력이 중요하다.

(2) 한 기업의 재무정보에 관심을 갖는 한 그룹은 경쟁자들이다. Flybe, Jet2.com, 그리고 bmibaby와 같은 다른 저비용 항공사들은 위의 그림과 표에서 제시된 재무정보에 관심을 갖는다. 그림의 정보는 5년 동안 easyJet이 창출한 매출액과 이익을 나타낸다. 경쟁자들은 비교를 위해 이러한 정보를 활용할 수도 있다. 그들은 자신들의 재무성과를 easyJet과 비교할 수 있을 것이다. 그 정보는 또한 easyJet의 시장점유율이 증가하는지의 여부를 보여줄 수도 있다. 경쟁자들은 easyJet이 비용을 들여서 시장점유율을 증가시키는지에 대해 관심을 가질 것이다. 지난 5년 동안 easyJet이 창출한 매출액의 상당한 증가는 다른 저비용 항공사들에게 약간의 관심거리가 될 수 있다. 그러나 시장전체가 성장한다면 그것은 문제가 아니다.

또한 easyJet의 손익계산서를 나타내는 표도 경쟁자들에게 관심거리가 될 것이다. 그 보고서는 easyJet의 비용에 대한 정보를 나타낸다. 비용의 분석 또한 유용할 것이다. 경쟁자들은 예를 들어 감가상각비와 영업비용을 분석함으로써 easyJet이 그들보다 더 효율적으로 영업하는지의 여부를 판단할 수 있을 것이다.

(3) easyJet이 산출한 많은 재무정보는 회사 내부적으로도 유용할 것이다. 예를 들어, 표에 있는 정보는 분석과 가치평가에 활용될 수도 있다. 그 회사의 성과를 평가하고, 경쟁자들과 비교를 하고, 그리고 일정 기간 동안 기업의 진행과정을 기록하는 것이 가능하다. 재무정보는 또한 회사의 자금 유입 및 유출을 통제하는데 도움이 된다. 이것은 기업이 성장하고 사용된 자금의 양이 증가할 때 더욱 더 중요해진다. 예를 들어, easyJet의 경영자들은 표에 나타난 기업의 비용에 관심을 둘 것이다. 그 표에 의하면, 영업비용이 2005년과 2006년에 걸쳐 증가했다. 그 기업은 예를 들어 외부요인에 의해 영업이 급격

하게 침체될 경우에는 현금준비금을 마련하는 것이 중요하다.

기업들이 재무정보를 필요로 하는 가장 중요한 이유 중의 하나는 경영자들이 의사결정을 하는데 재무정보가 도움을 주기 때문이다. 재무정보는 의사결정을 할 때 매우 중요한 정량적인 자료이다. 예를 들어, 경영자들은 비용정보를 활용하여 기업의 비용절감목표를 확인하는데 도움을 받는다. 표에 있는 비용의 분석은 이 점에서 유용하다. 예를 들어, 총비용은 비용예산과 비교될 수 있다. 실제의 비용이 비용예산을 초과했다면 경영자들은 조치가 취해져야 한다는 것을 결정하게 된다. 또한 문제영역이 확인될 수도 있다. 예를 들어, 연료비용이 큰 폭으로 증가했다든가 또는 지상관리수수료와 같이 다른 영역에서는 비용의 감소가 있었다. 재무정보는 매우 광범위한 의사결정을 하는데 있어서 도움이 될 수 있을 것이다.

(4) 점점 많은 기업들이 사회적 책임에 관심을 갖는다. 더 좋은 기업시민이 되려는 노력으로 몇몇 기업들은 사회적 회계감사를 실행한다. 이것은 기업의 사회적 그리고 윤리적 성과를 측정하여 발표하는 방법이다. 그것은 매출액, 이익 또는 배당금 같은 회계정보를 측정하는 전통적인 성과측정방법에서 탈피한 변화이다. 사회적 회계감사를 실시하는 기업들은 보다 더 다양한 이해관계자들을 고려하며, 추천된 회계감사를 따르려고 노력한다. 사회적 회계는 환경, 공급업자들, 또는 더 다양한 사회적 공동체에 대한 기업의 영향을 고려한다.

이 사례의 정보에 의하면, easyJet은 몇 가지 사회적 회계를 실행한다. 자료는 easyJet의 기업 및 사회적 책임보고서에서 발췌된 것이다. 예를 들어, <그림 3-3>의 막대도표는 easyJet이 방출한 이산화탄소의 양을 나타낸다. 그림에 의하면, easyJet은 2000년 1.0에서 2006년 0.824로 이산화탄소 방출량을 간신히 축소했다. 이것에 의하면, easyJet은 항공기에 의한 환경폐해를 감축시키려고 노력하고 있다.

또한 <그림 3-4>에는 easyJet의 연차보고서에서 발췌된 내용이 있다. 두 부분(E와 G)으로 나누어져 있다. E 부분은 보건과 안전에 대한 easyJet의 자세를 반영한다. 예를 들어, 그 보고서에 의하면, '안전'이 그 기업에서 가장 우선시된다. easyJet은 모든 직원들에게 안전하고 효율적인 근로환경을 제공하려고 노력한다... "easyJet은 조종사들을 위해 산업에서 가장 먼저 항공사의 안전관리의 종합프로그램으로서 피로위험관리시스템(FRMS)의 개발에 전념한다."

G 부분은 easyJet의 윤리적 자세에 대해 언급하고 있다. 예를 들어, easyJet은 회사의 임원들과 직원들에게 기업행동의 최고의 기준을 설정한다. easyJet은 모든 직원들에게 그들의 의무를 효율적으로 그리고 부지런하게 수행하도록 요구하며, 고객 및 다른 사람들에게도 항상 똑같이 예의바르게 행동하도록 요구한다.

그러나 easyJet이 외부적인 사회적 회계감사를 실행해 왔다는 것을 제시하는 증거는 없다. 그러므로 그 과정이 기업의 이미지를 개선시키기 위해 단순히 홍보연습에 불과하다고 일부에 의해 주장되고 있다. 실제로 easyJet의 영업활동 증가로 인한 항공교통량의 증가가 더 많은 환경폐해를 초래했다고 많은 사람들이 주장한다.

(5) 현재 대부분의 기업들은 회계작성과정에서 IT를 사용한다. easyJet은 회계목적을 위해 IT에 매우 많이 투자했을 것이다. 이 이유는 상당한 장점 때문이다. 상당한 수의 거래는 인력에 의한 시스템에 비해 컴퓨터 시스템에서는 훨씬 더 빨리 처리 될 수 있다. 예를 들어, easyJet은 수십억 건의 거래를 한다. 이러한 거래의 기록이 인력시스템에 저장된다면 거대한 양의 자원이 요구될 것이다. 뿐만 아니라, 컴퓨터에 저장된 정보의 접근은 매우 쉽다. 기록된 수십억건의 거래로부터 운영자는 즉각적으로 단일건의 거래내역을 추출할 수 있다. 또한 상당한 양의 자료가 즉각 처리되므로 컴퓨터시스템은 인력에 의한 시스템보다 적은 인력을 필요로 한다. 따라서 거래를 수집하고 기록하는 비용이 축소될 수 있다. 정보가 전국 또는 세계 어느 곳에서도 입력되고 접근될 수 있다. 이 회사의 서로 다른 지역의 정보는 최종적으로 그 정보들이 분류되고 적절한 장부에 저장되도록 하는 중앙처리장치로 간다. 각 지점의 정보는 본부사무실에 저장되고 거기에서 관찰될 수 있다. 전자적 자료교환은 이런 식으로 정보를 전달하는데 사용될 수 있다.

회계프로그램을 디자인하면, 직원들이 장부작성과 자료를 입력하고 저장할 장부에 대해 상세하게 알 필요가 없다. 따라서 훈련비용이 절감될 수 있고 기업은 인건비를 줄이기 위해 회계부서에 비전문가 직원을 고용할 수도 있다. 컴퓨터 시스템은 자료를 처리할 때 인력에 의한 시스템보다 더 정확하다. 이러한 이유 중의 하나는 컴퓨터가 대규모의 반복작업을 수행할 때 산만해지거나 피곤해지지 않는다. 암호시스템을 활용하여 접근을 제한하는 것도 가능하다. 이것은 민감한 정보에 대한 비공인 사용을 방지한다. 한 대의 컴퓨터가 매우 큰 인터넷처럼 서로와 통신하도록 해주는 인트라넷이 easyJet에 의해 사용될 수도 있다.

컴퓨터 회계시스템을 광범위하게 사용한다는 것은 장점이 단점보다 많다는 것을 의미한다. 그러나 easyJet은 몇 가지 문제에 직면할 수 있다. 컴퓨터 하드웨어와 소프트웨어를 구입하고 개선하는 비용이 클 수 있다. 직원훈련비용이 또한 높을 수 있다. 그 시스템을 모니터링하기 위해 IT전문가를 고용할 필요가 가끔 있다. 이것은 비용을 증대시킨다. 매우 다양한 컴퓨터가 있으므로 한 기업이 가장 적합한 컴퓨터 패키지를 선택한다는 것은 항상 쉽지는 않다. 만약 선택이 잘못되면 그 실수에 따른 비용은 클 수 있다. 새로운 컴퓨터 시스템이 설치될 때 문제가 종종 발생한다. 시스템의 오류로 인해 그것이 잘 작동하지 않을 수 있다. 만약 바이러스가 인터넷으로부터 또는 이메일을 경유하여 침투된다거나 또는 경험이 없는 직원이 그 시스템을 고장나게 한다면 다른 어려운 문제들이 발생한다. 이러한 일이 발생하면, 직원, 고객, 그리고 공급업자에도 문제점과 지체를 초래한다.

컴퓨터 시스템의 사용은 노사간의 문제를 일으킬 수도 있다. 직원들이 컴퓨터기술을 그들의 직업이나 지위에 대한 위협으로 본다면, 시스템이 설치될 때 그들은 경영자와 협력하지 않을 수 있다. 이것은 경영자와 직원간의 지체 및 마찰을 일으킬 수 있다. 암호를 사용하여 보안이 증가될지라도 직원들이나 외부인들이 그 시스템을 해킹할 수도 있다. 이러한 비공인 접근은 태업을 하기 위해 불만을 가진 직원들이나, 또는 이득을 얻으려는 경쟁자에 의해 이루어질 수 있다. 마지막으로 컴퓨터 시스템은 자료가 정확하게 입력되기만 한다면 효과적이지만, 부정확한 자료가 입력되면 그것을 바탕으로 만들어지는 보고서도 또한 부정확할 것이고, 오해의 소지가 있으며 유용하지 않을 것이다.

제4장
재무제표의 개념

서 론

기업의 재무제표(회계장부)는 재무상태에 대해 '진실하고 공정한'(true and fair) 관점을 반영해야 한다. 이것을 달성하기 위해 회계사들은 여러 가지 '규칙' 또는 회계개념(accounting concepts)을 적용한다. 이것들은 합의 또는 원칙으로 알려져 있다. 대부분의 국가에서는 GAAP, 즉 일반적으로 합의된 회계원칙('generally accepted accounting principles')이 사용된다.

재무정보를 분석하고 나타낼 때 합의된 개념을 사용함으로써 회계사들은 혼돈(confusion)과 불일치성(inconsistency)을 피할 수 있다. 또한 잘못된 재무정보를 나타낼 수 있는 영역이 작으므로 서로 다른 기업들 간의 차이가 보다 더 쉽게 비교될 수 있다.

기본적인 회계개념이나 원칙들은 다음과 같다:

- 계속기업(going concern) 개념
- 일치성(consistency) 개념
- 신중성(prudence)개념
- 발생주의(accruals) 또는 수익-비용대응원칙(matching) 개념

이외에도 다음의 원칙들이 있다:

- 관련성(relevance)
- 신뢰성(reliability)
- 적합성(compatibility)

■ 이해가능성(understandability)

위에 열거된 이러한 개념들 이외에도, 많은 요인들이 일반적으로 합의된 사항들이다. 이것들에는 객관성, 기업실체, 금액측정, 과거원가, 복수회계, 실현성, 그리고 중요성 등이 포함된다.

1. 객관성(objectivity)
2. 과거원가(historical cost)
3. 계속기업(going concern)
4. 실현성(realization)
5. 발생주의(accruals) 또는 수익비용대응원칙(matching)
6. 일치성(consistency)
7. 신중성(prudence and caution)
8. 중요성(materiality)
9. 기업실체(business entity or separate entity)
10. 금액측정(money measurement)
11. 복수회계(dual aspect)

사 례 4-1

갑순이는 대구의 임차단지에서 자그마한 생산공장을 세웠다. 그녀는 전문기계장치를 구입하여 고품질의 벨기에 스타일의 쵸코렛을 생산하기 시작했다. 그 기업은 출발을 잘 했고, 바쁜 시기인 크리스마스가 포함된 처음 6주간의 영업에서 갑순이는 작은 이익을 창출했다. 불행하게도 그녀 제품의 신선함은 사라졌고 판매도 점점 감소했다. 부실한 여름판매 이후에 갑순이는 그 기업이 영업을 중단해야만 할 것인가를 고민하였다. 그녀는 현재 사업체의 자산을 매각하여 조달될 자금으로 새로운 사업에 대한 아이디어를 찾았다. 갑순이 기업의 재무상태표(대차대조표)는 다음의 표에 나와 있다.

〈표 4-1〉 갑순이 기업의 재무상태표

(2007년 10월 31일 현재, 단위: 1,000원)

자산		3,500
기계		1,700
포장기계장치		1,500
밴		1,400
재고자산		150
		8,250
은행현금		
(–) 부채		
은행대출	4,000	
매입채무	1,900	
		5,900
		2,350
자금조달:		
자본금		2,350

(1) 이 기업이 계속기업(going concern)인 경우 회계사는 갑순이의 고정자산을 어떻게 평가했는가를 설명하라.

(2) 만약 갑순이가 기업을 폐쇄하여 고정자산을 매각한다면, 그 고정자산은 어떻게 평가될 것인가?

해설

(1) 회계의 계속기업 개념은 한 기업이 예측가능한 미래기간 동안 영업을 계속할 것이라고 가정한다. 다시 말하면, 그 기업이 폐쇄되거나 매각되지 않을 것으로 예상된다. 이 개념은 자산이 평가되는 방식에 영향을 준다. 계속기업의 경우에는 자산을 과거원가로 평가하는 것이 타당하다. 이 사례에서 140만원의 밴과 170만원의 기계와 같이 재무상태표에 나타난 고정자산은 모두 과거원가로 평가될 것이다. 이것은 이들 자산이 구입되었던 가격이다.

(2) 갑순이는 판매가 부실했기 때문에 그녀의 기업을 폐쇄할 것인가를 고민하고 있다. 그녀는 또 다른 사업의 자금을 조달하기 위해 자산을 매각하기를 희망한다. 한 기업이 폐쇄되면 자산은 순실현가치로 평가되어야 한다. 이것은 자산이 중고자산으로 매각될 수 있는 금액이다. 대부분의 경우 기계와 재고자산과 같은 자산의 순실현가치는 과거원가보다 더 낮을 것이다. 그 이유는 그들 자산들이 매우 전문적이고 수요도 높지 않기 때문이다.

사 례 4-2

달서청소주식회사는 2007년 7월 갑돌이에 의해 설립되었다. 그 회사는 대구지역의 기업들과 수많은 청소계약을 했다. 그 사업이 시작되기 바로 전에 갑돌이는 다음과 같은 도구들을 구입했다.

- 밴 320만원
- 산업용 진공청소기 230만원
- 탁상용 컴퓨터 80만원
- 4개의 양동이 3천원
- 대걸레 5,500원
- 빗자루 3,950원

갑돌이는 이와 같은 모든 도구들이 여러 해 동안 사용될 것으로 예측한다. 그러나 그는 이러한 지출 모두가 자본지출이 되는지를 확신하지 못한다.

(1) 중요성(materiality) 개념을 사용하여, 이들 도구 중 어느 것이 재무상태표의 고정자산으로 열거될 것인가를 설명하라.

(2) 미래의 지출을 수익지출(revenue expenditure)로 구분할 것인지 아니면 자본지출(capital expenditure)로 구분할 것인지를 결정하기 위해 갑돌이가 사용하는 방법을 설명하라.

해설

(1) 중요성 개념에 의하면, 기업은 사소한 지출항목을 정확하게 기록하는데 시간을 낭비해서는 안 된다. 예를 들면, 이 사례에서 양동이, 대걸레, 그리고 빗자루는 모두 1만원 이하로 구입되었다. 이들 도구들은 중요한 물건이 아니다. 그것들이 여러 해 동안 사용될 것이라고 예상될지라도, 그러한 구매금액은 한번만 기록되고 그것들이 구입된 해의 비용으로 처리되어야 한다. 그들 도구들이 사용되는 기간 동안 그러한 지출에 대해 감가상각을 시도해서는 안 된다. 이것은 재무상태표가 잡동사니 항목으로 채워지는 것을 피할 수 있게 해준다. 단지 밴, 컴퓨터, 그리고 진공청소기들만이 재무상태표에 고정자산으로 열거되어야 한다.

(2) 불행하게도 중요성을 제시하는 규정이나 공식적인 지침이 없다. 서로 다른 기업들은 다양한 임의적인 방법을 사용하여 어느 지출항목이 중요하고 그렇지 않은지를 결정한다. 중요성을 평가하는 방법은 판단을 결정하는 회계사에 의해 선택된다. 이 사례에서 갑돌이는 일정 금액(예를 들어, 5만원) 이하로 구입된 모든 물건은 수익지출로 구분되어야 한다고 결정한다.

사례 4-3

갑돌이는 개인 사업자로서 대구에서 직업소개소를 운영한다. 그는 대구시의 중앙지역에서 사무실을 임차하여 요리사, 웨이터 그리고 바(bar)직원과 같은 요식업 직원들(catering staff)의 공급을 전문적으로 취급한다. 그는 시의 호텔, 선술집, 바 그리고 식당과 긴밀히 접촉을 하고 있다. 갑돌이의 중요한 자산 중의 하나는 120만원에 구입한 노트북 컴퓨터이다. 그는 사업목적으로 평균 하루에 8시간, 일주일에 5일간 컴퓨터를 사용한다. 그러나 밤과 주말에는 컴퓨터가 갑돌이의 개인 용도로 사용된다. 평균적으로 그는 일주일에 20시간 집에서 노트북 컴퓨터를 사용한다.

(1) 갑돌이의 사업을 참고하여 기업실체의 개념이 무엇인가를 설명하라.

(2) 어느 정도의 컴퓨터 비용이 갑돌이 기업에 귀속되어야 하는가를 설명하라.

해설

(1) 기업실체의 개념은 한 기업의 재무적 업무가 소유주의 업무와 완전하게 구별되어야 한다는 것을 말한다. 그 기업은 별도의 실체로서 취급된다. 이것은 사적인 거래가 기업거래와 혼돈되어서는 안 된다는 것을 의미한다. 여기에서 갑돌이 직업소개소의 재무적 거래는 그 자신의 개인적 거래와 혼돈되어서는 안 된다. 이 사례에서 120만원에 구입된 노트북 컴퓨터는 기업과 개인 용도로 동시에 사용되고 있다. 따라서 비용의 일정 부분만이 기업의 비용으로 간주될 수 있다.

(2) 컴퓨터는 일주일에 40시간(=8시간×5일) 동안 기업용으로 사용된다. 그것은 또한 일주일에 20시간 동안 개인용도로 사용된다. 따라서 컴퓨터는 일주일에 60시간 사용된다. 그러므로 기업에 귀속되는 비용은 80만원(=120만원×40/60)이 된다.

종합사례 4-4

갑돌이는 대구시 상인지역에서 척추지압사(chiropractor)로서 사업을 한다. 한국지압사협회의 회원들인 척추지압사들은 전문가 자문, 통증완화, 그리고 광범위한 고통과 통증을 위한 물리치료 서비스를 제공한다. 척추교정치료는 주로 신체의 신경계통에 중점을 둔다. 척추교정은 신경계통경로의 주요한 부분으로서, 통증과 불구의 공통적인 요인이 되는 척추와 그와 관련된 구조에 초점을 맞춘다. 더욱이 척추교정은 완전히 자연적인 치료법이다-전혀 약을 쓰지 않고 외과수술이 없다.

갑돌이 사업은 성공적이다. 그 이유의 하나는 그 지역에서 경쟁이 거의 없기 때문이다. 그러나 그는 상당한 명성도 갖고 있으며 현재 대부분의 고객들은 입소문에 의해 온다. 갑돌이는 자기 사업을 운영하는 것을 즐거워 하며 많은 작은 기업가들처럼 그는 서류작업, 특히 재무적 기록에 그렇게 관심을 두지 않는다. 갑돌이는 모든 지급액과 수령액을 컴퓨터에 기록한다. 재무회계 연도말에 그는 회계장부를 작성하기 위해 회계사에게 수수료를 지급한다. 2007년 말에 다음 5건의 거래가 갑돌이의 걱정거리이었다.

- 재무회계연도말 1개월 전에 갑돌이는 1,500만원의 분기 임차료를 지급했다. 그러나 갑돌이는 그 금액의 대부분이 내년도에 해당하므로 장부에 그 금액을 포함하지 않기로 결정했다.
- 갑돌이 고객 중 한 사람이 실수로 그의 계좌에 23만원의 수표를 입금했다. 실제로 합당한 금액은 21만원이었다. 갑돌이는 어느 수치를 입력해야 할지 확신하지 못한다.
- 또 다른 갑돌이 고객은 치료비로 15만원이 남아 있다. 그러나 여러 달 동안 그 고객과 접촉을 시도했으나 그 고객은 마을을 떠나 연락이 안 된다. 갑돌이는 어떻게 할지 모른다.
- 갑돌이는 지난 회계연도 말 전인 지난 달에 56만원어치의 문구를 외상으로 구매했다. 그는 석 달 동안 그 대금을 지불하지 않을 것이다. 갑돌이는 구매제품이 장부에 아직 기록되지 않아야 한다고 생각한다.
- 금년에 갑돌이가 구매한 장비의 비용은 250만원이다. 그러나 구매한지 두 달 후 갑돌이는 의료잡지에서 동일한 장비를 단지 150만원에 판매한다는 광고를 보았다. 갑돌이는 어떤 값을 기록할지 모른다.
- 금년 중 갑돌이는 기업과 개인용으로 동시에 쓰기 위해 자동차를 구입했다. 금년의 자동차 총비용은 1,280만원이었다. 그의 추정에 의하면, 8,000마일은 기업용으로, 2,000마일은 개인용으로 사용되었다. 갑돌이는 모든 비용이 기업용으로 사용될 수 있는지를 확신하지 못한다.

(1) 갑돌이의 회계사는 회계장부를 준비할 때 회계개념을 이용하는 것이 왜 필요한가를 설명하라.

(2) 갑돌이의 회계사가 회계장부를 준비할 때 객관성이라는 개념이 왜 그에게 중요한지를 설명하라.

(3) 갑돌이의 모든 거래가 왜 금액으로 기록되는가를 설명하라.

(4) 갑돌이는 적절한 회계개념에 따라 위의 거래 각각을 어떻게 처리해야 하는가를 설명하라.

해설

(1) 갑돌이의 장부는 그 기업 재무상태의 '진실하고 공정한' 관점을 반영해야 한다. 이를 위해 회계사들은 여러 가지의 규칙이나 지침을 따른다. 그것들은 회계협약이나 회계개념으로 불린다. 재무정보를 기록하고 분석하며 발표할 때 여러 가지의 일치된 개념을 사용함으로써 회계사들은 혼란을 피할 수 있다. 회계개념을 사용하지 않을 경우 불일치와 부정확성이 발생할 수 있다. 그러한 정보로부터 의미있는 결론을 도출하는 것이 가능하지 않을 것이다. 그리고 그러한 결론은 신뢰할 수 없을 것이다. 기업의 장부는 광범위한 그룹에 의해 사용되며 가능한 한 정확해야 한다. 예를 들어, 갑돌이가 그의 기업의 성과를 다른 척추지압사 기업의 성과와 비교하고자 한다면, 그는 또 다른 기업의 장부가 여러 가지의 규칙이나 원칙에 따라 작성된 것이라고 확신해야 할 것이다.

(2) 갑돌이의 장부는 가능한 한 개인적인 견해보다는 증명될 수 있는 증거에 기반하여 작성되어야 한다. 다시 말하면, 그것들은 주관적이기보다는 객관적이어야 한다. 따라서 갑돌이의 회계사는 자신의 개인적인 의견보다는 영수증에 기초하여 거래를 평가해야 한다. 이렇게 해야 편견을 피할 수 있다. 두 명의 회계사가 특정의 거래, 예를 들어 새로운 건물구입의 가치에 대해 질문을 받는 다면 어떻게 될지를 생각해보자. 건물의 가치는 서로 다른 많은 방식으로 측정될 수 있기 때문에, 그들은 의견차이를 보일 수 있다. 그러나 그들이 영수증에 따라 그 거래의 값에 대해 질문을 받는다면 그들은 정확하게 동일한 값을 기록할 것이다.

(3) 갑돌이의 모든 거래는 금액으로 기록된다. 이것은 금액측정 회계개념과 일치한다. 그 개념은 거래, 자산, 부채, 그리고 자본의 값을 포함한 재무기록은 금액으로 표시되어야 한다는 것을 말한다. 이런 식으로 재무정보를 기록하는 데에는 두 가지 핵심이유가 있다. 대부분의 거래는 일치된 값을 가지고 있고 금액으로 표시된다. 금액으로 표시하지 않고 물물교환이나 맞교환(swapping)처럼 이루어지는 거래는 거의 없다. 제품과 자산의 다른 값들은 보다 쉽게 금액으로 비교될 수 있다. 예를 들어, 3억원과 9억5천만원인 두 건물의 상대적인 값은 중간값과 높은 값 같은 서술적인 값보다는 더욱 더 분명하게 금액으로 표시된다. 그러나 재무정보를 기록하기 위해 금액을 사용하는 데에는 몇 가지 한계가 있다. 그 중 한 가지 문제는 정보가 금액으로 표시될 수 없다는 것이며, 그 결과 그것이 무시될 수도 있다. 이러한 일은 종종 몇 몇 무형자산의 경우에 발생한다.

(4) 갑돌이는 다음과 같이 그 거래들을 다루어야 한다.

* 1,500만원의 분기임차료지급액의 일부분은 금년의 비용으로 포함되어야 한다. 만약 분기임차료지급시기가 영업연도말 한달 전이라면, 그 지급액의 1/3은 금년의

장부에 포함되어야 한다. 따라서 갑돌이는 금년에 500만원(=1,500만원×1/3)만을 기록해야 한다. 이러한 규칙은 발생주의 원칙 또는 일치협약(matching convention)을 따른다.

* 갑돌이는 초과지급액을 수익으로 기록할 수 없다. 그 초과금액은 고객에게 지급되어야 한다. 갑돌이는 21만원을 수익으로, 그리고 2만원을 초과지급금으로 기록해야 한다. 이것은 또한 발생주의 원칙을 따른다.
* 제품이나 서비스가 거래되었을 때 15만원의 거래가 기록되었을 것이다. 이것은 실현주의 회계개념에 의한 것이다. 그 고객을 추적할 수 없으므로 고객의 미수금은 회수되지 않을 것 같다. 따라서 15만원은 악성부채로 취급되어야 한다. 이것은 신중함의 회계개념과 일치한다. 회계사들은 항상 비용이 파악되자마자 그 비용을 기록해야 한다. 악성부채는 손익계산서에서 비용으로 기록될 수도 있다.
* 발생주의 개념에 따라 지급이 지연되었을지라도 제품의 거래가 이루어지면 거래는 기록되어야 한다. 56만원어치의 문구류는 금년의 장부에 매입으로 포함되어야 한다. 대금지급이 내년까지로 연기될 것이라는 것은 중요하지 않다.
* 과거원가 개념에 따라 모든 자산은 현재가치가 아니라 최초의 원가로 평가된다. 따라서 갑돌이가 금년에 250만원을 주고 구입한 장비는 250만원으로 평가되어야 한다. 이것은 현재 동일한 장비가 150만원에 구입될 수 있을 지라도 250만원으로 평가된다.
* 분리된 주체의 원칙에 따라 기업과 개인용도로 사용된 자산을 운영하는 비용은 개인과 기업 사이에 나누어져야 한다. 이 사례에서 갑돌이의 총 차량비용은 금년에 1,280만원이었다. 이 사례의 정보에 의하면, 기업용도로 사용된 마일리지의 수는 8,000이다. 이것은 개인용도로 사용된 2,000마일과 비교된다. 따라서 금년 중 기업의 비용은 1천 24만원(=1,280만원×8,000/10,000)이다.

제 5 장
재무제표의 작성

서 론

재무제표(회계장부)의 작성은 대차대조표, 손익계산서 그리고 현금흐름표를 작성하기 위해 기업거래를 기록함으로써 발생되는 정보를 사용하는 것을 수반한다. 많은 기업들은 컴퓨터 소프트웨어를 이용하여 정기적으로 회계장부를 작성한다.

최종의 회계장부는 영업연도 말에 작성된다. 개인사업자, 합자회사 그리고 작은 규모의 주식회사들은 회계장부를 작성하기 위해 공인회계사를 활용할 수 있다. 기업의 주인들은 거래기록과 관련서류를 제공한다. 대부분의 대기업들과 많은 중규모 기업들은 기업의 장부를 작성하는 회계사를 자체적으로 고용한다. 그러나 자체적인(own) 회계장부를 작성하는 기업들은 독립적인 회계법인에 의해 감사를 받아야만 한다.

회계장부가 작성되면 그것은 다양한 이해관계자들에 의해 활용될 수 있다. 상장주식회사들(public limited companies)은 연차보고서 및 회계장부를 그들의 모든 주주들에게 전달해야 한다.

주요 내용

1. 대차대조표의 작성
2. 기업거래와 대차대조표
3. 손익계산서의 작성

사례 5-1

남산주식회사는 전자부품을 생산하는 중규모 기업으로서 광범위한 산업에 전자부품을 공급한다. 그 기업은 중국의 제조업체들로부터 상당한 경쟁압박에도 불구하고 최근에 꾸준히 성장을 해왔다. 다음의 표는 이 기업의 재무정보를 나타낸다.

〈표 5-1〉 남산주식회사의 재무정보

(단위: 100만원)

	2008년	2007년
유보이익	1,210	422
장비 및 기계	4,450	3,600
담보대출(모기지)	200	300
지분자본	2,500	2,500
차량	120	140
은행현금	30	20
세금	50	40
기타유보금(reserves)	420	330
매출채권	85	80
기타장기부채	340	280
미지급금	23	25
재고자산	145	122
매입채무	87	65

(1) 표의 정보를 사용하여 2007년과 2008년 이 기업의 재무상태표를 작성하라.

(2) 2008년에 이 기업의 재무상태의 변화에 대해 간단히 설명하라.

해설

(1)

남산주식회사 재무상태표

2008년 12월 31일 현재

(단위: 백만원)

	2008년	2007년
고정자산		
장비 및 기계	4,450	3,600
차량	120	140
	4,570	3,740
유동자산		
재고자산	145	122
매출채권	85	80
은행현금	30	20
	260	222
유동부채		
매입채무	87	65
미지급금	23	25
법인세	50	40
	160	130
순유동자산	100	92
비유동부채		
담보대출	200	300
기타장기부채	340	280
	540	580
순자산	4,130	3,252
자본금 및 유보금		
지분자본	2,500	2,500
기타유보금	420	330
유보이익	1,210	422
	4,130	3,252

(2) 이 기업의 재무상태는 2008년에 개선된 것처럼 보인다. 이러한 관점을 지지할 두 개의 핵심적인 증거가 있다. 첫째, 순자산가치를 기준으로 이 기업의 가치는 32억5천 2백만원에서 41억3천만원으로 증가했다. 이것은 이 기업의 가치가 더 커졌다는 것을

의미한다. 둘째, 유보이익의 가치가 4억2천2백만원에서 12억1천만원으로 증가했다. 이것은 이 기업이 2008년에 적어도 7억8천8백만원(=12억1천만원-4억2천2백만원)의 이익을 창출했다는 것을 의미한다. 배당이 주주들에게 지급되었을 경우에는 그것은 이 금액보다 더 컸을 것이다.

마지막으로 이 회사는 새로운 장비 및 기계에 투자할 수 있었고 장기부채는 5억8천만원에서 5억4천만원으로 약간 감소되었다.

사례 5-2

동천주식회사는 대구에 위치한 의류제조업체이다. 그 회사는 성공적인 기업이며 그 기업이 고객들에게 제공하는 개별적인 서비스의 질을 자랑한다. 그 기업은 남성, 여성, 그리고 어린이 의류를 생산하며, 1회용 디자이너틈새시장 고급옷, 패션의류 및 악세서리에서부터 단순 대량생산되는 티셔츠에 걸친 제품을 생산할 수 있다. 이 회사는 다음과 같이 제공한다:

- 의류디자인 총서비스
- 의류디자인해석(패턴만들기)
- 생산샘플 및 원형의 제조
- 맞춤형 제품 및 여러 생산라인 제품의 제조
- 창고업, 저장 및 dropshipping(전자판매방식이나 온라인판매체제와 같이 생산자에서 소비자로 직판체제)
- 시장조사방법
- 직물 대외구매(fabric sourcing)
- 악세서리 대외구매

이 기업의 재무정보가 다음의 표에 나와 있다.

〈표 5-2〉 동천주식회사의 재무정보

(단위: 백만원)

	2008년	2007년
판관비	1,560	1,800
배당	600	500
세금	580	450
매출원가	3,780	2,100
매출액	7,800	5,700
순이자비용	70	45

(1) 2008년과 2007년 동천주식회사의 손익계산서를 작성하라.

(2) 2008년 이 기업의 성과에 대해 간단히 설명하라.

해설

(1) **동천주식회사 손익계산서**

2007년 4월 1일 2006년 4월 1일
2008년 3월 31일 2007년 3월 31일

(단위: 백만원)

	2008년	2007년
매출액	7,800	5,700
매출원가	3,780	2,100
매출총이익	4,020	3,600
판관비	1,560	1,800
영업이익	2,460	1,800
순이자비용	70	45
세전이익	2,390	1,755
법인세	580	450
순이익	1,810	1,305
배당금	600	500
유보이익	1,210	805

(2) 손익계산서에 의하면 2008년에 동천주식회사의 재무적 성과가 개선되었다. 매출액, 이익, 그리고 배당금액이 모두 증가했다. 매출액은 57억원에서 78억원으로 증가하여 36.8% 상승했다. 세후 이익은 38.7%만큼 증가했다. 배당금은 5억원에서 6억원으로 증가하여 20% 상승했다. 이 회사의 주주들은 이러한 성과에 매우 만족할 것이다.

종합사례 5-3

〈 진명여행.com 〉

진명여행.com은 휴일할인, 저가비행, 그리고 특별한 숙박거래를 위한 웹사이트를 운영한다. 또한 그 회사는 여행장비와 여행용 의류에서부터 자동차임대 및 보험까지 다양한 여행관련 상품을 제공한다. 그 회사는 모든 고객들에게 자문을 해주고 도와 줄 준비가 된 숙련된 여행사의 직원들로 구성된 콜센터를 조치원에 두고 있다.

진명여행.com은 어느 하나의 tour operator(패키지투어전문 여행업자)에 묶여 있지 않고, 온라인이나 보통 쉽게 접할 수 있는 가장 최근의 거래를 찾을 기회를 제공하는 독립적인 여행사이다. 그 회사는 휴일과 비행에 대한 고유의 데이터베이스를 보유하고 있으며, 고객들은 수 분 내에 수 천개의 가용목적지-중동에서부터 카리브해까지 그리고 미국에서부터 극동지역까지-를 온라인으로 검색할 수 있다.

2007년에 그 회사는 회사의 이름을 더 잘 알리기 위해 약 100억원을 광고홍보에 투자했다. 시장조사에 의하면, 이 회사는 수도권에는 잘 알려져 있지만, 남부지역에는 거의 알려져 있지 않다. 그 기업은 광고홍보를 통해 전국적인 인지도를 얻기를 희망했다. 그 투자금의 일부는 내부자금으로 조달되었고, 나머지는 은행대출로 조달되었다. 이 회사의 재무정보가 다음의 표에 나와 있다.

〈표 5-3〉 진명여행.com의 재무정보(2008년 3월 31일 현재)

(단위: 10억원)

	2008년	2007년
기타장기부채	1.3	1.1
기타유보금	3.1	6.0
기타고정자산	5.3	4.2
기타유동부채	4.27	3.91
유보이익	4.48	13.96
컴퓨터장비	14.0	16.0
재고자산	2.11	1.95
은행대출	8.5	4.5
세금	2.55	1.76
지분자본	5.0	5.0
매출채권 및 선급금	4.33	3.87
매입채무	9.44	8.49
은행현금	12.9	18.7

(1) 2007년과 2008년 이 기업의 재무상태표를 작성하라.

(2) 2008년 재무상태표에 나타난 변화의 성격과 가능한 원인에 대해 간단히 설명하라.

(3) 2008년 4월 1일 이 기업에서 다음의 거래가 이루어졌다.

* 컴퓨터하드웨어가 10억원에 구입되었다. 대금지급은 3개월 이내이다.
* 매출채권이 8억원 회수되었다.
* 은행대출이 10억원 상환되었다.

이들 거래의 영향을 나타내기 위한 재무상태표를 작성하라.

해설

(1) **진명여행.com** **재무상태표**

2008년 3월 31일 현재

(단위: 10억원)

	2008년	2007년
고정자산		
컴퓨터장비	14.0	16.0
기타고정자산	5.3	4.2
	19.3	20.2
유동자산		
재고자산	2.11	1.95
매출채권 및 선급금	4.33	3.87
은행현금	12.9	18.7
	19.34	24.52
유동부채		
매입채무	9.44	8.49
기타유동부채	4.27	3.91
세금	2.55	1.76
	16.26	14.16
순유동자산	3.08	10.36
비유동부채		
은행대출	8.5	4.5
기타장기부채	1.3	1.1
	9.8	5.6
순자산	12.58	24.96
자본과 유보금		
지분자본	5.0	5.0
기타유보금	3.1	6.0
유보이익	4.48	13.96
	12.58	24.96

(2) 이 기업의 재무상태표는 2008년에 상당한 변화를 나타냈다. 기업의 가치가 249억6천만원에서 125억8천만원으로 크게 하락했다. 이에 대한 주요 이유는 유보이익의 하락 때문이다. 이 회사는 2008년에 분명하게 손실을 입었다. 이것은 아마도 (약 100억원에 달하는) 광고에 대한 엄청난 지출때문이었을 것이다. 이러한 지출의 일부는 내부자금으로 조달되었고, 나머지는 은행대출로 조달되었다. 재무상태표는 이것을 분명하게 보여 준다. 은행에의 현금잔고가 약 60억원 감소했으며 은행부채(장기대출)가 40억원 증가했다. 이러한 전략의 결과, 운전자본의 가치도 약 70억원 정도 급격하게 하락했다.

그 회사의 상태는 2007년에 비해 2008년에 전반적으로 악화되었다. 그러나 광고에의 거대한 투자는 그 회사가 전국적으로 알려지게 되면 결국 미래에 그에 상응하는 보상을 받을 것이다. 그럼에도 불구하고 이것은 향후 몇 년 동안에는 알려지지 않을 것이다. 마지막으로 재무상태표의 대부분의 기타 변화는 별로 크지 않다. 기타 고정자산에 소규모 투자가 있었으며, 연중 그 회사의 기타유보금이 감소했다.

(3) **진명여행.com 재무상태표**

2008년 4월 1일 현재

(단위: 10억원)

	2008년
고정자산	
컴퓨터장비	15.0
기타고정자산	5.3
	20.3
유동자산	
재고자산	2.11
매출채권 및 선급금	3.53
은행현금	12.7
	18.34
유동부채	
매입채무	10.44
기타유동부채	4.27
세금	2.55
	17.26
순유동자산	1.08
비유동부채	
은행대출	7.5
기타장기부채	1.3
	8.8
순자산	12.58
자본과 유보금	
지분자본	5.0
기타유보금	3.1
유보이익	4.48
	12.58

제3편 손익계산서와 활용

제6장

손익계산서

서 론

이익은 대부분의 기업에서 핵심동력(driving force)이다. 이익을 내는데 중점을 두지 않는 기업은 있다 하더라도 거의 없다. 예외라면 아마 자선기관일 것이다. 종합적인 서비스를 제공하는 것을 주요 목적으로 하는 공기업조차도 최근에는 이익을 추구해 왔다.

이익은 여러 가지 기능을 가지고 있다. 이익을 창출할 가능성 때문에 사람들에게 사업을 하도록 동기부여가 된다. 이익이 없으면 사람들은 그들의 시간과 자원을 사업활동에 투입할 인센티브를 거의 가지지 못한다. 경제학자들은 종종 정상이익(normal profit)에 대해 말한다. 이것은 사업가가 사업에 관심을 갖도록 하기 위해 받아야 하는 최저의 보상이다. 그 기업이 이 정도의 이익(즉, 정상이익)을 창출하지 못하면 기업의 주인은 철수하여 다른 기회를 추구할 것이다.

또한 이익은 시장경제에서 자원배분을 도와준다. 이익을 창출하는 기업들은 생산량을 확대하기 위해 더 많은 원재료와 노동을 구입할 수 있다. 투자자들은 가장 높은 재무적 보상을 줄 수 있는 기업들에게 유도된다. 경제학자들은 이것을 초과이익(abnormal profit)-총이익이 정상이익보다 클 경우 그 차익-이라고 부른다.

기업이 창출하는 이익의 크기는 그 기업의 성과에 대한 측정치이다. 효율적으로 생산되고 소비자들에게 매력적인 가격으로 판매되는 우수한 제품(quality products)을 생산하는 기업들의 수익성은 더 높은 편이다. 그러나 기업이 직면하는 경쟁요인과 같이 기업의 성과에 영향을 주는 여러 가지 다른 요인들이 있다. 회계사의 관점에서 보면 이익은 특정의 영업기간에 모든 비용을 차감하고 남은 금액이 된다.

이익은 다음의 세 가지 형태로 배분된다:

- 내부유보
- 세금지급
- 기업의 주인들에게 배당.

주요 내용

1. 이익의 측정
2. 성과 및 잠재력 측정
   (1) 이익 (2) 비용의 통제 (3) 성장률의 측정 (4) 주주에 대한 혜택(EPS, DPS) (5) 기타이해관계자에 대한 혜택 (6) 기타 재무자료(예: 현금흐름상태, 기업의 차입규모) (7) 기타 영업자료(예: 기업의 환경 및 사회적 영향) (8) 과거, 현재, 미래 (9) 추세 (10) 손익계산서의 상세한 정도 (11) 분식회계 (12) 개별기업 회계장부의 특수성
3. 이익의 활용과 이익의 질(quality)의 중요성

사례 6-1

이곡주식회사는 금속제품 판매점이다. 그 기업은 대구에 있으며 그 지역의 엔지니어와 금속조립자와 같은 광범위한 고객들에게 공급한다. 재고품의 예로는 금속튜브, L자형 철재(angle iron), 강철판 및 금속판(plate and sheet metal), 아연을 씌운, 물결모양, 그리고 외피용 금속판, 구멍뚫린 금속, 사각형과 막대형의 금속, 그리고 계단판 등이다.

〈표 6-1〉 이곡주식회사의 영업계정(trading account)

2008년 12월 31일에 마감하는 1년 동안

(단위: 10만원)

매출액		7,804
매출원가		
구입	4,893	
(+)기초재고	?	
	5,546	
(−)기말재고	713	
		4,833
매출총이익		?

(1) 영업계정의 목적은 무엇인가?

(2) 기초재고와 매출총이익을 계산하여 표의 영업계정을 완성하라.

(3) 이곡주식회사의 매출액이 왜 부가가치세(VAT)를 제외하는가를 설명하라.

해설

(1) 영업계정은 매출총이익을 계산하는데 사용된다. 매출총이익은 매출액에서 매출원가가 차감된 값으로서 기업이 창출한 이익이다. 영업계정은 또한 어떻게 재고가 조정되어 매출원가가 구해지는가를 보여 준다. 이 사례에서 이곡주식회사의 영업계정은 기초재고와 기말재고를 보여 준다.

(2) 이 회사의 기초재고는 6,530만원(=5억5,460만원 − 4억8,930만원)이다. 이 회사의 매출총이익은 2억9,710만원(=7억8,040만원 − 4억8,330만원)이다.

(3) 기업의 매출액에는 계정에서 부가가치세가 포함되지 않는다. 부가가치세와 같은 간접세는 재화의 판매가격에 부가된다. 그것은 고객이 기업에게 지급하는 것이나 다시 그것은 정부로 전달된다. 부가가치세를 포함하게 되면 이 회사의 매출액을 과대평가하게 된다.

사례 6-2

대곡냉동식품센터는 개인사업자인 갑돌이의 소유이며 그에 의해 운영된다. 그 회사는 대구시 상인동의 붐비는 쇼핑센터에 위치해 있다. 그 기업의 수익성은 매우 높으나 갑돌이는 그 기업이 최소한 매출액을 배로 증가시킬 능력이 있다고 믿었다. 2008년에 갑돌이는 마케팅에 상당히 투자했다. 그는 그 기업을 지역의 라디오 방송에 광고를 했고, 다음에는 매월 정기적으로 광고전단지를 뿌렸다. 이 대곡냉동식품센터의 손익계산서가 다음의 표에 나타나 있다.

〈표 6-2〉 대곡냉동식품센터의 손익계산서

(단위: 10만원)

	2008년	2007년
매출액	7,856	5,297
기초재고	373	369
구입액	4,984	3,691
	5,357	4,060
(−)기말재고	381	373
매출원가	4,976	3,687
매출총이익	2,880	1,610
(−):		
임금	453	441
자동차비용	106	159
전화비	9	8
전기요금	23	21
임차료	120	120
광고비	108	4
보험료	23	21
회계사비용	16	15
감가상각비	65	65
순이익	1,957	756

(1) 손익계산서는 매출총이익과 순이익의 차이를 어떻게 구분하는가를 설명하라.
(2) 위의 표에 있는 개인사업자의 손익계산서와 비상장주식회사의 손익계산서 간의 한 가지 주요한 차이를 설명하라.
(3) 2007년과 2008년 매출액의 차이를 설명하라.
(4) 2008년 이 회사의 성과에 대해 설명하라.

해설

(1) 이 사례의 손익계산서는 매출총이익과 순이익을 분명하게 보여 준다. 매출총이익=매출액−매출원가. 2007년 이 회사의 매출총이익은 2억8,800만원이었다. 순이익은 매출액에서 기업의 모든 비용이 차감된 금액이다. 그것은 매출총이익에서 비용을 차감하여 계산된다. 이 사례에서 순이익은 1억9,570만원이다. 이 사례에서와 같이 손익계산서는 매출총이익과 순이익간의 차이를 분명하게 보여 준다.

(2) 개인사업자의 손익계산서와 비상장주식회사의 손익계산서간의 주요한 차이 중의 하나는 보여진 세부항목의 금액이다. 개인사업자의 경우에는 더 많은 세부항목을 보여주는 경향이 있다. 예를 들어, 이 사례에서 임금, 자동차비용, 전화비와 전기요금과 같은 비용이 완전하게 열거되어 있다. 반면, 비상장주식회사의 경우에는 손익계산서에 비용항목이 요약되어 나타난다.

(3) 이 회사의 매출액은 상당히 크게 증가했다. 2007년과 2008년 사이에 그것은 5억2,790만원에서 7억8,560만원으로 증가하여 증가율이 48.3%나 되었다. 이에 대한 주요한 이유는 갑돌이가 광고에 집중적으로 투자했기 때문이다. 그는 그 회사가 매출액을 최소한 배로 증가시킬 능력이 있다고 믿었다. 손익계산서에 의하면, 광고에 지출된 금액은 2007년 40만원에서 2008년 1,080만원으로 엄청나게 증가했다. 광고전단지의 배포와 함께 지역라디오 방송에의 광고는 매출에 매우 긍정적인 영향을 준 것이 분명하다.

(4) 이 회사의 성과는 2008년에 상당히 진전되었다. 매출액은 48.3%, 매출총이익은 78.9%, 그리고 순이익은 믿기 어려울 정도로 158.8%나 증가했다. 갑돌이는 기업의 성과에 매우 만족하는 것 같다. 회사가 기업의 성과를 진전시킬 수 있다는 그의 믿음이 정확했다.

사 례 6-3

한국전자는 전자 및 전기기계 시스템, 하위(sub)시스템, 항공기 제품 및 서비스, 선박, 잠수함 및 장갑차, 경계 및 통신 시스템, 공항 및 운송시스템을 디자인하고 제조하며 지원하는 것을 전문으로 하는 방위 및 항공우주산업 회사이다. 다음의 표는 이 회사의 2006년과 2007년도 손익계산서를 나타낸다.

〈표 6-3〉 한국전자의 손익계산서

(단위: 백만원)

	2007년	2006년
연속영업		
매출액	377,040	342,410
매출원가	(274,466)	(250,160)
매출총이익	102,574	92,250
기타영업이익	1,505	4,805
배송비용	(810)	(825)
관리비용	(48,569)	(48,393)
기타영업비용	(753)	–
영업이익	53,947	47,837
투자수입	4,939	553
재무비용	(3,874)	(7,688)
세전이익	55,102	40,702
세금	(15,404)	(11,292)
모회사 주주에게 배분가능한 이익	39,698	29,410
주당순이익(단위: 원)		
기본	588	439
희석시(diluted)	583	435

(1) 이 회사의 관리비용의 두 가지 가능한 예를 들어라.

(2) 위의 손익계산서에서 재무비용은 무엇을 의미하는가?

(3) 위의 손익계산서에서 연속영업은 무엇을 의미하는가?

(4) 2007년 이 회사의 성과에 대해 간단히 설명하라.

해설

(1) 관리비용은 한 기업을 운영할 때 발생되는 일반적인 간접비이다. 이 회사와 같은 기업의 관리비의 예로는 첫째, 관리자 및 사무직 근로자의 임금 및 급여, 둘째, 난방 및 전기, 전화, 프린트와 문구와 같은 사무실비용, 셋째, 감가상각비를 들 수 있다.

(2) 손익계산서의 재무비용 항목은 자금을 차입하여 지급한 이자이다. 그 예로는 은행대출이나 당좌차월에 대한 이자를 들 수 있다.

(3) 2005년에 도입된 국제회계기준에 의하면, 상장주식회사는 손익계산서에서 연속영업과 불연속영업을 서로 구별해야 한다. 연속영업은 현재 그 회사에 의해 소유된 기업의 활동을 말한다. 불연속영업은 재무연도 동안 매각된 기업들이다. 한국전자는 손익계산서상에 어떠한 불연속영업을 갖고 있지 않다.

(4) 이 회사의 성과는 2007년에 진전된 것처럼 보인다. 매출액은 346억3천만원이 증가하여 증가율로는 10.1%가 되었다. 매출총이익은 11.2%, 그리고 순이익은 34.7% 증가하였다. 이 회사의 주주들은 특히 순이익의 증가에 만족할 것이다. 이것은 더 높은 배당이 지급될 것이라는 것을 의미한다. 순이익이 크게 증가한 이유 중의 하나로는 투자수입의 증가와 재무비용의 하락을 들 수 있다.

종합사례 6-4

〈(주) 용산건설〉

건설회사로서 상장대기업이다. 서울에 위치해 있는 그 기업은 광범위한 건설서비스를 제공하며 정부와 기타 유명한 고객들에 대한 대규모 건설프로젝트를 시행하는 확실하게 자리를 잡은 회사이다. 그 기업은 25년 동안 영업을 해왔으며 신뢰성 있고 전문적인 서비스를 제공하는 것을 긍지로 삼으며, 고급기술력을 가진 것으로도 유명하다. 그 회사는 또한 명장협회의 회원이기도 하다. 영업하는 동안 내내 그 회사는 광고나 홍보에 전혀 자금을 지출하지 않았다. 그 기업의 이사회 의장인 갑돌이는, "우리는 영업력을 구축하기 위해 고객의 평판에 의존

하므로, 여러분이 만족할 때까지 우리는 전혀 우리의 서비스에 만족하지 않는다는 것을 확신한다"고 말했다. 이 회사의 손익계산서는 다음의 표와 같다.

〈표 6-4〉 (주)용산건설의 손익계산서

(단위: 10억원)

	2008년	2007년
연속영업		
매출액	?	1,980
매출원가	920	810
매출총이익	1,380	1,170
배송비용	600	500
관리비용	230	250
영업이익	550	420
재무비용	30	?
세전이익(일반영업활동)	520	390
법인세	?	80
주주에게 배분가능한 이익	420	310
주당순이익(단위: 원)		
기본	236	189
희석시(diluted)	221	177

(1) 다음을 구하여 손익계산서를 완성하라:

① 2008년 매출액, ② 2007년 재무비용, ③ 2008년 법인세

(2) 위의 손익계산서에서 ① 주당순이익, ② 매출원가는 무엇을 의미하는가?

(3) 이 회사의 손익계산서에 누가 관심을 가지는가?

(4) 2008년 이 회사의 성과를 분석하라.

(5) 성과를 분석하기 위해 이 회사의 손익계산서를 사용하는 단점에 대해 설명하라.

해설

(1)

① 2008년 매출액 = 2조3,000억원(= 9,200억 + 1조3,800억)

② 2007년 재무비용 = 300억원(= 4,200억원 − 3,900억원)

③ 2008년 법인세 = 1,000억원(= 5,200억원 − 4,200억원)

(2)

① 상장회사의 손익계산서는 맨 아래에 주당 순이익(EPS)을 나타낸다. 이 회사의 경우 2008년 주당순이익은 236원이었다. 이것은 세후순이익을 발행주식 총수로 나누어서 구해진다. 주당순이익은 기업의 성과지표를 나타낸다. 그것이 클수록 성과가 더 좋은 것이다. 주당순이익은 항상 기본적인 경우와 완전하게 희석된 경우로 구분하여 표시된다. (희석된 주식이란 그 기업이 가지고 있는 주식옵션의 결과로 구입될 수도 있는 주식을 포함한 것을 의미한다.)

② 매출원가(2008년 9,200억원)는 그 기업의 직접비용이다. 이 사례에서 매출원가의 예로는 모래, 시멘트, 목재, 타일, 벽돌, 파이프, 철사 및 유리 등과 같은 건설자재의 비용이 있다. 벽돌공의 임금과 같은 직접노무비도 직접비용 예의 하나가 된다.

(3) 이 회사의 손익계산서는 많은 이해관계자들에게 관심의 대상이 된다. 첫째, 주주들은 그 기업이 성과를 어떻게 나타냈는가를 알고 싶어 할 것이다. 그들은 회사가 이익을 얼마나 냈는가를 알고 싶어할 것이다. 둘째, 그 기업의 경영자들은 1년 동안 그들의 의사결정이 그 기업에게 이익을 주었는가를 알고 싶어할 것이다. 예를 들면, 그들은 1년 동안 간접비용이 얼마나 잘 통제되었는가를 알고 싶어할 것이다. 셋째, 직원들은 손익계산서를 사용하여 그들의 임금과 서비스 조건의 개선을 주장할 수도 있다. 넷째, 은행들은 어느 기업이 차입하기를 원하면 손익계산서를 볼 것을 요구할 것이다. 다섯째, 공급업자들은 손익계산서를 분석하여 외상으로 물건을 팔 것인가를 결정할 것이다. 여섯째, 국세청은 손익계산서를 사용하여 그 기업의 세금을 계산한다.

(4) 이 회사의 손익계산서는 그 회사의 성과가 좋으며 2008년에 성과가 진전되었다는 것을 제시하는 증거를 제공한다. 그 회사는 이익을 창출했으며 또한 이익을 증가시켰다. 그 회사는 2007년과 2008년 사이에 성장도 했다. 이 기간동안 매출액은 1조9,800억원에서 2조3,000억원으로 증가하여 16.2% 증가했다. 이것은 매우 높은 성장률이다. 이 회사의 이익 측정치를 보아도 개선된 것을 알 수 있다. 매출총이익은 17.9%, 영업이익은 30.9%나 증가했으며, 그리고 세후 순이익은 훨씬 더 높은 35.5%나 증가했다. 이와 같은 순이익의 커다란 증가는 경영자들이 간접비를 낮추는데 성공했다는 것을 말해

준다. 이 이유는 순이익이 매출총이익보다 더 크게 증가했기 때문이다. 손익계산서를 보면, 사무실비용, 감가상각비와 회계사비용 등과 같은 관리비용이 실제로 2년 동안 2,500억원에서 2,300억원으로 감소했다. 그 회사의 주주들은 또한 주당순이익이 189원에서 236원으로 증가한 것에 만족할 것이다.

(5) 손익계산서는 한 기업의 재무적 성과를 평가하는데 사용될 수 있다. 그러나 이러한 목적으로 손익계산서를 사용하는 것은 여러 가지 이유로 한계점을 가지고 있다. 손익계산서는 단지 매출액, 비용, 이익에 대한 자료, 그리고 이익이 어떻게 사용되었는가를 나타낼 뿐이다. 한 기업의 성과를 정확하게 평가하기 위해서는 훨씬 더 많은 재무자료가 필요하다. 예를 들면, 이 회사의 현금흐름 상태는 성과측정의 매우 중요한 지표가 된다. 또한 부채의 크기도 마찬가지다. 손익계산서는 한 기업의 재무에 대한 자료를 제공한다. 그러나 그것은 그 기업의 환경적 또는 사회적 영향에 대해서는 아무것도 나타내지 못하고, 신제품개발이나 생산의 효율성에 대한 정보만을 단지 간접적으로 나타낼 뿐이다. 재무자료는 한 기업의 전반적인 성과를 평가하기 위한 자료의 한 가지 원천일 뿐이다. 예를 들면, 이 회사는 환경문제에 대한 기록이 부실하다. 손익계산서는 한 기업의 과거 성과에 대한 기록이다. 따라서 그것은 그 기업의 과거성과를 평가하기 위한 증거의 한 부분으로서 사용될 수 있다. 그러나 그것은 현재나 미래의 좋은 지표가 반드시 되는 것은 아니다. 많은 사건들이 6개월이나 1년이내에 한 기업에게 발생할 수 있다. 예를 들면, 경제가 침체로 갈 수 있다. 이것은 이 기업에게 매우 부정적으로 영향을 줄 수 있다.

여기에 보여진 손익계산서는 2년 동안의 성과자료를 제공할 뿐이다. 이것은 성과를 판단할 때 제한된 값을 갖는다. 그것은 그 기업의 수익성 지표를 제공하지만, 평가를 통해 더 많은 것을 알아내려면 더 많은 년도의 자료가 필요하다. 여기에서 보여진 손익계산서에는 보다 더 상세한 항목도 없다. 대부분의 수치는 요약값을 나타낸다. 관리비와 매출원가 분석과 같은 보다 더 상세한 정보가 더 철저한 분석을 하기 위해 필요하다. 몇몇 기업들은 분식회계도 한다. 이것은 실제의 재무환경이 위장된다는 것을 의미한다. 예를 들면, 장부상에 몇몇 매출액을 제외하거나 또는 비용을 과대계상함으로써 이익을 극소화시키는 유혹이 있을 수 있다. 이것은 실제의 손익계산서를 왜곡시키는 것이다. 마지막으로 손익계산서는 성과를 평가할 때 주목을 할 필요가 있는 특별한 특징을 가지게 된다. 가끔 어느 기업은 세금연도를 변경시킬 것이다. 손익계산서의 한 회계연도가 12개월 대신에, 예를 들어 9개월 또는 15개월로 표시될 수 있다. 손익계산서가 12개월보다는 15개월을 대상으로 할 경우 이익의 증가가 예상될 것이다. 이것은 손익계산서를 통해 일정 기간동안 성과를 판단하는 것을 어렵게 한다. 마찬가지로 이들 기업들의 매출액과 비용의 원천은 항상 변한다. 이익의 상당한 부분이 기업의 새로운 부분에서 창출되므로 손익계산서를 통해 그 기업의 영업이 잘 관리되고 있는가를 판단하는 것은 매우 어려워진다. 이 회사는 손익계산서를 사용하여 성과를 평가할 때 이러한 많은 요인들을 고려할 필요가 있다.

제7 장

비용, 매출액, 이익

서 론

기업은 의사결정을 하기 위해 정확하고 신뢰할 수 있는 비용정보를 필요로 한다. 수요증가를 충족시키기 위해 생산을 확대하려는 기업은 추가생산비용이 얼마인가를 알아야만 한다. 이러한 정보가 없으면 기업은 이익을 낼 수 있는지의 여부를 알 수 있는 방법을 모른다. 여러분도 여러분 자신의 비용에 대해 잘 알고 있다. 예를 들면, 여러분이 학생이라면 학교에 다니는 비용들이 여기에 해당한다. 마찬가지로 기업들도 비용항목을 가지고 있다. 예를 들면, 임금, 원재료비, 보험료, 그리고 임차료 등이 여기에 해당한다.

경제학자들은 보통 비용을 기회비용(opportunity cost)으로 생각한다. 기회비용이란 어느 자원이 다른 최선의 수단에 사용되었을 경우 벌 수 있었던 가치를 말한다. 예를 들어, 기업이 광고캠페인에 4천만원을 지출하면, 그 기회비용은 그 돈을 은행에 예치했을 경우 벌 수 있는 이자가 될 수 있다. 그러나 기업은 회계비용(accounting cost)에도 관심이 있다. 회계비용이란 생산에 직접 사용된 자원의 가치를 말한다. 이것은 기업의 회계장부에 자산이나 비용으로 나타난다. 예를 들면, 기업이 550만원어치의 기름을 구입하면 이것은 회계장부에 비용으로 나타난다.

또한 기업의 비용이 단기적으로 그리고 장기적으로 어떻게 변하는지를 이해하는 것이 중요하다.

- 단기는 최소한 한 가지 생산요소가 고정되어 있는 기간을 의미한다. 예를 들어, 단기적으로 기업은 공장에서 생산을 확대하기를 희망할 수 있다. 그 기업은 더 많은 노동을 고용하고 더 많은 원재료를 구입할 수 있으나, 그 기업의 공장규모와 기계의 수는 고정되어 있다.
- 장기적으로 모든 생산요소는 변할 수 있다. 그 기업은 또 다른 공장을 구입할 수 있고 수많은 기계도 추가할 수 있다. 이것은 기업의 용량(생산될 수 있는 최대의 양)을 증가시킬 것이며 이로 인해 또 다른 단기가 시작될 것이다.

주요 내용

1. 고정비용
2. 가변비용 및 준가변비용
3. 총비용
4. 직접비용과 간접비용
5. 비용분류의 문제섬
6. 장기비용
7. 총매출액
8. 이익과 손실

사례 7-1

갑돌이는 서울에서 교육 및 훈련서비스회사인 EdMedia를 운영한다. 그 회사는 장애인차별에서부터 약자괴롭히기(집단따돌림 등)에 이르기까지 직장에서의 문제들에 대한 온라인 그리고 비디오 정보 필름을 생산한다. 새로운 고용법이 직원훈련에 대한 수요를 촉진시켜 주문이 급등했다. 유명고객과의 큰 계약 때문에 매출액이 2005년 20억원에서 2007년 60억원으로 급증하였다. 2006년 갑돌이는 새 복사기를 임차해야만 했다. 이 복사기의 월 임차료는 20만원이었다. 복사기와 연관된 기타 비용은 토너, 용지, 그리고 전기였다. 이들 비용은 복사 100장당 2000원에 달했다.

(1) 예로서 복사기를 사용하여 고정비용과 가변비용의 차이를 설명하라.
(2) 복사량이 1년 동안 68,000장이 된다면 복사기의 연 총비용은 얼마인가?
(3) 복사기의 총비용이 왜 EdMedia의 간접비용이 되는가를 설명하라.

해설

(1) 단기적으로 모든 생산수준에서 동일한 비용을 고정비용으로 부른다. 어느 기업이 생산을 전혀 하지 않거나 완전가동으로 생산을 해도 이러한 비용은 똑같다. 이 사례에서 복사기의 고정비용은 월 임차료인 20만원이 된다. 월 중 몇 장의 복사가 이루어지든지 관계없이 임차비용은 20만원으로 고정되어 있다. 반면, 가변비용은 생산량이 증가할 때 상승하는 비용이다. 이 사례에서 토너, 용지, 전기 등의 비용(복사 100장당 2,000원)은 복사기를 사용하는 가변비용이다. 복사기의 사용량이 많아질수록 가변비용도 더 높아질 것이다.

(2) 복사량이 68,000장일 경우 복사기를 사용하는 연 총비용은:

총비용 = 고정비용 + 가변비용
= (20만원×12개월) + 68,000 ÷100×2,000원
= 240만원 +136만원
= 376만원

(3) 간접비용(overheads)은 기업 전체부문에서 발생한다. 이러한 비용을 특정의 제품이나 생산과정과 연관시키는 것은 불가능하다. 이론적으로는 직접비용과 간접비용 모두 고정비용이나 가변비용이 될 수 있지만, 보통 간접비용은 고정비용이고 직접비용은 가변비용이 된다. 이 사례에서 복사기와 연관된 고정비용과 가변비용은 모두 간접비용이다. 그 이유는 복사기가 온라인과 비디오 정보필름생산에 직접적으로 사용되지 않기 때문이다. 복사기의 비용은 영업상 간접비용이다.

사 례 7-2

Carefabric은 갑순이가 운영하며 가정대상으로 영업을 하는 회사이다. 그녀는 어린이들을 위해 몇 가지 종류의 타월과 기타 제품을 만든다. 그 제품들은 그녀의 웹사이트에 광고되고 있고 그녀는 반품허용조건부로 소매상들에게 약 50%의 생산품을 제공한다. 최근 그녀는 디자인에 더욱 더 집중해왔으며, 아직도 주문이 쌓일 때에는 그녀가 돕기도 하지만 생산의 대부분을 담당할 직원을 채용했다. 갑순이가 최근에 추가한 제품 중의 하나는 유아들을 위한 피부에 친화적인 옷이다. 천연소재로 만들어진 그 옷의 비용은 다음과 같다:

천(직물):	단위당	5,600원
기타 재료:	단위당	2,400원
포장:	단위당	1,000원
기계가공:	단위당	11,000원
고정간접비:	월	50,000원

* 1 단위는 옷 1벌을 의미함.

제품의 가격을 결정할 때 그녀는 단지 원가에다 50%를 추가로 부가한다. 이러한 방법을 통해 과거에는 매출과 이익이 상당히 발생했으며, 그녀는 성공적인 전략을 바꿀 이유가 없다. 그녀는 내년에는 400벌의 옷을 생산할 계획이다.

(1) 1년 동안 총고정비용, 총가변비용, 총비용, 평균비용, 그리고 가격을 계산하라.

(2) 1년 동안 갑순이는 간신히 250벌의 옷을 판매했다. 총수입을 계산하라.

해설

(1)

총고정비용 = 50,000원 × 12개월 = 600,000원

총가변비용 = 20,000원 × 400벌 = 8,000,000원

총비용 = 총고정비용 + 총가변비용 = 600,000원 + 8,000,000원 = 8,600,000원
평균비용 = 총비용 ÷ 생산량 = 8,600,000원 ÷ 400벌 = 21,500원
가격 = 21,500원 + (50% × 21,500원) = 21,500원 + 10,750원 = 32,250원

(2) 총수입 = 32,250원 × 250벌 = 8,062,250원

종합사례 7-3

갑돌기업은 유리, 문, 문덮개, 온실, 차고의 문과 현관 등과 같은 다양한 PVC 제품을 생산해 제공한다. 그 기업은 원주에 있으며 현지의 공장에서 생산한다. 그 회사는 우량품을 생산하여 거대한 건설업체로부터 정기적으로 수주를 받는다. 갑돌기업은 아래에 간단하게 설명하는 바와 같이 수많은 제어절차를 사용한다.

- 환경검사실: 컴퓨터기술을 사용하여 따뜻한 거실 환경과 보다 더 극단적인 기후환경을 재생산한다.
- 날씨순환검사: 지난 30년간 기상청의 연구로부터 얻어진 자료를 사용하여 우리의 표본을 유사한 패턴에 맞추어 실행된다.
- 용접검사장비: 용접의 품질을 검사하는데 사용되며, 염기분무실을 통해 장쇠(metal fittings)가 고품질이라는 것을 확인한다.
- 안전검사장치: 절도범이 침입할 경우의 손실을 모의실험하며 그 결과는 우리 제품에 대한 고품질 안전기준을 확인할 수 있도록 평가된다.

갑돌기업의 관리시스템은 국제산업표준에 등록되어 있어 모든 제품이 세계적으로 판매된다.

갑돌기업은 서울에서 큰 계약을 바탕으로 영업을 시작하려고 한다. 그 계약은 새로운 계획주택단지의 표준온실 100단위를 공급한다. 그 계약의 가변비용은 단위당 400만원이며, 고정비용은 2천만원이다. 다음의 표에는 미완성의 비용정보가 주어져 있다. 갑돌기업은 한 온실당(즉, 한 단위당) 6백만원을 받는다.

〈표 7-1〉

	0	10	20	30	40	50	60	70	80	90	100 (단위)
고정비용 2천만원											
가변비용											
총비용											

(1) 갑돌기업에서 발생하는 가변비용의 두 가지 사례를 들어라.

(2) 다음의 미완성 비용정보를 완성하라.

(3) 고정비용, 가변비용, 그리고 총비용을 그림으로 나타내라.

(4) 갑돌기업이 그 계약에서 얻게 되는 이익을 계산하라.

(5) 고정비용이 3천5백만원으로 상승할 경우 이익은 어떻게 영향을 받게 될 것인가?

해설

(1) 가변비용은 생산량이 증가할 때 상승하는 비용이다. 갑돌기업에서 가변비용의 사례로는 플라스틱, 유리, 문 및 창문의 장쇠, 그리고 사용된 노동량과 포장 등과 같은 재료 및 부품에 대한 비용이다.

(2)

(단위: 만원)

	0	10	20	30	40	50	60	70	80	90	100 (단위)
고정비용	2천	2천	2천	2천	2천	2천	2천	2천	2천	2천	2천
가변비용	0	4천	8천	12천	16천	20천	24천	28천	32천	36천	40천
총비용	2천	6천	10천	14천	18천	22천	26천	30천	34천	38천	42천

(3) 〈그림〉

(4) 갑돌기업의 이익은:

이익 = 총수입 − 총비용

= (600만원 × 100단위) − (2천만원 +4억원)

= 6억원 – 4억2천만원

= 1억 8천만원

(5) 고정비용이 3천5백만원으로 상승할 경우 그 계약이 이익에 주는 영향은:

이익 = 총수입 – 총비용

= (6백만원 × 100단위) – (3천5백만원 + 4억원)

= 6억원 – 4억3천5백만원

= 1억6천5백만원

따라서 이익이 1천 5백만원 감소함.

제8장
원가계산(costing)방법

서 론

원가계산시스템은 기업에게 여러 가지로 도움을 준다. 첫째, 그것은 의사결정의 기반이 되는 재무정보를 경영자들에게 제공한다. 둘째, 그것은 수익성이 있는 사업활동을 식별시켜 주고, 낭비를 피할 수 있게 해주며 원가절감전략을 위한 정보를 제공하는 데에도 도움이 된다. 셋째, 그것은 제품의 가격을 결정할 때 마케팅부서를 도와주기도 한다.

원가계산의 사례에는 다음의 것들이 포함되어 있다:

- 개별 제품들의 제조원가를 측정하는 것
- 특정의 사업활동, 예를 들면 보안에 대해 외주를 주는 것이 경제적인지의 여부를 계산하는 것
- 새로운 영업장소로 이동하는 비용을 결정하는 것
- 사무실을 장식하는 비용을 추정하는 것

원가계산방식에는 총원가계산방식, 표준원가계산방식, 그리고 한계원가계산방식 등이 있다.

주요 내용

1. 총원가계산방법(absorption costing, full costing, total costing)과 그

장 · 단점
2. 표준원가계산방법(standard costing)과 그 장 · 단점
3. 한계원가계산방법(contribution or marginal costing)과 그 장 · 단점
4. 한계비용과 평균비용간의 관계
5. 생산중단점

사례 8-1

(주) 신남기업은 성서산업단지 공장에서 오토바이를 생산한다. 그 회사는 다음의 세 가지 모델을 생산한다.

* A 모델-1,000cc 엔진을 장착한 경주용 오토바이
* B 모델-인기있는 명품 오토바이
* C 모델-표준형 500cc 도로용 오토바이

직접생산원가에 대한 상세한 내용이 다음의 표에 나타나 있다. 이 기업의 간접비용은 6억원에 달한다. 이 기업은 매달 각 오토바이를 100대씩 생산한다.

〈표 8-1〉 신남기업의 직접비용

(단위: 1,000원)

	A모델	B모델	C모델
직접노무비	250	150	200
원재료비	150	120	100
부품비	400	300	340
기타 직접비	200	130	160

(1) 각 모델 100대씩 생산하는 데 소요되는 직접비용을 계산하라.
(2) 각 모델생산의 간접비용을 직접비용의 비중(%) 기준으로 배분하라.
(3) 각 모델 100대씩 생산하는 총비용을 계산하라.

해설

(1) (단위: 1,000원)

	A모델	B모델	C모델
직접노무비	250	150	200
원재료비	150	120	100
부품비	400	300	340
기타 직접비	200	130	160
총직접비용	1,000	700	800

각 모델을 100대씩 생산하는 총 직접비용은

A모델 = 100 × 100만원 = 1억원

B모델 = 100 × 70만원 = 7,000만원

C모델 = 100 × 80만원 = 8,000만원

따라서 총 직접비용 = 2억5천만원

(2) 배분될 총 간접비용=6억원

각 모델 100대씩 생산하는 간접비용:

A모델 = 1억원/2억5천만원 × 6억원 = 2억4천만원

B모델 = 7천만원/2억5천만원 × 6억원 = 1억6,800만원

C모델 = 8천만원/2억5천만원 × 6억원 = 1억9,200만원

(3) 각 모델 100대씩 생산하는 총비용:

A모델 = 1억원 + 2억4천만원 = 3억4천만원

B모델 = 7천만원 + 1억6,800만원 = 2억3,800만원

C모델 = 8천만원 + 1억9,200만원 = 2억7,200만원

총 비용 = 8억 5천만원

총비용(8억5천만원)은 직접비용(2억5천만원)과 간접비용(6억원)으로 구성되었다.

사례 8-2

동천백화점은 대구 동구지역에 있는 작은 백화점이다. 그것은 5개 부서로 구성되어 있으며, 각 부서는 비용중심점(cost center)으로서 운영된다. 이것은 그

기업의 운영비용을 모니터하는데 도움이 된다. 새로 임명된 비용회계사는 현재의 간접비 배분방법이 부적절하여 재고되어야 한다고 제안했다. 다음의 표는 직접비용과 여러 비용중심점과 관련된 기타 세부사항을 나타낸다. 간접비에 대한 분석도 주어져 있다. 2008년 간접비는 5억원이었다.

〈표 8-2〉 동천백화점이 운영하는 각 비용중심점의 정보(2008년)

	식품홀	여성의류	남성의류	전기제품	장난감	**총 계**
직접비	4억	2억	1억	2억	1억	10억
고용직원수	12	8	4	6	6	36
바닥면적(m^2)	800	600	600	400	200	2,600

간접비

임차료 및 전기료	3억원
행정비용	2억원
총 계	5억원

(1) 간접비 배분을 위한 적정한 기준을 제시하라.

(2) (1)에서 보여준 배분기준을 사용하여, 2008년 동천백화점에서 각 부서를 운영하는 총비용을 계산하라.

해설

(1) 기업들이 통합원가(총원가)계산방법을 사용할 때, 간접비를 임의적인 방식, 예를 들어 직접비의 비중(%)을 기준으로 배분하기로 결정할 수 있다. 그러나 이것은 잘못된 원가계산결과를 초래할 수 있는 데, 그 이유는 간접비의 배분이 실제로 발생한 간접비에 기초하지 않기 때문이다. 기업은 간접비를 어떠한 기준으로 배정할 것인가를 결정해야 한다. 그 기준은 간접비의 성격에 달려 있다. 더 좋은 방법으로서 이 사례에서는 간접비의 일정 비중(%)을 각 비용중심점에 배정하는 것이다. 이 사례에서 동천백화점은 임차료 및 전기료, 그리고 행정비용으로 구분하여 간접비를 배분할 필요가 있다. 첫째, 임차료 및 전기료는 백화점의 각 부서가 사용한 바닥면적에 따라 배분될 수 있다. 이 이유는 임차료 및 전기사용량은 그 백화점의 각 부서가 차지하고 있는

면적의 크기와 연관되어 있기 때문이다. 예를 들어, 그 부서가 크면 클수록 더 많은 전기가 난방과 조명을 위해 사용될 것이다. 둘째, 행정비용은 각 부서에 고용된 직원의 수에 따라 배분될 수 있다. 이 이유는 많은 행정비용은 예를 들어, 봉급이나 훈련비와 같이 직원에 의해서 발생되기 때문이다.

(2) 동천백화점의 각 부서를 운영하는 총비용은 다음과 같다:

식품홀

직접비		= 4억원
임차료 및 전기료	800/2,600 × 3억원	= 9,230만 8천원
행정비용	12/36 × 2억원	= 6,666만 7천원
총비용		= 5억 5,897만 5천원

여성의류

직접비		= 2억원
임차료 및 전기료	600/2,600 × 3억원	= 6,923만 1천원
행정비용	8/36 × 2억원	= 4,444만 4천원
총비용		= 3억 1,367만 5천원

남성의류

직접비		= 1억원
임차료 및 전기료	600/2,600 × 3억원	= 6,923만 1천원
행정비용	4/36 × 2억원	= 2,222만 2천원
총비용		= 1억 9,145만 3천원

전기제품

직접비		= 2억원
임차료 및 전기료	400/2,600 × 3억원	= 4,615만 4천원
행정비용	6/36 × 2억원	= 3,333만 3천원
총비용		= 2억 7,948만 7천원

장난감

직접비		= 1억원
임차료 및 전기료	200/2,600 ×3억원	= 2,307만 7천원
행정비용	6/36 ×2억원	= 3,333만 3천원
총비용		=1억 5,641만원

사례 8-3

(주) 천호기업은 양동이, 청소용 그릇, 옷바구니, 부엌도구, 플라스틱 장난감 및 부품과 같이 다양한 플라스틱 제품을 만든다. 한 개의 새로운 플라스틱 장난감을 만드는 표준원가와 실제원가가 다음의 표에 나와 있다.

〈표 8-3〉 한 개의 새로운 장난감을 만드는 표준원가와 실제원가

(단위: 원)

항목	표준원가	실제원가
재료비	650	700
노무비	1,800	2,300
기계	2,100	2,050
간접비	500	500

(1) 이 사례를 예로 사용하여, 표준원가가 무엇인가를 설명하라.
(2) ① 총편차를 계산하라. ② 그 편차에 대한 가능한 이유를 설명하라.
(3) 이 기업의 표준원가계산방식에 대한 장점을 두 가지로 설명하라.

해설

(1) 표준원가계산방식은 기업들이 비용을 모니터하고 통제하도록 하는데 도움을 준다. 표준원가는 '계획된' 또는 '목표' 비용을 말한다. 그것은 보통 특정의 활동이나 특별한 생산단위와 연관되어 있다. 이 사례에서 새로운 장난감을 만드는 표준원가는 5,050원이다. 이것에는 한 단위 생산과 연관된 여러 비용의 모든 것이 포함되어 있고, 이것은 장난감 한 개당 보통의 비용이 5,050원이라는 것을 의미한다. 표준원가계산방식에서는 한 활동에 대한 보통의 또는 계획된 비용을 계산하며, 그 다음에는 이들 비용과 실제 발생된 비용과 비교한다. 이들 두 가지 비용이 다음의 표에 나와 있다.

〈표 8-4〉

항목	표준원가	실제원가
재료비	650	700
노무비	1,800	2,300
기계	2,100	2,050
간접비	500	500
총계	5,050	5,550

(2)

① 표준원가와 실제원가간의 차이는 편차라고 부른다. 이 사례에서 새로운 장난감의 총편차는 500원이다. 이 편차는 실제원가가 표준원가보다 500원 더 크므로 불리하다.

② 여기에서 가장 불리한 편차는 노무비용에서 발생된다. 노무비용 편차는 500원 불리하며 상당히 크다. 이것이 의미하는 것은 그 장난감을 만들기 위해 더 많은 노동시간이 필요했거나 또는 아마도 임금상승의 결과 노무비용이 증가했다는 것이다. 이 편차에 대한 가장 가능성이 높은 이유는 노동시간이 예상보다 더 많이 필요하였을 것이다. 실제의 노무비용이 축소될 수 없고 단위당 2,300원으로 유지된다면 표준원가는 조정되어야 할 것이다.

(3) 이 기업은 표준원가계산방식을 사용하여 많은 혜택을 본다. 표준원가와 실제원가를 비교함으로써 기업은 약점분야와 비효율적 실행분야를 확인할 수 있다. 이 사례에서 노무비용이 예상보다 더 높다는 것이 드러났다. 회사는 그 이유를 조사하여 아마도 조치를 취할 것이다. 표준원가계산방식은 기업에서 비용을 통제하는 수단으로 사용될 것이다. 이 회사의 직원들은 그들이 설정한 비용목표를 달성하고자 하는 동기부여를 받게 될 것이다. 몇몇 사례에서 직원들은 그들이 목표에 도달하거나 목표를 초과달성하면 재정적으로 보상을 받을 수도 있다. 마지막으로 표준원가는 한 제품을 만드는데 소요되는 비용의 최적의(best) 추정값을 나타낼 수 있다. 따라서 표준원가를 사용하면, 제품원가에 대한 추정값과 주문에 대한 가격견적서가 더 신뢰받을 수 있을 것이다.

종 합 사 례 8-4

〈 갑돌주식회사 〉

갑돌이는 7년 동안 개인사업자로 활동하다가 주식회사를 설립했다. 그와 그의 부인이 회사지분의 80%를 소유하고 있고, 기업천사인 동규는 나머지를 보유하고 있다. 그 회사는 거제도의 서쪽에 위치해 있으며 선박제조업자를 위한 철강부품을 만든다. 갑돌주식회사 대부분의 엔지니어 작업은 선박의 파이프 및 밸브의 지지대와 보호대 역할을 하는 수중 형판(template)을 만든다. 그 형판은 2억5천만원에 팔리며 만드는데 약 한 달이 걸린다. 그 회사의 연간 총간접비(또는 고정비용)는 2억8천만원이다. 다음의 표는 한 개의 형판을 만드는데 소요되는 비용을 나타낸다.

2007년 갑돌이는 노르웨이선박제조업체로부터 예상외의 주문을 받았다. 거대한 콘데이너 선박을 생산하는 젠숌(D L Jensholm)은 그 선박생산에 필요한 형판을 만들어 줄 것을 갑돌주식회사에 요구했다. 그러나 젠숌이 지급하고자 하는 가격은 한 형판당 1억8천5백만원으로서 매력적이지는 못했다. 갑돌이는 그 주문이 기여하는 공헌도가 너무 작다고 느껴서 그 주문을 승인하기를 싫어했다. 그러나 그 공장은 완전가동수준 이하에서 가동되고 있었고, 그 회사는 수출을 시작할 수 있는 기회가 되었다. 젠숌에 필요한 형판을 생산하는 비용이 다음의 표에 나와 있다.

〈표 8-5〉 형판 생산과 관련된 비용정보

가변비용	만원
재료 및 부품	3,450
직접노무비	11,120
하도급	2,940
기타 가변비용	2,360

〈표 8-6〉 젠숌에게 필요한 형판 생산과 관련된 비용

가변비용	만원
재료 및 부품	2,640
직접노무비	9,850
하도급	3,200
기타 가변비용	2,250

(1) 형판 한 개를 생산하여 얻게 되는 공헌도를 계산하라.

(2) 12개의 형판이 1년 동안 생산된다면 갑돌주식회사가 얻게되는 연 이익을 계산하라.

(3) 젠숍의 주문에 따른 기여도를 계산하라.

(4) 갑돌주식회사가 젠숍의 주문을 받아들여야 하는가의 여부에 대해 설명하라.

(5) 갑돌이의 회계사는 그 회사가 한계원가계산방식(marginal costing)보다는 총원가계산방식(absorption costing 또는 full costing)을 사용해야 한다고 제안했다. 그 제안의 장·단점에 대해 설명하라.

해설

(1) 공헌이익 = 가격–가변비용
= 2억5천만원 – (3,450만원 + 1억1,120만원 + 2,940만원 + 2,360만원)
= 2억5천만원 – 1억9,870만원
= 5,130만원

(2) 이익 = 총공헌도– 고정비용
= 12 × 5,130만원 – 2억8천만원
= 6억1,560만원 – 2억8천만원
= 3억3,560만원

(3) 공헌이익 = 가격 – 가변비용
= 1억8,500만원 – (2,640만원 + 9,850만원 + 3,200만원 + 2,250만원)
= 1억8,500만원 – 1억7,940만원
= 560만원

(4) 젠숍으로부터 받은 주문은 예상외의 주문이다. 그것은 특별한 주문으로 취급될 수 있다. 그 주문의 공헌도는 560만원으로 매우 낮다. 보통의 고객에게 판매된 형판의 공헌도는 5,130만원으로서 상당히 높다. 모든 주문의 공헌도가 560만원정도로 작다면, 이것은 간접비(고정비)를 충당하지 못하기 때문에 그 회사는 이익을 내지 못할 것이다. 그러나 이러한 특별한 주문을 승인할만한 몇 가지 충분한 이유가 있다.

첫째, 재무적인 관점에서 볼 때, 최소한 그 주문은 양(+)의 공헌이익을 나타낸다. 560만원은 간접비(고정비)에 기여를 하게 되며, 그 주문을 받아들이면 그 해의 이익은 560만원만큼 증가할 것이다. 둘째, 그 기업은 현재 완전가동을 하고 있지 못하다. 따라서 그 주문을 승인함으로써 그 회사의 자원은 더 잘 활용될 것이다. 이것은 효율성을 증가시키는데 도움이 될 것이다. 셋째, 그것은 직원의 사기를 높일 수도 있다. 직원들이 회사가 새로운 주문을 받았다는 사실을 알게 되면 그들은 더욱 더 안전함을 느낄 것이다. 넷째, 그 주문이 회사에 수출기회를 제공한다는 것이다. 그 주문이 당장은 이익을 내지는 못할지라도 이익을 창출해줄 미래의 주문이 있을 수 있다는 것이다. 이 주문을 승인하면 노르웨이에 이 회사의 이름을 알리는 데에도 도움이 될 것이다.

그러나 한 가지 문제가 발생할 수 있다. 제품이 더 낮은 가격으로 다른 사람들에게 판매되었다는 것을 기존의 고객들이 알게 된다면, 이것은 분노를 초래할 수 있다. 그것은 회사의 이미지에 악영향을 주게 되고 미래에 매출악화를 초래할 수 있다. 따라서 회사가 그 주문을 승인하기로 결정하면 회사는 더 낮은 가격으로 판매된다는 사실을 공개해서는 안된다.

일반적으로, 이러한 의사결정에 직면한 많은 기업들은 그 주문을 승인할 것이다. 그것은 긍정적인 조치이다.

(5) 총원가계산방식은 비용을 배분하는데 있어서 인기있는 방법이다. 그의 주요한 원칙은 모든 간접비(고정비)가 비용센터에서 고려된다는 것이다. 다시 말하면, 특정제품의 생산비를 계산할 때 모든 간접비가 포함된다. 이 사례에서 한 개의 형판을 생산하는데 얼마의 비용이 소요되는지를 정확하게 계산해야 한다는 것이다. 즉, 간접비를 포함하여 모든 비용이 포함되어야 한다는 것이다.

이 회사는 이 방식을 채택할 경우 여러 가지의 혜택을 보게 될 것이다. 첫째, 그 방식은 모든 비용이 완전하게 만회될 것이라는 것을 확인해 준다. 이것은 회사가 간접비를 포함하여 모든 비용을 계산할 것이라는 것을 의미한다. 그러므로 그 기업이 원가에 기초한 가격설정(cost-plus pricing)정책을 사용한다면, 회사는 부과된 가격이 이익을 창출할 것인가를 알게 될 것이다. 둘째, 그 방식은 간접비가 임의적으로 배정되지 않는다면 공정하다. 그 이유는 실제로 비용을 수반하는 사업활동들에 비용이 배정되기 때문이다. 셋째, 그 방식은 재고자산에 관한 회계원칙에 부합한다. 이것은 총원가계산방식이 재무상태표의 재고자산 가치를 평가할 때 사용되어야 한다는 것을 말한다. 이 이유는 총원가계산방식이 고정비용의 일부를 포함하기 때문이다. 따라서 그 방식은 수익과 동일한 기간에 고정비용을 인식하며, 따라서 수익-비용 대응원칙에 부합한다.

그러나 총원가계산방식은 몇 가지 단점을 가지고 있다. 첫째, 이 회사가 사용한 비용정보는 부정확할 수도 있다. 그 이유는 회계수치가 보통 미래의 비용이나 영업활동수준을 반영하지 못하는 과거 자료에 기초해서 만들어지기 때문이다. 그 결과로 기업들은 간접비를 과대하게 또는 과소하게 포함시킬 수도 있으며, 가격을 너무 낮거나 너무 높게 책정할 수 있게 된다. 실제로 총원가계산방식의 경우 여러 비용센터로부터 자세한 자료를 구하는 것이 복잡하고, 시간과 비용이 많이 소요될 수 있다. 이것은 특히 원가계산전문 회계사를 고용하지 못하는 소규모 기업들에게 해당된다. 둘째, 몇몇 비용은 특정의 비용센터에 정확하게 배정하기가 어렵다. 예를 들어, 전기사용량이 단지 1KW면, 기업이 전기비용을 여러 비용센터에 어떻게 정확하게 배분할 수 있겠는가? 이 회사가 한계원가계산방식에서 총원가계산방식으로 바꿀 것을 진지하게 고려한다면, 이 회사는 이러한 장・단점을 평가해야 할 것이다.

제9장
이익의 측정과 이익증대

서 론

기업의 소유주와 재무관리자들은 기업의 수익성을 매우 주의깊게 모니터할 것이다. 이익은 아마도 가장 중요한 성과지표이다. 그 이유는 대부분의 기업에게 이익을 창출하는 것이 주요 목적이기 때문이다.

이익의 실제 규모가 항상 성과의 진정한 지표는 아니다. 2007년 고급의류소매업자인 넥스트(Next)는 478백만파운드의 이익을 창출했으며, 영국항공사인 BA는 611백만파운드의 이익을 창출했다. 이와 대조적으로 선술집 체인점인 웨더스푼스(Wetherspoons)는 단지 62백만파운드의 이익을 창출했다.

BA가 세 기업중에서 가장 높은 성과를 창출한 기업이었다는 것을 이것은 의미하는가? 그럴 수도 있지만 반드시 그렇지는 않다. 많은 다른 요인들이 고려되어야 한다. 예를 들어, 얼마나 많은 자금이 기업에 투자되었는가, 그리고 매출액에 비해 얼만큼의 이익이 창출되었는가? 어느 기업의 성과가 가장 높았는지에 대한 결론을 내리기 전에 더 많은 재무정보가 분석되어야만 할 것이다.

주요 내용

1. 매출총이익률과 매출액영업이익률
2. 자본수익률
3. 수익성 개선방법

(1) 가격인상 (2) 비용절감

4. 현금과 이익의 차이

사례 9-1

신기기업은 대구에서 영업을 하는 자그마한 정육점 체인점이다. 그 회사는 구미, 영천, 상주에 가게를 가지고 있다. 다음의 표는 2007년 1년 동안 신기의 재무정보를 나타낸다.

〈표 9-1〉 신기의 재무정보

(단위: 100만원)

	구미	영천	상주
매출액	158	142	197
매출원가	102	101	146
매출총이익	?	?	?
간접비	31	29	33
순이익	?	?	?

(1) 매출총이익과 순이익을 계산하여 표를 완성하라.

(2) 이들 3개의 가게에 대한 매출액순이익률(순이익마진)을 구하라.

(3) ① 2007년에 어느 가게의 성과가 가장 높았는가?

② 이들 수치는 재무관리관점에서 신기 기업에 어떻게 도움을 줄 것인가?

해설

(1) (단위: 100만원)

	구미	영천	상주
매출액	158	142	197
매출원가	102	101	146
매출총이익	56	41	51
간접비	31	29	33
순이익	25	12	18

(2)

구미 = 25백만원/158백만원 × 100 = 15.8%

영천 = 12백만원/142백만원 × 100 = 8.5%

상주 = 18백만원/197백만원 × 100 = 9.1%

(3)

① (2)에서 구한 값을 보면, 구미가 정육점 체인점 중에서 가장 성과가 높은 가게이다. 상주의 9.1%와 영천의 8.5%에 비해서, 구미 가게의 순이익 마진은 15.8%이다. 구미 가게의 성과는 다른 두 가게 성과의 배가 된다.

② 세 가게의 순이익 마진은 신기 기업의 재무관리에서 유용한 정보를 제공한다. 세 가게의 마진을 살펴보면, 구미가게의 성과가 월등하게 가장 높다. 신기 기업은 구미가게의 성과가 다른 두 가게에 비해 좋은 이유를 면밀하게 찾을 것이다. 아마도 구미가게에서의 영업행태가 영천과 상주가게로 옮겨지기를 바랄 것이다. 신기 기업은 가장 높은 매출액을 창출한 상주 가게의 부진한 성과로 인해 변화될 수도 있다. 상주가게는 1억 9,700만원의 매출액에 비해 단지 1,800만원의 이익을 창출했다. 순이익 마진은 재무관리자들에게 기업이 창출한 이익을 보다 더 정확하게 분석하도록 도움을 준다.

사례 9-2

Leohard회사는 영국의 Hereford에서 유리제품을 만든다. 그 회사는 45명의 직원을 고용하며 고품질 와인유리술잔, 꽃병, 그리고 크리스탈그릇으로 유명하다. 그 회사는 최근 몇 년 동안 혁신상을 수상했으나, 해외의 경쟁자들로부터 압력을 받고 있다.

Simpsons 상장기업은 판유리 소매업자이다. 그 회사는 Bradford 지역의 대단지에서 영업을 하며, 건축업자와 유리장수와 같은 사업자들에게 주로 서비스를 한다. 지난 해에 그 기업은 지역의 경쟁업체를 인수했으며, 두 기업의 통합으로 인해 그 해의 비용이 상승했다.

Argo주식회사는 유리테이블, 진열함(show case), 그리고 캐비넷과 같은 여러 가지의 유리제품을 만든다. 그 회사는 7명의 직원을 두고 있으며, Sunderland의 산업단지에서 영업을 한다. 그 회사는 2년 전 이전 주인으로부터 현재의 경영자에 의해 인수되었다. 세 기업의 재무정보가 다음의 표에 나타나 있다.

〈표 9-2〉 세 기업의 재무정보

(단위: 천 파운드)

	Leonard기업	Simpsons상장기업	Argo주식회사
투자자본	2,340	7,800	1,400
순이익	245	466	156

(1) 자본수익률이 무엇을 의미하는가를 설명하라.
(2) 세 기업의 자본수익률을 구하라.
(3) (2)에서 구한 자본수익률을 비교하고 설명하라.
(4) (3)에서의 비교는 얼마나 유용한가?

해설

(1) 자본수익률은 한 기업의 수익성을 측정하기 위해 사용되는 방법이다. 그것은 (순이익/투자자본) 으로 계산되며 비율로 표시된다.

(2)
Leonard기업 = 245천파운드/2,340천파운드 × 100 = 10.5%
Simpsons상장기업 = 466천파운드/7,800천파운드 × 100 = 6%
Argo주식회사= 156천파운드/1,400천파운드 × 100 = 11.1%

(3) (2)에서 구한 값에 의하면, Argo주식회사의 자본수익률이 가장 높다. Simpsons상장기업이 훨씬 더 많은 이익을 창출했지만 Argo주식회사가 더 효과적으로 성과를 실현했다. 그러나 Argo주식회사의 성과는 Leonard기업보다 단지 약간 더 높았다. 두 기업의 수익률 차이는 0.6%에 불과했다. Simpsons상장기업의 자본수익률이 비교적 낮은 이유의 하나는 그 회사가 지난 해에 경쟁기업을 인수함으로써 많은 비용이 소요되었기 때문이다. 이로 인해 순이익이 감소하고 따라서 자본수익률도 감소하게 된 것이다. Leonard기업과 Argo주식회사에 의해 창출된 자본수익률은 타당한 것처럼 보인다. 약 11%에 가까운 두 기업의 수익률은 투자자가 은행에 예치했을 때의 수익률(6% 정도)보다 더 높다. 그러나 위험을 고려할 경우에는 그것은 상당한 차이가 아니다.

(4) 한 기업의 수익률을 다른 기업과 비교할 때 유사기업을 비교하는 것이 중요하다. 자본수익률은 산업마다 그리고 기업마다 차이가 날 수 있다. 동일한 산업에서 영업을 하며 동일한 특성을 가진 기업들 간의 비교만이 정당한 비교가 된다. 이 사례에서는 모든 기업들이 유리관련 제품을 공급한다. 그러나 그 기업들의 제품라인과 영업활동은 서로 다르다. 예를 들면, Leonard기업은 유리술잔과 크리스탈 제품을 만드는 반면, Argo주식회사는 유리 가구를 만든다. Simpsons상장기업은 소매업자인 반면, 다른 두 기업들은 제조업자이다. 이들 기업들은 서로 다른 특성을 가지고 있으므로 그들 기업의 자본수익률을 비교하는 것은 전혀 무의미할 수도 있다.

종합사례 9-3

〈 대명 식품 〉

대명식품은 식품가공회사이다. 이 회사는 신선한 과일과 채소를 구입하여 깍지완두, 콩, 어린당근, 버섯, 그리고 콩나물 등을 포함하여 광범위한 패키지 제품을 생산한다. 이 회사는 포장전에 과일과 채소를 자르고 다듬어 몇몇 제품에 가치를 증가시킨다. 이 회사는 또한 여러 가지 채소 또는 혼합된 채소를 같은 꾸러미에 묶어서 다양한 묶음포장을 생산한다. 대명식품의 모든 제품은 한국의 남부지역에 있는 슈퍼마켓에서 판매된다.

가공공장은 대구에 있다. 약 50명의 직원들이 이 공장에서 일하며, 그들 대부분은 비숙련 직원들이다. 2006년 이 회사의 주주들은 새로운 자본을 투입했다.

컴퓨터 포장기계를 구입하고 새로운 교대근무제를 위해 3억원의 자본이 조달되었다. 불행하게도 이로 인해 7명의 직원이 해고되어 노사관계에 악영향을 주었다. 새로운 교대근무제에 의해 직원들은 재정적으로 혜택을 보았으나, 그들은 동료직원들이 해고되는 것에 분개했다. 직원들이 정리해고 당한 것은 이 기업의 역사상 처음이었다. 직원의 대표는 "여기서 일하는 것이 전혀 똑같지는 않을 것이다"라고 말했다. 과거에는 가족기업의 분위기이었으나, 현재는 모든 것이 변했다. 이 기업은 회계사들에 의해 지배되고 있다.

〈표 9-3〉 대명식품의 재무정보

(단위: 100만원)

	2004	2005	2006	2007
매출액	2,440	2,820	3,190	3,210
순이익	235	242	246	331
투자자본	1,500	1,500	1,500	1,800

(1) 4년 동안 순이익 마진(순이익/매출액)을 구하라.

(2) 이 사례를 예로 사용하여, 한 기업의 성과를 측정할 때 이익의 크기가 왜 오해의 소지가 있는가를 설명하라.

(3) 2006년과 2007년 사이에 순이익 마진이 변한 것을 여러분은 어떻게 설명하는가?

(4) 2007년 영업기간 말에 대명식품은 은행에 378백만원의 예금을 가지고 있다. 그 해 현금과 이익의 차이를 설명하라.

(5) 2004년부터 2007년까지 자본수익률을 구하라.

(6) 이 회사의 성과를 개선하기 위해 취해진 조치가 가치가 있다고 여러분은 생각하는가?

해설

(1)

	2004	2005	2006	2007
순이익마진	9.6%	8.6%	7.7%	10.3%

(2) 이익의 크기는 한 기업의 성과를 측정할 때 오류를 초래할 수 있다. 이 사례에서 대명식품의 이익은 해마다 커진다. 이익은 2004년 2억3천5백만원에서 2007년에는 3억3천1백만원으로 증가했다. 이것은 이 기업의 성과가 해마다 개선되고 있다는 것을 제시한다. 그러나 이것은 그렇게 해석할 수 없다. 많은 다른 요인들이 고려되어야 한다. 예를 들면, 매출액에 비해서 얼마나 많은 이익이 창출되었는가를 살펴보아야 한다. 매출액도 계속 증가했다. 순이익과 매출액의 증가를 동시에 고려하는 순이익 마진을 살펴보는 것이 필요하다. (1)에서 구한 순이익 마진을 살펴 보면, 2004년과 2006년 사이에는 성과가 분명히 악화되었다. 순이익 마진이 9.6%에서 7.7%로 하락했다. 이것을 보면 이익의 크기가 성과를 측정할 때 오류를 초래할 수 있다는 것을 알 수 있다.

(3) 2006년과 2007년 사이에 대명식품의 순이익 마진이 급격하게 상승하였다. 그것은 7.7%에서 10.3%로 상승하였다. 이것은 성과의 상당한 진전을 의미한다. 이와 같이 성과가 개선된 주요 이유는 이 기업에 새로운 투자가 이루어졌기 때문이다. 2006년에 이 기업의 주주들은 새로운 자본을 투입했다. 컴퓨터 포장기계를 구입하고 새로운 교대근무제를 위해 3억원의 자본이 조달되었다. 이러한 조치들이 모두 이 기업의 효율성을 개선시키는데 도움을 주었을 것이다. 새로운 기술은 자본생산성을 증가시키는데 도움을 주는 반면, 새로운 교대근무제는 노동생산성을 증가시키는데 도움을 줄 것이다. 그 결과의 하나로 비용은 하락하고 이익은 증가할 것이다.

(4) 이익이 현금과 동일하지 않다는 것을 인식하는 것이 중요하다. 2007년말 대명식품은 은행에 3억7,800만원의 현금을 가지고 있었으나, 이 회사의 이익은 2007년에 단지 3억3,100만원에 불과했다. 현금과 이익의 차이는 여러 가지 이유로 나타날 수 있다. 이 사례에서 2007년에 현금이 이익보다 더 많다. 한 가지 주요 이유는 주주들이 이 기업에 새로 자본을 투입했기 때문이다. 그들은 2007년에 이 기업에 추가로 3억을 투입했다. 이 중 많은 자금이 컴퓨터 포장기계를 구입하고 새로운 교대근무제를 위해 사용되었을 것이다. 그러나 남은 자금이 있을 수 있다. 또 다른 이유는 아마도 2007년 초에 이미 은행에 현금이 있었을 것이다. 이 현금에다 그 해의 이익을 더하면 2007년 말 현금잔고는 증가하게 될 것이다. 다른 이유도 있겠지만, 이 사례에서는 이들이 중요한 이유들이다.

(5)

	2004	2005	2006	2007
자본수익률	15.6%	16.1%	16.4%	18.4%

(6) 대명식품은 순이익 마진이 하락하고 있다는 것을 아마 걱정할 것이다. 이것은 이 기업의 성과가 악화되고 있는 것을 말해준다. 순이익 마진을 개선시키기 위해서 이 기업은 새로운 투자자본을 조달했다. 컴퓨터 포장기계를 구입하고 새로운 교대근무제를 위해 3억원이 투자되었다. 이러한 투자의 효과로 순이익 마진이 2006년 7.7%에서 2007년 10.3%로 증가했다. 또한 자본수익률도 증가했다. 그것은 16.4%에서 18.4%로 증가했다. 따라서 이 기업의 성과가 상당히 진전되었다.

그러나 그러한 투자는 새로운 기계와 새로운 교대근무제가 더 효율적이고 노동이 덜 필요했기 때문에 7명의 직원이 해고되는 결과를 초래했다. 이것은 노사간의 조화를 파괴시켰다. 직원들은 새로운 교대근무제 때문에 재정적으로 이득을 보았지만, 그들은 동료 직원들이 해고된 것에 대해서는 분개했다. 이렇게 직원들이 정리해고 된 것은 이 기업의 역사상 처음이었다. 직원의 대표는 "여기서 일하는 것이 전혀 똑같지는 않을 것이다"라고 말했다. 과거에는 가족기업의 분위기이었으나, 현재는 모든 것이 변했다. 이 기업은 회계사들에 의해 지배되고 있다.

성과를 개선시키기 위해 조치가 취해질 때 이 기업에게는 불행하게도 여러 가지 영향이 있다. 모든 이해관계자들이 이득을 보는 것은 아니다. 이 사례에서 주주들은 이익이 증가했으므로 이득을 보았다. 잔류한 직원들도 교대근무제의 변경으로 인해 재정적으로 이득을 보았다. 그러나 7명의 직원들은 직업을 잃었고 공장에서의 노사관계는 어려워졌다. 이것은 이 기업에 장기적인 영향을 줄 수 있다. 만약 노사문제가 있으면 어려운 문제들이 미래에 발생할 수 있다. 그러나 시간이 지나면 정리해고문제는 잊혀지게 되고 직원들은 재정적 이득을 고마워하기 시작한다. 좋은 노사관계가 회복되고 이 회사는 번창하기 시작한다. 그럴 경우에는 변화가 그만한 값을 하게 될 것이다.

제10 장
재무자료와 성과

서 론

한 기업의 성과를 평가할 때, 상호비교분석을 하는 것이 필요하다. 상호비교분석을 통해 기업은 그 기업의 성과가 어느 정도인가를 보다 더 효과적으로 측정할 것이다. 다음의 세 가지 유형의 상호비교분석방법이 일반적이다:

- 기업간 상호비교분석-횡단면 분석
- 기간별 비교분석-추세분석
- 기간별 기업간 상호비교분석

주요 내용

1. 기업간 상호비교분석-횡단면 분석
2. 기간별 비교분석-추세분석
3. 기간별 기업간 상호비교분석
4. 의사결정을 위한 자료의 활용
5. 성과를 판단할 때 재무자료의 강점과 약점을 평가하기

종합사례 10-1

〈Sainsbury와 Tesco〉

Sainsbury와 Tesco는 영국에서 거대한 슈퍼마켓 체인점이다. Tesco는 해외에서도 영업을 하고 있으나 매출액의 약 80%가 영국에서 창출된다. Tesco는 영국에서 1,779개의 점포에 약 25만명을 고용하고 있다. Tesco는 4개의 점포유형을 가지고 있다. 4개의 점포는 크기가 작은 것부터 시작하여 Express, Metro, Superstore, Extra이다. 최근 Tesco 성장의 많은 부분은 비교적 작은 점포들과 제품범위를 점점 더 비식품분야로 확대한 덕택이었다.

Sainsbury는 두 슈퍼마켓 중 작은 회사이나 아직도 금융서비스에 관심을 가지고 있으며 영국에서 주요한 식품소매입자이다. 이 회사는 Sainsbury 슈퍼마켓, Sainsbury 지역, Bells 점포, Jacksons 점포와 JB Beaumont, Sainsbury 온라인, 그리고 Sainsbury 은행으로 구성되어 있다. 그 회사는 148,000명을 고용하며 788개의 점포를 운영한다. 식품매장 뿐만 아니라 Sainsbury는 HBOS와 합작투자(joint venture)를 하고 있다. 이 회사는 저축, 대출 및 신용카드 등과 같은 금융서비스를 제공한다. 다음의 표는 두 슈퍼마켓의 재무자료를 나타낸다.

〈표 10-1〉 Sainsbury와 Tesco의 재무자료

(단위: 백만파운드)

	2003	2004	2005	2006	2007
Sainsbury					
매출액	18,144	18,239	16,573	17,317	18,518
순이익	695	675	254	267	380
순이익마진					
Tesco					
매출액	26,004	30,814	33,974	39,454	42,641
순이익	1,401	1,708	2,029	2,277	2,545
순이익마진					

(1) Tesco와 Sainsbury의 순이익마진을 구하라.

(2) 표의 재무자료를 사용하여 어떠한 유형의 비교를 할 수 있는가?

(3) ① 두 기업간의 추세분석이 왜 보다 더 의미있는 비교가 되는가를 설명하라.

② 두 슈퍼마켓의 재무자료를 비교하고 어느 슈퍼마켓의 성과가 5년 동안 가장 높았는가를 설명하라.

(4) 두 슈퍼마켓이 재무자료를 사용하여 어떻게 의사결정을 하는데 도움을 받는가를 설명하라.

해설

(1)

	2003	2004	2005	2006	2007
Sainsbury					
매출액	18,144	18,239	16,573	17,317	18,518
순이익	695	675	254	267	380
순이익마진	3.83%	3.70%	1.53%	1.54%	2.05%
Tesco					
매출액	26,004	30,814	33,974	39,454	42,641
순이익	1,401	1,708	2,029	2,277	2,545
순이익마진	5.39%	5.54%	5.97%	5.77%	5.97%

(2) (1)의 표에 있는 정보는 시간에 따른 기업간 비교를 하는데 사용될 수 있다. 이것은 일정 기간 동안 두 슈퍼마켓의 재무자료를 비교한 것이다. 이 사례에서 5년 동안 두 기업의 성과를 비교하기 위한 충분한 정보가 있다. 이들 두 기업간의 비교는 그들이 경쟁자이기 때문에 의미가 있다. 그들은 모두 슈퍼마켓 체인점이다.

(3)

① 단일 연도의 성과지표만을 분석하는 것은 매우 도움이 되지 않는다. 그 이유는 단일 연도의 영업자료는 장기간 동안 어떻게 영업을 해왔는가를 반영하지 못하기 때문이다. 기업의 성과에 대한 보다 더 철저한 분석은 많은 연도의 자료를 분석할 필요가 있다. 이것을 추세분석이라고 하며, 장기간의 자료를 분석하고 자료의 특징적 패턴을 살펴보아야 한다. 이 사례에서는 5년 간의 재무자료가 주어졌다.

② 표의 증거에 의하면 Tesco의 성과가 5년 동안 가장 높았다. 그 회사의 매출액은 26,004백만파운드에서 42,641백만파운드로 증가하여 약 64% 상승하였다. 이와 대조

적으로 Sainsbury의 매출액은 2005년과 2006년에 약간 감소한 상태에서 거의 그대로 동일하였다. Tesco의 순이익도 5년 동안 상당히 증가했다. 2003년에 Tesco의 순이익이 1,401백만파운드이었다. 2006년에는 그것이 2,545백만파운드에 달해 약 82%가 증가하였다. 반면, 불행하게도 Sainsburys의 순이익은 2003년 695백만파운에서 2005년에 254백만파운드로 하락하였다. 그 이후 2007년에는 약간 상승하여 380백만파운드이었다. Tesco의 순이익 마진도 높았다. 2003년에 Tesco의 순이익 마진은 Sainsbury의 3.83%에 비해 5.39%이었나. 5년 동안 Tesco의 순이익마진이 5.97%로 증가하였다. 이것은 매우 높은 마진율은 아니지만, 매출액이 클 경우에는(예를 들어 수십억 파운드) 매우 작은 순이익마진의 증가가 순이익의 크기에 상당한 영향을 준다. 이와 대조적으로 Sainsbury의 순이익마진은 2005년 1.53%로 하락한 이후 2007년에 2.05%로 약간 회복되었다. 결론적으로 Tesco의 성과가 모든 면에서 우수했으며 점점 더 강해지고 있다. 그러나 Sainsbury는 항상 뒤쳐져 있었고 2007년 현재에는 약간 회복되는 것처럼 보일지라도 2005년과 2006년 사이에는 매우 어려운 기간이었다.

(4) 손익계산서를 작성하고 다른 형태의 재무자료를 조사하는 이유 중의 하나는 기업의 의사결정을 도와주기 위한 것이다. 여러 가지의 영업활동중에서 선택을 할 때 기업은 가능한 한 많은 관련 자료를 수집하기를 희망할 것이다. 관련된 정확한 정보를 갖는 것은 기업들이 보다 더 정확한 의사결정을 하는데 도움이 될 것이다. 다양한 계량적 정보를 수집하는 것도 도움이 되는데, 그 이유는 분석하기가 더 쉽기 때문이다. 재무자료는 이 범주에 속한다. 재무자료는 수집되면 사용될 수 있다. 한 기업이 또 다른 기업을 인수하기 전에 그 기업의 재무상황을 매우 세밀하게 분석할 필요가 있다. 광범위한 재무자료가 인수전에 분석될 것이다. 인수금액은 이러한 재무분석의 결과에 달려 있을 것이다. Tesco와 Sainsbury는 이런 식으로 재무자료를 사용했을 것이다.

모든 기업들은 종종 투자를 해야만 한다. 투자의사결정을 하는 데에는 불확실성으로 가득차 있다. 기업들은 서로 다른 투자프로젝트 중에서 선택을 할 때에는 계량적 평가방법을 사용할 것이다. 예를 들면, Tesco와 Sainsbury는 새로운 점포를 열 곳을 결정할 때 재무자료를 사용할 것이다. 기업은 기업의 전략을 결정할 때 재무자료를 사용할 것이다. 예를 들면, 만약 Tesco가 해외시장에서의 영업을 확대하려고 할 것을 고려한다면 그 회사는 그러한 시도가 기업의 재무상태에 미치는 영향을 분석해야만 할 것이다.

Tesco와 Sainsbury는 계속해서 매장의 제품범위를 확대하고 있다. 그 회사들은 또한 새로운 매장형태도 시도했다. 그러한 사업은 종종 위험하다. 위험을 최소화하기 위해 그 슈퍼마켓들은 그러한 조치가 기업의 재무상태에 미치는 영향을 주의깊게 고려해야 할 것이다. 그러한 의사결정을 할 때에는 광범위한 재무자료가 분석되어야 한다.

제4편 손익분기점과 예산

제11장

공헌이익(contribution)

서 론

갑돌이는 중고차를 판매한다. 그의 마지막 소나타 판매가는 99만원이었다. 그는 그차를 경매에서 89만원에 구입했다. 그 차의 구입가격과 판매가격간의 차이는 10만원(99만원-89만원)이다. 이 차이를 공헌이익이라고 한다. 갑돌이는 아직 임차료, 보험료 및 관리비와 같은 고정비용을 지급하지 않았으므로 그것은 이익이 아니다. 공헌이익은 판매가와 변동비의 차이가 된다. 이 사례에서 판매가는 99만원이고 변동비는 89만원이다. 10만원은 기업의 총고정비용과 이익에 공헌을 할 것이다.

주요 내용

1. 단위당 공헌이익과 총공헌이익
2. 공헌이익과 이익
3. 고정비, 변동비(가변비용), 공헌이익, 그리고 이익
4. 공헌이익에 의한 비용배분
5. 공헌이익에 의한 가격결정

사례 11-1

갑돌프린트 주식회사는 을지로에 있는 중규모 인쇄 회사이다. 이 기업은 투명하고 경쟁력있는 가격정책으로 품질이 우수한 전문적인 인쇄물을 공급한다. 이 회사가 제공하는 서비스의 예로는 명함, 인사장, 안내소책자(브로셔) 그리고 가격표 등의 인쇄물이다. 갑돌프린트 회사는 지역의 여행사로부터 주문을 받았다. 주문의 내용은 1,000장의 브로셔를 인쇄하여 여행안내소에 공급하는 것이다. 그 회사는 그 일에 내해 54만원을 받기로 하였다.

(1) 그 일의 총공헌이익을 계산하라.

(2) 그 일로부터 발생하는 이익을 계산하라.

〈표 11-1〉 프린트 비용

고정비용	10만원
가변비용	
용지	브로셔당 150원
잉크	브로셔당 100원
기타가변비용	브로셔당 100원

해설

(1) 총공헌이익 = 총수입 − 총가변비용
= 54만원 − 350원(150원 + 100원 + 100원) × 1,000장
= 54만원 − 35만원
= 19만원

(2) 이익 = 총공헌이익 − 고정비용
= 19만원 − 10만원
= 9만원

사례 11-2

갑순이는 출장음식서비스(catering) 회사를 운영한다. 그녀는 고객들의 집에서 저녁 파티를 제공한다. 그녀는 지역에서 탁월한 평판을 쌓아 왔고 매우 편안한 삶을 위해 일주일에 4일밤에만 일한다. 회사의 대부분의 비용은 가변비용이다. 이들 비용에는 음식, 와인, 식탁장식물과 냅킨과 같은 식탁액세서리 등의 비용, 그리고 필요할 경우 유리그릇과 식사도구의 임차료 등이 포함된다. 이 회사의 고정비용은 주당 10만원에 불과하다. 그녀의 가격정책은 공헌이익에 의해 가격을 결정한다. 가격은 만찬의 수와 음식의 종류에 의해 영향을 받는다. 다음의 표는 주별 전형적인 재무정보를 나타낸다.

〈표 11-2〉 회사의 재무정보

(단위: 천원)

	가격	가변비용	공헌이익
파티 1	240	155	85
파티 2(기본)	140	70	70
파티 2(고급)	320	180	140
파티 3	200	60	140

(1) 공헌이익에 의한 가격결정이란 무엇인가?

(2) 위의 표를 사용하여 회사의 일주동안의 이익을 계산하라.

(3) 공헌이익에 의한 가격결정방법은 왜 주의해서 사용하여야 하는가?

해설

(1) 공헌이익가격결정이란 가변비용을 초과하는 주문이나 개별제품들의 가격을 설정하는 것을 말한다. 이것이 의미하는 것은 특정의 주문이나 제품이 판매가 될 때 항상 이익에 공헌을 한다는 것이다. 단일 주문이나 제품이 고정비용을 커버할 만큼 충분한 공헌을 하지 못할 수도 있으므로 이 방법은 고정비용을 무시하게 된다. 이 사례에서 갑순이는 음식, 와인, 그리고 기타 가변비용 등의 비용을 초과하는 가격을 고객에게 부과한다.

(2) (단위: 천원)

	가격	가변비용	공헌이익
파티 1	240	155	85
파티 2(기본)	140	70	70
파티 2(고급)	320	180	140
파티 3	200	60	140
	900	465	435

주(week) 이익 = 총공헌이익 − 고정비용
= 435,000원 − 100,000원
= 335,000원

(3) 공헌이익에 의한 가격결정은 주의해서 사용되어야 한다. 이익을 발생시키려면 고정비용이 커버되어야 한다는 것은 자명하다. 단일 주문의 공헌이익은 고정비용을 커버하지 못할 수도 있다. 이 사례에서 2개의 만찬파티가 고정비용을 커버하지 못한다. 즉, 파티 1과 파티 2는 모두 각각 고정비용 10만원보다 작은 공헌이익을 발생시킨다. 그러나 한 주간 총공헌이익은 쉽게 고정비용을 커버한다. 고정비용이 비교적 낮을 때나 기업이 경험을 통해 고정비용이 커버될 것이라는 것을 알고 있을 때 공헌이익가격결정방법이 사용될 수 있을 것이다.

종합사례 11-3

갑돌주식회사는 플라스틱 공장관리자였던 갑돌이가 2001년에 설립한 가족회사이다. 갑돌이는 작은 공장시설을 세워 문서저장을 위한 투명한 플라스틱 콘테이너를 생산했다. 갑돌이는 대부분의 문서가 현재 전자상으로 저장된다고 생각했기 때문에 그는 수요량에 놀랐다. 회사의 주요 고객들은 사무용품 공급업자와 대기업들이다.

매출액은 2003년 11억원에서 2006년 36억 4천만원으로 증가했다. 이 회사는 거의 완전가동을 하고 있다. 갑돌이는 당장에는 확장할 계획이 없고 현재의 이익수준에 만족한다. 그러나 갑돌이는 일을 줄여야만 한다. 주문을 선택할 때 갑돌이는 공헌이익이 가장 큰 것들만을 선택한다. 2007년 2월 1주 동안 갑돌이는 다음의 표에서와 같이 4개의 주문을 받았다. 공장은 그 중에서 2개의 주문만을 충족시킬 수 있다.

〈표 11-3〉 갑돌주식회사의 4개 주문 내역

(단위: 천원)

	A회사	B회사	C회사	D회사
단위수	20,000	30,000	25,000	20,000
단위당 계약가격	8.00	8.50	7.00	10.50
단위당 재료비	2.20	2.00	2.40	3.00
단위당 노무비	3.40	4.20	2.10	3.80
단위당 기타가변비용	1.00	1.40	1.20	1.30
고정비용	5,000	5,000	5,000	5,000

(1) 이 회사의 고정비용 세 가지의 사례에 대해 설명하라.

(2) A회사 주문을 예로 사용하여, 단위당 공헌이익과 총공헌이익간의 차이를 설명하라.

(3) 4개의 주문 각각에 대해 총공헌이익을 계산하라.

(4) 갑돌주식회사는 어느 2개의 주문을 선택해야 하는가?

(5) 이러한 방법으로 주문을 선택할 때 갑돌주식회사에 미치는 장기적인 효과는 무엇인가?

해설

(1) 고정비용이란 생산량이 변할 때 변하지 않는 비용이다. 갑돌주식회사의 고정비용의 가능한 사례는 기계류, 감가상각비, 보험료, 회계사비용, 광고 및 사무용품비용 등이다. 이러한 비용은 생산량의 수준에 따라 변하지 않는 기업의 간접비용이다.

(2) 단위당 공헌이익은 한 단위의 생산물을 판매하여 기업이 얻는 공헌이익이다. 그것은 판매가격에서 가변비용을 차감하여 구해진다. A회사 주문의 경우 단위당 공헌이익은 1,400원[=판매가 8,000원 − 단위당 가변비용 6,600원(=2,200원+3,400원+1,000원)]이다. 한 단위 이상을 판매할 경우에는 총공헌이익이 계산될 수 있다. 총공헌이익은

단위당 공헌이익에 판매단위수를 곱하여 구해진다. A회사 주문에 대한 총공헌이익은 2,800만원(=1,400원 × 20,000단위)이다. 갑돌주식회사가 이 주문을 선택한다면 2,800만원이 고정비용과 이익에 공헌하게 된다.

(3) 4개 주문의 총공헌이익은:

A회사 주문 (8,000원−6,600원) × 20,000단위 = 2,800만원
B회사 주문 (8,500원−7,600원) × 30,000단위 = 2,700만원
C회사 주문 (7,000원−5,700원) × 25,000단위 = 3,250만원
D회사 주무 (10,500원−8,100원) × 20,000단위 = 4,800만원

(4)

① 갑돌주식회사는 가장 큰 공헌이익을 발생시키는 2개의 주문을 선택할 것이다. 위의 (3)에서 보는 바와 같이 C와 D회사의 주문이 가장 큰 공헌이익을 발생시킨다.

② 이들 주문을 선택할 때 이익은:

C회사 주문의 이익 = 3,250만원 − 500만원 = 2,750만원
D회사 주문의 이익 = 4,800만원 − 500만원 = 4,300만원

따라서 선택된 이들 2개 주문으로부터의 총이익은 7천5십만원이 된다.

(5) 갑돌주식회사가 사용한 주문선택방법은 가장 유리한 주문이 항상 선택될 것이라고 확신한다. 이러한 방법은 기업의 재무성과를 높이는데 도움이 될 것이다. 그러나 이러한 방법을 사용하는 데 있어 장기적인 단점이 존재할 수 있다. 자기들의 주문이 거절당한 고객들은 또 다른 주문을 할 때 갑돌회사로 돌아오지 않을 수 있다. 갑돌회사가 매우 바쁘고 제품수요가 높다면 이러한 것은 관계없다. 그러나 앞으로 수요가 감소하면 갑돌회사가 거절한 주문에 대해 후회할 수도 있다.

제12장

손익분기점 분석

서 론

기업들, 특히 이제 막 사업을 시작하는 기업들은 손익분기점 매출액(또는 생산량)이 얼마가 될 것인가를 알고 싶어 한다. 만약 기업이 고정비, 변동비, 그리고 예상판매가를 알면 그 기업은 모든 비용을 충당하기 위한 판매량을 계산할 수 있다. 총비용과 총매출액이 정확하게 일치하는 점이 손익분기점이다. 총비용과 총매출액이 정확히 일치할 때 기업의 생산량이 손익분기점 생산량이라고 한다.

예를 들어, 어느 기업이 500만원의 총비용으로 100단위를 생산하여 단위당 5만원에 판매하면 총수입도 500만원(=5만원×100단위)이 될 것이다. 그 기업은 이 생산량 수준에서 손익분기점이 될 것이다. 따라서 손익분기점 생산량은 100단위이다. 거기에서는 이익도 손실도 아니다.

주요 내용

1. 단위당 공헌이익을 활용한 손익분기점의 계산
2. 총매출액과 총비용을 활용한 손익분기점의 계산
3. 그림을 활용한 손익분기점의 계산
4. 안전마진(margin of safety)
5. 손익분기점 분석의 활용도
6. 손익분기점 분석의 한계점

(1) 생산량과 재고 (2) 임금, 가격, 기술 등의 여건의 변화가 없음을 가정
(3) 비선형관계 (4) 다품종 생산기업 (5) 계단식(stepped) 고정비

사례 12-1

갑돌이는 전통적인 기법을 사용하여 중국제 양탄자를 만들어 온라인으로 판매한다. 그 양탄자의 품질은 우수하며 양탄자는 천연재료로 만들어진다. 그 양탄자는 105,000원에 판매되며 양탄자당 가변비용은 65,000원이다. 갑돌이의 고정비용은 연 200만원이다.

(1) 손익분기점이 되는 갑돌이의 생산판매량이 얼마인가를 계산하라.
(2) 1년 동안 500개의 양탄자가 판매되면 갑돌이는 얼마의 이익을 얻게 되는가?
(3) 양탄자의 가격이 115,000원으로 상승할 경우 손익분기점이 되는 양탄자의 생산량은 얼마가 되는가?

해설

(1) 손익분기점 생산수량은 다음의 식에 의해 계산된다:

손익분기점 수량 = 고정비용/단위당 공헌이익
= 200만원/(105,000원 − 65,000원)
= 200만원/40,000원
= 50

(2) 이익 = 총수입 − 총비용
= 105,000원 × 500 −(200만원 + 65,000원 × 500)
= 52,500,000원 − 34,500,000원
= 18,000,000원

(3)

손익분기점 수량 = 200만원/(115,000원 − 65,000원)
= 200만원/50,000원
= 40

사례 12-2

갑돌이는 지방의 기업단지에 있는 임차사무실에서 스페인식 기타를 생산한다. 다음의 그림은 그의 사업에서 손익분기점을 나타내고 있다.

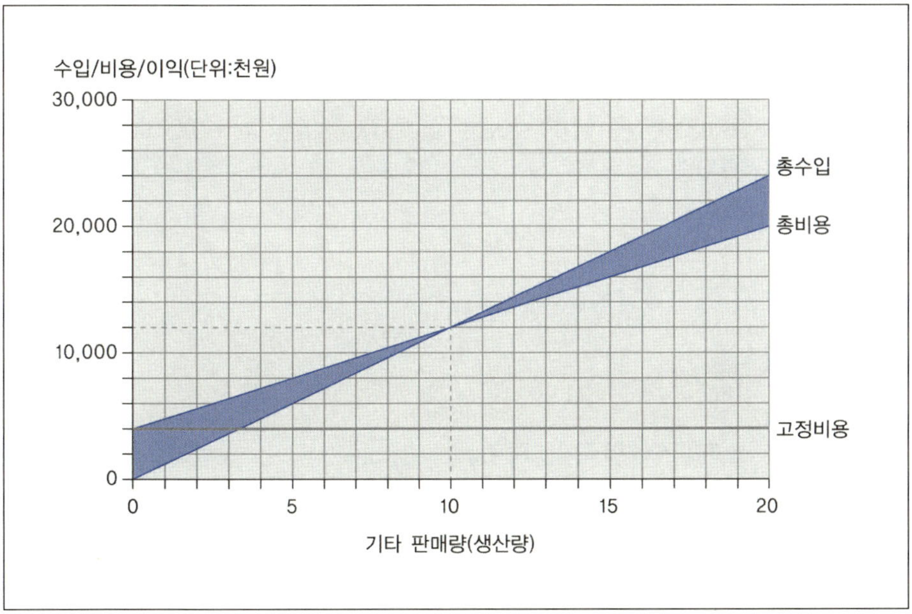

(1) 다음의 생산판매량에서 기업의 총수입은 얼마인가?
　① 0개 기타 ② 20개의 기타

(2) 기업의 고정비용은 얼마인가?

(3) ① 손익분기점 생산량은 얼마인가?
② 이러한 손익분기점 생산량에서 수입과 비용은 얼마인가?

(4) 기업이 다음의 생산량을 판매할 경우 기업의 안전마진은 얼마인가?
① 12개의 기타 ② 20개의 기타

(5) 기업이 15개의 기타를 생산판매할 경우,
① 총수입은? ② 총비용은? ③ 이익 또는 손실은? ④ 총가변비용은?
⑤ 기타 한 개 당 가변비용은?

해설

(1) ① 0원 ② 24,000,000원
(2) 4,000,000원
(3) ① 10개의 기타 ② 12,000,000원
(4) ① 2개의 기타 ② 10개의 기타
(5) ① 18,000,000원 ② 16,000,000원 ③ 2,000,000원 ④ 12,000,000원
⑤ 800,000원

종합사례 12-3

〈 갑돌이의 볼티파이(영국식 파이) 〉

지난해 서울의 월드컵경기장에서 축구경기 중 휴식시간에 갑돌이는 볼티파이가 매우 잘 팔리는 것을 발견했다. 볼티파이는 영국에서 유명한 것으로서 닭고기와 카레로 만들어진 파이다. 갑돌이는 볼티파이가 새롭고 성공적인 기회를 줄 것이라고 생각했다. 갑돌이는 부산의 경기장에서 볼티파이를 만들어서 팔아야 하겠다고 결심했다.

갑돌이는 시장조사를 했고 부산의 경기장에서 볼티파이가 판매되는 곳이 없다는 것을 알았다. 갑돌이는 시장에서 관심이 있는가를 알아보기 위해 집에서 파

이를 만들어 다양한 소매상, 선술집 및 클럽들에게 공급했다. 카레를 좋아하는 사람들은 대부분 파이를 좋아했다. 카레를 맛보지 못했던 사람들은 볼티파이에 관심이 없었다.

그러나 갑돌이는 성공할 것이라는 것을 확신했다. 그는 부산에서 이전에 파이를 만드는데 사용되었던 미사용된 키친(kitchen)세트를 발견했다. 갑돌이가 그 키친세트에 대한 12개월 임차계약서에 서명하기 일주일 전 그는 그 사업의 수익성을 점검하기 위해 몇 가지 추정을 해보았다. 갑돌이는 1회당 100개 단위로 파이를 생산하여 개당 500원에 팔기로 계획하였다. 갑돌이는 또한 사업계획서도 작성해 보았다. 몇 가지 재무정보가 다음과 같이 주어져 있다:

고정비용 연 300만원	
임차료	연 250만원
기타 고정비용	연 50만원
가변비용	**1회당 20,000원**
음식재료	1회당 14,000원
연료	1회당 2,000원
기타 가변비용	1회당 4,000원

(1) 1회당 공헌이익을 계산하라.

(2) 손익분기가 되기 위해 첫 해의 영업에서 갑돌이는 몇 회의 파이를 생산해야 하는가?

(3) 첫 해에 55,000개의 파이가 판매되면 갑돌이는 얼마의 이익을 얻게 되는가?

(4) 두 번째 해의 영업에서 키친세트의 임차료가 연 450만원으로 인상되었다. 갑돌이는 파이가격을 700원으로 인상하여 이에 대응하였다. 이것은 손익분기점 생산량에 어떻게 영향을 줄 것인가?

(5) 손익분기점 분석은 갑돌이에게 얼마나 유용한가?

해설

(1) 1회당 공헌이익 = 판매가격 − 가변비용
= 500원 × 100개 − 20,000원
= 30,000원

(2) 손익분기점 생산량 = 고정비용/1회당 공헌이익
= 300만원/3만원
= 100 회

따라서 갑돌이는 손익분기점이 되기 위해 한 해에 10,000(100×100)개의 파이를 팔아야 할 것이다. 이것은 매우 많은 것 같으나 그것은 매주 2회 생산량에 불과하다.

(3)
이익 = 총수입 − 총비용
= 500원 × 55,000개 − (3백만원 + 55,000/100 × 20,000원)
= 27,500,000원 − 14,000,000원
= 13,500,0000원

(4)
손익분기점 생산량 = 500만원/[(700원 × 100개) − 20,000원]
= 500만원/5만원
= 100회

따라서 고정비용과 가격의 변화는 손익분기점 생산량에 전혀 영향을 주지 않는다.

(5)
손익분기점분석은 의사결정의 수단으로서 사업에서 사용된다. 첫째, 갑돌이가 키친세트의 12개월 임차를 계약하기 1주일 전에, 그는 그 사업의 수익성을 평가해보기 위해 몇 가지 추정을 하였다. 이러한 추정치를 사용하여 갑돌이는 총비용을 커버하는 데 몇 개의 파이를 팔아야 하는지, 즉 손익분기점 생산량을 파악할 수 있을 것이다. 그는 임차계약을 하기 전에 이 일을 완료했을 수도 있다. 둘째, 갑돌이는 손익분기점을 사용하여 가상의 시나리오(what if questions)에 대한 답을 얻게 될 것이다. 예를 들어, 갑돌이는 임대주인이 임차료를 인상했을 때 기업의 재무적 상태가 어떤가, 그리고 갑돌이가 파이 가격을 인상했을 경우 그 효과는 어떤가를 알아볼 필요가 있었다. 임차료와 가격이 변한 후에도 손익분기점 상태가 변하지 않았다는 것을 그는 알게 되었다. 셋째, 손익분기점 분석은 사업계획서에도 나타난다. 갑돌이는 사업계획서에 손익분기점 분석을 포함시켰을 것이다.

그러나 불행하게도 손익분기점 분석은 몇 가지 단점을 가지고 있다.

첫째, 손익분기점 분석이 가정하는 것들은 비현실적이다. 예를 들어, 모든 생산량이 판매되고 따라서 생산량과 판매량이 같으며, 재고는 전혀 없다고 그것은 가정한다. 반면 실제로는 많은 기업들이 수요의 변화에 대응하기 위해 완제품 재고를 보유한다. 둘째, 기업들은 생산한 것을 팔 수 없을 때도 있고, 직원들을 해고하지 않기 위해 생산량을 쌓아 놓을 때도 있다. 갑돌이는 그의 생산품들이 잘 상하는 것들이므로 재고를 보유할 것 같지는 않다. 그러나 갑돌이도 그가 생산한 것을 모두 팔지 못할 때도 있을 수 있다.

손익분기점 도표는 여러 가지 주어진 조건에 대해 그려진다. 그것은 임금과 가격의 갑작스러운 변화 그리고 기술의 변화를 고려할 수 없다. 손익분기점 분석의 효율성은 비용과 수입함수를 도출하는 데 사용되는 자료의 질과 정확성에 달려 있다. 자료가 빈곤하고 부정확하다면 그러한 자료들을 기반으로 도출된 결론들은 결함이 있다. 예를 들면, 고정비용이 과소추정될 경우, 손익분기점에 해당되는 실제의 수량은 손익분기점 분석에 의한 수량보다 더 많을 것이다. 그러나 이 사례에서는 갑돌이의 재무정보가 정확한 것 같다.

손익분기점 분석에서는 총수입선과 총비용선이 모두 선형이라고 가정한다. 이러한 가정은 항상 옳은 것은 아니다. 예를 들어, 어떤 기업은 대량주문에 대해서는 할인을 해주어, 총수입이 생산량(판매량)이 높은 수준에서는 하락할 수도 있다. 그렇게 되면, 이 사례에서 총수입선은 상승하다가 하락하여 곡선이 될 것이다. 어떤 기업은 원재료를 대량으로 구입하게 되면 비용을 낮출 수 있을 것이다. 따라서 비용이 많은 생산량 수준에서는 하락하여 총비용함수가 곡선이 될 수 있다. 갑돌이의 기업이 설립되고 앞으로 성장하기 시작하면 이러한 문제가 발생할 수 있다.

갑돌이가 손익분기점 분석을 활용하려면 그는 이러한 단점들을 주의해야 한다. 그러나 사업의 초기 단계에서는 기업이 매우 단순한 수준에서 영업을 하므로 손익분기점 분석은 유용하다.

제13장 손익분기점 분석의 응용

서 론

손익분기점 분석은 그래프를 활용하여 분석될 수 있다. 그래프에서 횡축에는 생산량을, 그리고 종축에는 비용, 매출액, 이익을 나타낸다.

주요 내용

1. 변수의 변화
   (1) 가격의 변화 (2) 고정비의 변화 (3) 변동비의 변화
2. 손익분기점 그래프의 기타 활용도
   (1) 목표이윤 (2) 목표이윤의 달성을 위한 가격
3. 총비용과 총매출액의 변화를 고려
   (1) 총비용: 한계수확체감의 법칙 (2) 총매출액: 할인대량판매

사례 13-1

Ryestairs는 "천국"이라는 게스트하우스 및 수행센터를 운영하여 생활비의 일부를 버는 베네딕트회 수도원이다. 그 수도원은 세끼 식사제공 하루숙박에 1인당 80,000원을 받는다. 음식과 세탁과 같은 항목의 가변비용은 하루에 1인당 30,000원이다. 그 사업을 운영하는데 소요되는 고정비용은 연 5,000만원이다.

(1) 천국의 손익분기점을 그림으로 나타내라. 수평축에는 연 숙박일수를 나타내라. 숙박일수를 연 1,500일까지 나타내라. 손익분기점 숙박일수를 표시하라.

(2) 천국의 경영자는 숙박가격을 하루에 110,000원으로 인상하기로 결정하였다.

① 질문 (1)의 그림에 새로운 총수입함수를 그려라.

② 손익분기점 숙박일수가 어떻게 변했는가를 그림에서 보여라.

(3) 숙박가격은 하루에 80,000원, 가변비용도 30,000원으로 그대로인 반면, 천국이 고정비용을 연 4,000만원으로 줄였다면 손익분기점 숙박일수는 어떻게 되겠는가? 새로운 그림을 그려 나타내라.

(4) 숙박가격은 하루에 80,000원, 고정비용은 연 5,000만원으로 그대로인 반면, 천국은 가변비용을 20,000원으로 간신히 줄이게 되었다. 그림을 그려 이것이 다음에 미치는 영향을 설명하라:

① 손익분기점 숙박일수

② 연 숙박일수가 1,200일일 경우 안전마진일수는 얼마인가?

해설

(1) 손익분기점 일수 = X, 총수입 = 8만원 · X, 총비용 = 5,000만원 + 3만원 · X
8만원 · X = 5,000만원 + 3만원 · X 따라서 X = 1,000일

(2) 11만원 · X = 5,000만원 + 3만원 · X
→ X = 625일

(3) 8만원 · X = 4,000만원 + 3만원 · X
→ X = 800일

(4) 8만원 · X = 5,000만원 + 2만원 · X
→ X = 833일

① 가변비용의 하락은 손익분기점 숙박일수의 감소를 가져온다. 이 이유는 가격은 그대로인 상태에서 가변비용의 하락은 각 숙박이 고정비용을 커버하는 데 더 큰 기여를 한다는 것을 의미하기 때문이다. 그러므로 고정비용은 더 작은 숙박일수에서 커버된다.

손익분기점 그림에서 더 낮은 가변비용은 총비용곡선 기울기의 하락으로 나타내진다. 그림에서 가변비용이 30,000원에서 20,000원으로 하락하면, 손익분기점 숙박일수는 1,000일에서 833일로 하락한다.

② 손익분기점 숙박일수가 하락할 경우 1,200일의 숙박일수에서 안전마진일수는 증가할 것이다. 그림에서 가변비용이 30,000원에서 20,000원으로 하락할 경우 안전마진일수는 200일에서 367일로 증가한다.

사례 13-2

갑순이는 큰 농장을 소유하고 있으며 사이다생산업자에게 사과를 공급한다. 사과생산은 농장생산물의 일부분일 뿐이다. 이익의 대부분은 우유생산에서 발생된다. 사과생산이 매년 손익분기점만 가져다준다면 갑순이는 만족한다. 갑순이는 과수원을 할아버지로부터 유산받아서 비록 수익성이 없어도 애정 때문에 사과생산을 중단하고 싶어하지 않는다. 그녀가 목적을 달성하는가의 여부는 사과수확량과 시장가격에 달려 있다. 수확철에 그녀는 60,000킬로그램의 사과를 수확했다. 사과생산과 연관된 고정비용은 연 600만원이다. 가변비용은 킬로그램당 400원이다.

(1) 사과생산에서 손익분기점이 되기 위해 갑순이가 받아야하는 킬로그램당 가격은 얼마인가?

(2) 시장가격이 다음과 같을 경우 사과생산에서 갑순이가 얻게 되는 이익은 얼마인가:

① 킬로그램당 480원 ② 킬로그램당 510원

해설

(1)

가격 = 총비용/생산량

= [600만원 + (60,000킬로그램 × 400원)]/60,000킬로그램

= (600만원 + 2,400만원)/60,000킬로그램

= 3,000만원/60,000킬로그램

= 500원

〈검토〉

총수입 = 500원 × 60,000킬로그램 = 3,000만원

총비용 = 600만원 + 60,000킬로그램 × 400원 = 3,000만원

(2)

① 가격이 킬로그램당 480원일 경우,

이익 = 총수입 − 총비용

= (480원 × 60,000킬로그램) − (600만원 + 400원 × 60,000킬로그램)

= 2,880만원 − 3,000만원

= −120만원

② 가격이 킬로그램당 510원일 경우,

이익 = 총수입 − 총비용

= (510원 × 60,000킬로그램) − (600만원 + 400원 × 60,000킬로그램)

= 3,060만원 − 3,000만원

= 60만원

종합사례 13-3

〈 유기농 식품바구니 회사 〉

갑돌이와 갑순이는 식품공장에서 일해 왔으나, 그들의 사업을 시작하기를 원했다. 그들은 유기농 식품바구니에 대한 광고를 보았었다. 하나를 사보고 나서, 그들은 갑돌이가 말했듯이 그것이 보여주기에 불과한 것이라는 것을 알았다. 식품은 초라했고 대가족에게는 부족했다. 그 바구니는 또한 12만원으로 비쌌다.

갑돌이와 갑순이는 둘다 그들이 이 문제를 쉽게 개선하여 유기농 식품의 최근 추세를 활용할 수 있을 것이라고 느꼈다. 그들은 웹사이트에서 유기농 소풍 식품바구니를 판매하는 기업을 설립하기로 결정하였다.

수요를 추정하고 활용할 재료공급업자를 찾은 후, 다음의 표와 같이 그들은 몇 가지 비용을 알아낼 수 있었다.

〈표 13-1〉

고정비용	400만원
총가변비용	6만원
고리버들 식품바구니	12,000원
식품	39,000원
기구	2,000원
배달	3,000원
기타 가변비용	4,000원

고정비용에는 웹사이트 디자인, 광고, 보험 및 여러 가지 설립비용 등이 포함되어 있다. 이러한 고정비용은 첫 해의 영업에만 해당된다. 그것들은 앞으로는 하락할 것으로 예상된다. 그들이 식품바구니에 포함하기로 계획했던 식품의 예로는 치즈, 전채음식, 파스타 샐러드, 쌀 샐러드, 피타빵(중동지역의 식사빵), 올리브, 신선한 과일, 한 병의 유기농 와인과 우유, 그리고 과일쥬스 등이다.

갑돌이와 갑순이는 식품바구니를 8만원에 팔기로 결정하였다. 이 가격은 그들의 많은 경쟁업체들보다 낮았다. 이 가격으로 첫 해의 영업에서 그들은 400개의 식품바구니가 판매될 것으로 생각했다. 사업시작을 최종결정하기 전에 갑돌이는 그들이 먼저 손익분기점 판매수량이 어느 정도 될 것인가를 결정해야 한다고 주장했다. 갑돌이와 갑순이는 또한 그들이 기업의 설립전까지는 공장직업을 그만두지 말아야 할 것이라고 생각했다.

(1) 이 사례를 예로 사용하여 손익분기점이 무엇인가를 설명하라.

(2) ① 유기농 식품바구니에 대한 손익분기점 그림을 그려라.

② 첫 해에 손익분기점 식품바구니의 판매수량은 얼마인가?

(3) ① 연 판매수량이 400개의 목표수량을 충족시킨다면 안전마진 수량은?

② 400개의 판매수준에서 이익은 얼마가 되는가?

(4) 둘째 해에는 고정비용이 단지 200만원에 불과할 것으로 예상되었다.

① 고정비용이 둘째 해의 영업에서 하락할 가능성이 있는 이유는?

② 새로운 손익분기점 수량을 그림에 표시하라.

③ 500개의 바구니가 둘째 해에 판매된다면 갑돌이와 갑순이는 공장직업을 그만둘 수 있는가? (필요하면 계산을 해서 나타내라).

(5) 이 사례에서 손익분기점 판매량(생산량)을 낮추기 위해 어떠한 조치들이 취해질 수 있는가?

해설

(1) 총비용이 총수입과 정확하게 동일할 때 손익분기점이 된다. 손익분기점 수량에서는 기업은 이익도, 손실도 보지 않는다. 이 사례에서 갑돌이와 갑순이는 그들의 새로운 사업이 손익분기점이 되는 식품바구니의 판매수량을 계산하기를 원한다.

(2)

① 〈그림 생략〉

② 손익분기점 수량 = X, 8만원 · X = 400만원 + 6만원 · X

→ X = 200개

손익분기점이 되려면 유기농 식품바구니회사는 200개의 바구니를 팔아야 한다.

(3)

① 〈그림생략〉. 안전마진 판매수량은 200개다.

② 그림에 의하면, 400개가 판매될 경우 이익은 400만원이다.

400만원 = 총수입 – 총비용

= 3,200만원 – [400만원(고정비용) + 2,400만원(=6만원×400개, 총가변비용)

= 3,200만원 – 2,800만원

(4)

① 첫 해에 발생된 고정비용의 일부가 일회성 비용이었기 때문에 고정비용은 둘째 해에 하락할 것이다. 기업을 설립할 때 일회성 비용이 발생하는 것은 보통이다. 예를 들어, 이 사례에서 창업비용중의 하나는 웹사이트 설치비용일 것이다. 이러한 비용은 둘째 해에는 발생되지 않는다.

② 손익분기점 매출수량은 현재 100개의 바구니이다.

③

이익 = 총수입 − 총비용

= 500개 × 8만원 − (200만원 + 500개 × 6만원)

= 4,000만원 − 3,200만원

= 800만원

갑돌이와 갑순이가 당장에는 그들의 공장직업을 그만둘 수는 없을 것 같다. 800만원으로는 그들 모두 편안하게 생활할 수가 없을 것이다. 그러나 만약 갑돌이가 판매량을 증가시키기 위해 추가시간을 사업에 사용하려면 그들 중 한 사람은 직장을 그만둘 수도 있다.

(5) 손익분기점 판매량은 비용을 낮추거나 또는 가격을 인상하여 낮아질 수 있다. 이 사례에서 고정비용이 400만원에서 200만원으로 하락하여 손익분기점 판매량이 둘째 해에 200개에서 100개로 떨어졌다. 가변비용이 축소될 수 있다면 손익분기점 판매량은 더 낮아질 수 있다. 예를 들어, 이것은 보다 더 싼 식품이나 고리버들 식품바구니의 공급업체를 찾으면 해결된다. 다른 방법으로서 식품바구니의 판매가격을 인상하면 손익분기점 판매량이 낮아질 수 있다. 그러나 가격이 상승할 경우 그들은 수요에 대한 영향을 고려해야 한다. 가격이 너무 크게 인상될 경우 수요가 낮아져서 손익분기점이 되지 못할 정도로 수입이 낮아질 수도 있다. 이러한 일이 발생하면 그 기업은 손실을 보게 된다.

제14장
예산짜기

서 론

한 기업의 통제는 그 규모가 클수록 더 어려워진다. 작은 규모의 새 기업은 비공식적으로 운영될 수도 있다. 기업소유주는 모든 직원을 알고 있으며, 회사가 어떻게 되어가는지를 알고 모든 의사결정을 혼자 하는 경영자이다. 중규모 기업과 대기업의 경우에는 업무와 책임이 위임되며 비공식적 통제는 비현실적이 된다. 통제를 개선시키기 위해 예산기법이 개발되어 왔다. 예산을 통해 다른 사람들이 그들의 이사결정에 책임을 지게 된다.

예산이란 미리 합의된 계획이다. 그 예산은 계획이지 예측이 아니다. 예측은 미래에 어떻게 될 것인가를 추정하는 것인 반면, 예산이란 기업이 달성하고자 희망하는 계획된 결과이다. 예산은 지출에 필요한 자금과 그 자금이 어떻게 조달될 것인가를 나타낼 것이다. 예산은 기업의 목적에 기반을 둔다. 예산은 경영자들로 하여금 미리 생각하고 서로 협력을 하도록 한다. 대부분의 예산은 회계기간과 일치하도록 하기 위해 12개월로 정해져 있으나, 예외가 있다. 예를 들어, R&D 예산의 기간은 여러 해를 포괄하기도 한다.

예산의 종류로는 매출액, 매출수량, 지출, 이익, 인적자원, 현금 및 자본지출예산 등이 있다. 대표적인 예산의 예로는 정부예산을 들 수 있다. 정부예산은 정부의 지출계획과 그 계획이 세금과 다른 자금조달원천에 의해 어떻게 조달될 것인가를 보여 준다.

주요 내용

1. 예산을 짜는 이유
   (1) 통제와 모니터링 (2) 계획 (3) 상호협력 (4) 소통 (5) 효율성 (6) 동기부여
2. 예산의 종류
   (1) 수입 또는 매출액 예산 (2) 생산량 예산 (3) 지출예산 또는 비용예산 (4) 이익예산
3. 예산짜기의 문제점
   (1) 계획수치를 활용하는 문제 (2) 정보의 수집 (3) 부서간의 갈등 (4) 비용 (5) 과도한 목적 (6) 외부요인

사례 14-1

갑돌이와 갑순이는 일산자동차서비스회사를 운영한다. 이 기업은 여러 가지 영업으로 수입을 창출한다. 그 회사는 휘발유, 식료품 일부와 과자류 등, 자동차 악세서리, 그리고 중고자동차를 판매한다. 차고에서는 차량서비스, 자동차수리, 그리고 자동차안전검사 등을 수행한다. 6개월간의 수입예산이 다음의 표에 나타나 있다.

〈표 14-1〉 일산자동차서비스회사의 수입예산

(단위: 1,000원)

	1월	2월	3월	4월	5월	6월
휘발유매출	3,400	3,500	3,400	3,600	4,000	4,500
식료품매출	650	650	700	700	750	800
자동차악세서리	450	500	500	550	550	600
자동차매출	1,000	1,500	2,000	4,000	5,000	6,000
서비스 및 수리	4,300	4,800	5,000	4,500	4,000	3,500
자동차안전검사	400	500	450	550	600	500
총수입						

(1) 월별 총수입을 계산하여 일산자동차서비스회사의 수입예산을 완성하라.

(2) 갑돌이와 갑순이는 각 품목별 매출액 목표를 설정했다. 그러한 목표를 설정할 때 예산을 짜는 것은 어떠한 역할을 하는가?

(3) 이 예산의 정보가 이익예산에서 어떻게 사용되는가를 설명하라.

해설

(1) (단위: 1,000원)

	1월	2월	3월	4월	5월	6월
휘발유매출	3,400	3,500	3,400	3,600	4,000	4,500
식료품매출	650	650	700	700	750	800
자동차악세서리	450	500	500	550	550	600
자동차매출	1,000	1,500	2,000	4,000	5,000	6,000
서비스 및 수리	4,300	4,800	5,000	4,500	4,000	3,500
자동차안전검사	400	500	450	550	600	500
총수입	10,200	11,450	12,050	13,900	14,900	15,900

(2) 예산을 짜는 주요 목적 중의 하나는 기업의 재무상황을 모니터링하고 통제하는데 도움이 되는 것이다. 갑돌이와 갑순이는 각 수입원천별로 매출액을 설정하여 이러한 일을 한다. 이러한 매출목표는 위의 수입예산에 나타나 있다. 재무기간 말에 갑돌이와 갑순이는 실제매출액을 예산에서 정해진 값들과 비교를 할 수 있을 것이다. 그들은 목표치가 달성되었는가의 여부를 알 수 있을 것이다. 목표치가 충족되지 않았다면 그들은 그 이유를 찾기 위해 조사를 할 것이다. 이러한 식으로 수입예산을 활용하는 것은 기업의 각 부분별 성과를 모니터링 하는데 도움이 될 것이다.

(3) 이익예산은 기업이 매달 벌 수 있을 것으로 예상되는 이익의 양을 나타낸다. 거기에는 기업의 모든 수입과 지출(비용)에 대한 정보가 포함된다. 이 수입예산에서의 정보는 그것이 주어진 기간동안 기업의 총수입을 나타내기 때문에 이익예산에서 사용될 수 있을 것이다. 기업의 이익예산을 구하기 위해 총수입에서 비용이 차감되면 된다.

사례 14-2

갑순이는 마포구 지역주민을 위한 개인여가시설인 마포여가센터를 운영한다. 이 센터는 약 900명의 회원을 보유하며 다양한 시설을 제공한다. 비용을 통제하기 위해 그녀는 이 센터의 부서별로 6개월마다 비용예산을 설정한다. 2007년 첫 6개월간의 비용예산이 다음의 표에 나와 있다.

〈표 14-2〉 마포여가센터의 비용예산

(단위: 1,000원)

	1월	2월	3월	4월	5월	6월
스포츠홀	1,400	1,600	1,700	1,700	1,500	1,300
수영장	2,300	2,400	2,400	2,500	3,000	3,500
게임룸	600	700	600	500	400	200
피트니스센터	3,200	3,500	3,600	3,600	3,400	3,200
야외활동	500	400	500	600	800	1,000
마사지와 미용	5,300	5,300	6,000	6,000	7,000	7,000
행정	2,000	2,000	2,000	2,000	2,000	2,000
카페바	3,200	3,500	3,700	4,000	5,000	7,000
총비용						

(1) 위의 비용예산을 완성하고 6개월간 총비용을 계산하라.

(2) 6개월간 카페바의 비용패턴을 보고 그 이유를 설명하라.

(3) 비용예산을 사용하여 갑순이가 그 기업의 비용을 통제하는데 어떻게 도움이 되는가를 설명하라.

해설

(1) (단위: 1,000원)

	1월	2월	3월	4월	5월	6월
스포츠홀	1,400	1,600	1,700	1,700	1,500	1,300
수영장	2,300	2,400	2,400	2,500	3,000	3,500
게임룸	600	700	600	500	400	200
피트니스센터	3,200	3,500	3,600	3,600	3,400	3,200
야외활동	500	400	500	600	800	1,000
마사지와 미용	5,300	5,300	6,000	6,000	7,000	7,000
행정	2,000	2,000	2,000	2,000	2,000	2,000
카페바	3,200	3,500	3,700	4,000	5,000	7,000
총비용	18,500	19,400	20,500	20,900	23,100	25,200

6개월간 총비용은 1억2,760만원이다. 이 금액은 월별총액을 더하여 구해진다.

(2) 6개월 동안 카페바의 비용은 1월 320만원에서 6월 700만원으로 계속해서 증가했다. 이에 대한 가장 가능성이 높은 이유는 카페바의 영업이 연중 계속하여 활발했고 그에 따라 더 많은 비용이 수반되었을 것이다. 예를 들어, 영업이 활발했다면 카페바의 임금과 공급업자들에게 더 많은 자금이 지출되었을 것이다. 또한 갑순이는 고객을 유지하기 위해 카페바를 더욱 더 공격적으로 홍보했을 가능성도 있다.

(3) 예산짜기를 통해 경영자는 기업을 통제할 수 있게 된다. 경영자인 갑순이는 아마도 여가센터의 비용을 지속적으로 통제하는데 도움이 되도록 비용예산을 설정했을 것이다. 기업은 여러 부서로 나누어지며 각 부서는 자신의 지출에 책임을 진다. 비용예산을 설정한다는 것은 특정부서에 책임을 지는 사람이 그 예산에서 나타난 배정액을 초과하여 지출하지는 못할 것이다. 이것은 지출상한선을 유지시킨다. 배정액 이상으로 지출하려는 사람들은 책임을 부담해야 하며 그들의 활동에 대해 설명해야 한다. 비용예산이 없을 경우, 부서를 책임지고 있는 사람들이 회사의 돈을 부주의하게 지출할 수도 있다.

종합사례 14-3

〈 갑돌이 미니마켓 〉

갑돌이 미니마켓은 파주지역의 주민들에게 서비스를 하는 작은 슈퍼마켓이다. 그 가게는 많은 부서로 나누어져 있다.

- 유제품 - 우유, 치즈, 기타 유제품, 스무디(과일주스에 우유나 아이스크림을 넣어 만든 음료)와 신선한 주스 등을 관리한다.
- 식품 - 냉동고기, 올리브, 신선한 피클, 소스, 기타 식품을 서비스한다.
- 신선 농산품 - 모든 과일과 채소를 책임진다.
- 식료품 및 잡화-가장 큰 부서이며 모든 캔 및 포장식품, 청소재료와 같은 가사용품, 음료수, 과자류, 그리고 다른 부서에 속하지 않는 제품들을 책임진다.
- 고기 - 고객을 위해 미리 포장된 냉동고기를 보관하며 판매를 위해 이들 포장을 준비한다. 또한 고객의 주문에 따라 절단해준다.
- 술 - 술면허가 2006년에야 승인되어 이것은 신설부서이다. 그러나 이 부서는 급성장할 것으로 예상된다. 매우 다양한 와인, 맥주, 그리고 증류주가 제공된다.

6명의 갑돌이 가족이 가게에서 일하며, 추가적으로 9명의 사람들이 파트타임으로 고용된다. 가게의 서로 다른 부서의 영업상황을 모니터링 하기 위해 각 부서별로 이익예산이 설정된다. 각 부서장은 이익목표가 달성될 경우 6개월마다 이익의 5%를 성과급으로 받는다. 수입예산과 비용예산이 다음과 같이 주어져 있다.

〈표 14-3〉 갑돌이 미니마켓의 수입예산

(단위: 천원)

	7월	8월	9월	10월	11월	12월
유제품	7,500	7,500	8,000	8,000	8,000	9,000
식품	9,000	9,000	9,500	9,500	9,500	12,000
신선농산품	5,700	6,000	6,000	6,500	6,000	8,000
식류품 및 잡화	27,000	28,000	29,000	29,000	30,000	34,000
고기	8,000	8,000	8,500	8,500	9,000	12,000
술	3,000	4,000	5,000	6,000	8,000	17,000

〈표 14-4〉 갑돌이 미니마켓의 비용예산

(단위: 천원)

	7월	8월	9월	10월	11월	12월
유제품						
재료구입비	5,000	5,000	5,200	5,300	5,300	6,100
임금 및 기타비용	1,300	1,200	1,600	1,600	1,500	1,700
식품						
재료구입비	6,000	6,000	6,100	6,200	6,000	7,500
임금 및 기타비용	2,000	2,000	2,100	2,100	2,200	3,000
신선농산품						
재료구입비	4,300	4,400	4,700	5,300	5,200	6,300
임금 및 기타비용	1,000	1,000	1,000	1,000	1,000	1,300
식료품 및 잡화						
재료구입비	19,000	19,500	20,000	20,500	20,600	21,200
임금 및 기타비용	4,200	4,200	4,300	4,300	4,500	6,000
고기						
재료구입비	5,100	5,000	5,100	5,300	5,400	7,100
임금 및 기타비용	1,400	1,400	1,400	1,600	1,600	2,100
술						
재료구입비	1,800	2,200	3,000	3,500	5,200	10,000
임금 및 기타비용	500	500	700	700	900	1,200

(1) 기간예산이 무엇을 의미하는가를 설명하라.

(2) 파주미니마켓의 각 부서별 별도의 이익예산을 만들어라.

(3) ① 그 기간동안 어느 부서가 가장 빈약한 이익을 기록했는가?

② ①에서 확인된 부서의 이익이 왜 빈약한가를 설명하라.

(4) ① 이익예산은 그 가게의 직원들을 어떻게 동기부여시키는가?

② 식료품 및 잡화부서를 책임지고 있는 사람들의 6개월간 성과급을 계산하라.

(5) 미니마켓의 예산을 설정할 때 갑돌이 가족이 직면할 수도 있는 세 가지 문제점을 설명하라.

해설

(1) 예산은 사전에 협의가 된 재무계획이다. 그것은 추정이 아니라 계획이다-추정은 미래에 어떻게 될 것인가에 대한 예측인 반면, 예산은 기업이 달성하고자 하는 계획된 결과이다. 예산은 다양한 정보를 보여 줄 수 있다. 예를 들어, 그것은 계획된 수입, 비용, 또는 이익을 보여 줄 수 있다. 이 사례에서 표는 갑돌이 미니마켓의 비용예산을 보여준다. 그 예산은 그 가게의 각 부서가 6개월에 걸쳐 얼마나 지출할 계획인가를 보여준다. 예산은 보통 스프레드시트에 나타내며, 재무정보는 월을 나타내는 세로줄로 표시된다.

(2) (단위: 천원)

	7월	8월	9월	10월	11월	12월
유제품						
매출액	7,500	7,500	8,000	8,000	8,000	9,000
총비용	6,300	6,200	6,800	6,900	6,800	7,800
이익	1,200	1,300	1,200	1,100	1,200	1,200
식품						
매출액	9,000	9,000	9,500	9,500	9,500	12,000
총비용	8,000	8,000	8,200	8,300	8,200	10,500
이익	1,000	1,000	1,300	1,200	1,300	1,500
신선농산품						
매출액	5,700	6,000	6,000	6,500	6,000	8,000
총비용	5,300	5,400	5,700	6,300	6,200	7,600
이익	400	600	300	200	(200)	400

	7월	8월	9월	10월	11월	12월
식료품 및 잡화						
매출액	27,000	28,000	29,000	29,000	30,000	34,000
총비용	23,200	23,700	24,300	24,800	25,100	27,200
이익	3,800	4,300	4,700	4,200	4,900	6,800
고기						
매출액	8,000	8,000	8,500	8,500	9,000	12,000
총비용	6,500	6,400	6,500	6,900	7,000	9,200
이익	1,500	1,600	2,000	1,600	2,000	2,800
술						
매출액	3,000	4,000	5,000	6,000	8,000	17,000
총비용	2,300	2,700	3,700	4,200	6,100	11,200
이익	700	1,300	1,300	1,800	1,900	5,800

(3)

① 6개월에 걸쳐 신선농산품 부서가 가장 빈약한 이익을 기록했다. 그 부서는 다른 모든 부서에 비해 매달 더 낮은 이익을 창출했다. 실제로 11월에는 그 부서는 손실을 기록했다.

② 신선농산품 부서의 빈약한 이익은 여러 요인의 결과일 수 있다. 첫째, 그 부서의 책임지기 관리를 매우 잘못하기 때문일 수 있다. 예를 들어, 농산품의 신열이 잘못되었다든지, 과잉주문에 의한 낭비요소가 있을 수 있거나, 가격이 너무 높거나 또는 비용이 너무 클 수도 있기 때문이다. 둘째, 신선농산품 분야에서 – 예를 들어, 농장가게부분에서 경쟁이 치열할 수도 있기 때문이다. 셋째, 아마도 유기농산물의 선호도가 높아져 일반적으로 신선농산품에 대한 수요의 하락때문일 수도 있다.

(4)

① 예산목적 중의 하나는 직원들에게 동기부여를 하는데 도움이 된다는 점이다. 예산짜기는 인력의 동기부여요인으로서 작용할 것이다. 그것은 직원들에게 목표와 기준을 부여해준다. 예산상태를 개선한 것은 한 부서 또는 한 그룹의 직원에 대한 성공의 증거이다. 예산목표를 달성할 수가 없을 수 있다는 두려움 때문에 직원들은 더 열심히 일할 수 있다. 이 사례에서 부서의 관리책임자들은 그들의 부서가 창출한 이익에 따라 성과급을 받는다. 이것이 직원들에게 더 많은 이익을 창출하도록 동기부여를 줄 것이다.

② 식료품 및 잡화를 관리하는 사람들은 1,435천원(= 28,700천원×5%)의 성과급을 받을 것이다.

(5) 갑돌이 가족은 예산을 짤 때 많은 문제에 직면할 수 있다. 첫째, 예산상의 수치가 실제의 수치와 다를 때 문제가 발생하는 경향이 있다. 그 수치는 계획치로서 과거의 자료, 추정, 또는 사람의 판단을 토대로 한다. 갑돌이 가족은 예산상의 값을 구하기 위해 단순히 과거 자료에 임의의 비중을 더한다. 거의 모든 예산을 준비할 때 가장 중요한 자료는 매출액 자료이다. 매출액 자료가 부정확하면 그 가게 예산의 많은 부분이 부정확할 것이다. 시장조사를 활용하여 매출액 자료의 정확성을 높일 수 있을 것이다. 그러나 새로운 제품에 대한 미래 기간동안의 매출액을 추정하는 것은 어려울 것이다.

둘째, 예산짜기는 부서간 또는 직원들 간의 갈등을 초래할 수도 있다. 예를 들어, 이 사례에서 부서장들은 그들의 부서가 창출한 이익을 토대로 성과급을 받는다. 부서장들이 투입한 노력이 동일함에도 불구하고 한 부서가 다른 부서들에 비해 상당한 이익을 더 창출한다면 이러한 성과급은 분개를 초래할 수도 있다.

셋째, 또 다른 문제로서 예산을 짜는 비용이 될 수 있다. 예산을 짜고 평가하는데 소요된 시간은 다른 업무에 사용되었을 수가 있다. 예를 들어, 부서장들은 직원을 훈련시켜 그들 부서의 관리를 개선시킬 수 있다. 식료품 및 잡화 부서에서 서류작성과 회의참가에 소요된 시간은 식료품 및 잡화의 판매자체와 비용절감에 시간이 덜 투입되었다는 것을 의미한다.

제15장
예산의 활용

서 론

기업의 설립이 일단 이루어지면 기업소유주는 보통 성과를 진척시키기를 희망할 것이다. 기업발전단계의 초기에는 주로 생존에 중점을 둔다. 그러나 기업이 이러한 초기단계를 벗어나면 다른 문제들이 중요해진다. 기업소유주들은 아마도 그들 기업을 성장시키기를 희망하며 효율성을 진척시키기를 희망할 것이다. 기업의 효율성을 진척시키는 한 가지 방법이 재무관리이다. 재무관리는 기업의 재무적 자원을 관리하는 것이다. 대부분의 기업에서 이것은 다음을 의미한다:

- 비용을 억제하는 것을 확인하는 것
- 자원을 구입할 자금이 충분한가를 확인하는 것
- 고객들이 대금지불을 제대로 하는지를 확인하는 것
- 이익과 자본수익률과 같은 재무적 성과지표들을 측정하고 모니터링 하는 것.

기업들은 재무적 자원을 관리하는데 도움이 되는 많은 방법들을 개발해 왔다. 그 중의 한 가지 방법이 예산짜기이다.

주요 내용

1. 예산상 통제
   (1) 계획의 준비 (2) 계획과 실제결과의 비교 (3) 차이의 분석

2. 차이의 종류

   (1) 수익 또는 매출액 차이 (2) 지출 또는 비용 차이 (3) 이익 차이 (4) 직접재료비 차이 (5) 직접노무비 차이 (6) 간접비 차이 (7) 매출액순이익률 차이 (8) 현금흐름 차이

3. 차이를 활용한 의사결정
4. 제로베이스 예산짜기(zero-based budgeting)
5. 예산활용의 장점

   (1) 성과의 모니터링 (2) 성과에 영향을 주는 요인의 확인 (3) 미래의 계획을 개선 (4) 책임의 개선

6. 예산활용의 단점

   (1) 동기부여상의 문제점 (2) 조작 (3) 경직성 (4) 단기주의

사례 15-1

강남사무용품 회사는 프린터, 토너, 컴퓨터 연결선, 포트(컴퓨터의 주변기기 접속단자)허브, 그리고 랩탑 가방 등과 같은 사무용품 장비와 컴퓨터 악세서리를 판매한다. 이 회사는 강남에서 3개의 가게를 운영했었으나, 최근에 이 가게들을 폐쇄하였고 지금은 온라인으로 모든 영업을 한다. 매출액을 모니터링하기 위해 이 회사는 6개월마다 예산을 짠다. 다음의 표는 2007년 첫 6개월간 수입(매출액) 예산을 나타낸다.

〈표 15-1〉 강남사무용품 회사의 수입예산

(단위: 백만원)

	1월	2월	3월	4월	5월	6월	계
수입예산	1,200	1,300	1,400	1,400	1,500	1,600	8,400
실제수입	1,140	1,190	1,430	1,400	1,390	1,450	8,000

(1) 월별 매출수입의 차이와 전체 예산기간동안의 총매출수입 차이를 계산하라.
(2) 4월의 차이에 대해 설명하라.
(3) 6개월에 걸쳐 이 회사의 차이패턴에 대한 가능한 이유를 두 가지로 설명하라.

해설

(1) (단위: 백만원)

	1월	2월	3월	4월	5월	6월	계
수입예산	1,200	1,300	1,400	1,400	1,500	1,600	8,400
실제수입	1,140	1,190	1,430	1,400	1,390	1,450	8,000
차이	60A	110A	30F	0	110A	150A	400A

* A(불리함)는 실제수입이 수입예산보다 작은 경우, F(유리함)는 실제수입이 수입예산보다 큰 경우를 나타낸다.

(2) 4월에는 차이가 없다. 이것은 계획된 수입이 정확하게 실제수입과 동일하다는 것을 의미한다. 2007년 4월에 계획된 수입과 실제 수입 모두 14억원이었다.

(3) 월별 수입차이의 대부분은 이 회사에 불리하다. 이것은 실제수입이 계획된 수입보다 작았다는 것을 의미한다. 6개월 전기간에 걸쳐 실제 매출액은 계획된 매출액에 비해 4억원 작았다. 이에 대한 가능한 첫째 이유는 이 제품에 대한 수요가 하락했기 때문이다. 예를 들어, 새로운 경쟁이 이 회사의 고객손실을 초래했을지도 모른다. 아니면, 이 회사가 마케팅 전략을 바꾸었을지도 모르며, 광고홍보를 중단했을지도 모른다. 두번째 가능한 이유로는 예산설정의 책임자가 달성하지 못할 수준의 매출액을 계획했기 때문일 수 있다. 계획된 수입의 수치가 너무 낙관적일 가능성이 있다. 매출액예산은 전 기간에 걸쳐 33%의 매출액 증가를 계획했다. 이것은 힘든 일이다. 매출수입은 실제로 27% 증가했는데, 그것도 매우 커다란 성과이다. 따라서 이 회사의 소유주들은 불리한 수입차이에 크게 염려를 하지 않을 수도 있다.

사례 15-2

평창주식회사는 대형상가건물에 있는 게임기의 부품을 생산한다. 이 회사는 강원지역의 산업단지에서 운영한다. 이 회사는 진부한 기계 때문에 최근 몇 개월 동안 몇 가지 문제를 경험했다. 비용예산과 실제비용이 다음의 표에 나타나 있다.

〈표 15-2〉 평창주식회사의 비용예산과 실제비용

(단위: 백만원)

	1월	2월	3월	4월	5월	6월	계
직접비용예산	2,300	2,500	2,500	2,600	2,600	2,700	15,200
간접비용예산	200	200	200	300	300	300	1,500
총비용예산	2,500	2,700	2,700	2,900	2,900	3,000	16,700
실제직접비용	2,200	2,450	2,400	2,550	2,600	2,600	14,800
실제간접비용	210	220	190	890	750	320	2,580
실제총비용	2,410	2,670	2,590	3,440	3,350	2,920	17,380

(1) 다음의 차이를 계산하라: ① 직접비용 ② 간접비용 ③ 총비용

(2) (1)에서 계산된 차이를 분석하라.

해설

(1) (단위: 백만원)

	1월	2월	3월	4월	5월	6월	계
직접비용차이	100F	50F	100F	50F	0	100F	400F
간접비용차이	10A	20A	10F	590A	450A	20A	1,080A
총비용차이	90F	30F	110F	540A	450A	80F	680A

* F는 유리함, A는 불리함을 나타낸다.

(2) 6개월간 총비용차이는 6억8천만A이다. 이것은 실제 비용이 계획된 것보다 6억8천만원 더 크다는 것을 의미한다. 그러나 총비용차이는 직접비용차이와 간접비용차이에 의해 영향을 받는다. 이러한 요인을 살펴보면, 불리한 총비용차이의 이유가 분명해질 수

있다. 직접비용차이는 차이가 없는 5월을 제외하고 거의 유리하다. 이것은 실제의 직접비용이 계획된 것보다 더 작았다는 것을 의미한다. 이와 같은 유리한 차이는 상대적으로 낮은 재료비와 직접노무비 또는 생산효율성의 증가의 결과일 수 있다. 이러한 차이의 효과는 총비용을 줄여줄 것이다. 그러나 간접비용의 차이는 다른 결과를 나타낸다. 대부분의 달에서 간접비용의 차이는 약간 불리하다. 그러나 4월과 5월에 실제의 간접비용이 계획된 것보다 훨씬 더 높다. 이것의 주된 이유는 낡은 기계를 수선하는데 소요된 추가 수리비용 때문인 것이 거의 확실하다. 이러한 예상외의 매우 높은 간접비용이 없었다면, 총비용차이는 아마도 유리한 직접비용차이 덕분에 유리했을 것이다. 총비용차이의 전반적인 효과는 6개월간 이익을 6억8천만원만큼 줄이게 될 것이다.

사례 15-3

삼정주식회사는 한국에 있는 소매업자들에게 판매하는 다양한 수영복을 생산한다. 그 회사는 6개월 예산기간을 운영한다. 직접노무예산이 다음의 표에 나타나 있다. 2008년의 실제 수치가 또한 나타나 있다. 수영복은 계절적 수요제품일지라도 이 회사는 생산을 매우 지속적으로 하며 겨울에는 재고를 쌓아 놓는 것을 선호한다. 이것은 과거에 노사관계를 좋게 유지하는데 도움이 되었다.

〈표 15-3〉 2008년 삼정주식회사의 직접노무예산과 실제 수치

	1월		2월		3월		4월		5월		6월	
	B	A	B	A	B	A	B	A	B	A	B	A
노무(시간)	800	810	800	820	800	810	800	200	800	800	800	81
시간당 임금률(단위:천원)	5	5	5	5	5	5	5	5	5	5	5	5
직접노무비(단위:천원)	4천	4,050	4천	4,100	4천	4,050	4천	1,000	4천	4천	4천	4,050

B는 예산, A는 실제 값을 나타냄.

(1) 6개월 예산기간동안 다음을 계산하라: ① 시간당 임금률 차이
② 노동효율성 차이 ③ 직접노무비 차이

(2) 직접노무비 차이를 초래한 가능한 원인에 대해 설명하라.

해설

(1)

① 이 회사의 1월과 6월 사이 시간당 임금률 차이는 0이다. 이 이유는 시간당 임금률 예산(5천원)이 시간당 실제의 임금률(5천원)과 정확하게 동일하기 때문이다.

② 이 회사의 1월과 6월 사이 노동효율성 차이는 다음과 같다:

(시간당 임금률 단위: 천원)

1월	2월	3월	4월	5월	6월
(800–810)×5	(800–820)×5	(800–810)×5	(800–200)×5	(800–800)×5	(800–810)×5
50A	100A	50A	3,000F	0	50A

A는 불리함, F는 유리함을 나타낸다.

전체 예산기간동안 노동효율성 차이는 275만원(F)이다. 이것은 다음과 같이 계산된다:

300만원 – (5만원 + 10만원 + 5만원 + 5만원) = 275만원(F).

③ 직접노무비 차이는 임금률 차이와 노동효율성 차이에 의해 영향을 받는다. 이 사례에서 직접노무비 차이는 노동효율성 차이와 같다. 이 이유는 임금률 차이가 0이기 때문이다. 따라서 총 직접노무비 차이는 275만원(F)이다. 이것은 6개월간 실제의 직접임금액이 예상보다 작다는 것을 의미한다.

(2) ①에서 계산된 유리한 직접노무비 차이는 주로 4월의 근로시간 수의 급격한 하락의 결과이다. 4월 예산상의 근로시간 수는 800이었으나, 단지 200시간만이 사용되었다. 그러한 급격한 감소는 그 회사가 4월에 예상치 못한 사건을 경험했다는 것을 의미한다. 한 가지 가능한 설명은 어떤 이유로 파업이 있었다는 것이다. 파업중에는 직원들이 일하지 않으며 급여도 받지 못한다. 생산이 기계의 고장과 같은 기타 이유로 정지될 경우에는 직원들이 급여를 받을 것 같다. 또 다른 가능한 설명은 몇몇 직원들이 4월 한달 동안 해고되었으나 아직도 약간의 급여를 받았을 가능성이다.

사례 15-4

목동자동차 회사는 서울의 서부지역에 기반을 둔 대형차 딜러이다. 그 회사는 일본제 자동차를 판매한다. 그 회사는 매우 엄격한 예산시스템을 운용한다. 5명의 판매직원은 그들의 급여 일부를 예산성과와 연계되도록 했다. 다음의 표는 예산상의 가격과 실제 가격, 그리고 특정의 예산기간동안 판매된 차량수를 나타낸다.

〈표 15-4〉 목동자동차 회사의 예산상 가격과 실제가격, 그리고 차량매출액

	평균가격	수량	매출액
예산	950만원	250대	23억 75백만원
실제	932만5천원	269대	25억 842만 5천원

(1) 예산기간동안 다음을 계산하라: ① 매출마진가격 차이 ② 매출수량 차이 ③ 매출마진 차이

(2) ①에서 구한 차이의 가능한 원인에 대해 설명하라.

해설

(1)

① 매출마진가격 차이 = (실제가격 − 예산상 가격) × 실제매출수량
= (932만5천원 − 950만원) × 269대
= −17만 5천원 × 269대
= 4천7백 7만 5천원(A)

② 매출수량 차이 = (실제 매출수량 − 예산상 매출수량) × 예산상 가격
= (269 − 250) × 950만원
= 1억 8천 5십만원(F)

③ 매출마진 차이는 매출마진가격 차이와 매출수량 차이를 결합하여 계산될 수 있다. 따라서 이 회사의 매출마진 차이는 1억 3천 342만 5천원(F)이다. 이것은 (1억 8천 5십

만원 – 4천 7백 7만 5천원)에 의해 구해진다.

(2) 이 회사의 매출마진가격 차이는 4천7백 7만 5천원만큼 불리하다. 이것은 매출팀이 판매한 자동차의 평균가격이 예산상의 가격보다 더 낮다는 것을 의미한다. 이에는 여러 가지 이유가 있을 수 있다. 한 가지 이유는 시장이 매우 경쟁적이고 강력한 경쟁자가 자동차의 시장가격을 내렸기 때문이다. 또 다른 이유는 매출팀이 더 많은 자동차를 팔기 위해 보유자동차의 가격을 인하했기 때문이다. 이것은 예산과 연계된 성과급을 극대화시키기 위해 매출액을 증대시킬 목적으로 한 계산된 전략일 수가 있다.

이 회사의 매출수량 차이는 1억 8천 5십만원만큼은 유리한다. 이것에 대한 이유도 여러 가지가 있을 수 있다. 한 가지 이유는 판매된 자동차가 고객들에게 매우 매력적이었을 것이다. 또 다른 이유는 매출팀이 효과적인 광고홍보에 의해 지원받았을 것이다. 또한 그것은 매출팀이 시행한 가격인하의 결과일 수가 있다. 매출팀의 보수가 매출액과 연계되기 때문에 이것이 보다 더 가능성이 있는 시나리오일 것이다.

종합사례 15-5

갑돌이가 주인이며 창업한 명인.com은 지급결제, 서류배송, 그리고 계좌확인을 포함한 전자거래를 위한 소프트웨어를 개발한다. 여의도에 기반을 둔 이 회사는 1만개 이상의 기업고객과 전자자금이체분야에서 한국에서 상당한 비중을 차지한다. 이 회사의 소프트웨어는 모든 유형과 크기의 기업들에게 다양한 전자상거래 방법을 제공한다. 그 소프트웨어는 매일매일의 인력에 의한 영업과정의 시간과 비용을 축소시킴으로써 효율성을 개선시키도록 되어 있다. 제품의 종류로는:

- 지급결제방법-급여지급과 공급업자에 대한 물품대금지급과 같은 결제를 처리하기 위한 것.
- 전자적 데이타 교환-거래상대방들 간의 간소화된 소통을 위한 것임.
- 회수관리- 여러 가지 직불 및 신용카드 거래를 관리하기 위한 것임.
- 전자문서 배송-구매주문과 영수증과 같은 재무서류를 빠르고 효율적으로 배송하기 위한 것임.

갑돌이는 5년 전에 설립된 이후 회사를 성공적으로 성장시켜 왔다. 그는 회사의 재무관리를 책임지게 될 회계사를 고용한다. 그는 차이분석을 통해 수입, 비용, 그리고 이익을 모니터링한다. 이 회사의 몇 가지 재무정보가 다음의 표에 나와 있다.

〈표 15-5〉 명인.com의 재무정보

(단위: 백만원)

	2007년	2006년	2005년
예산상 수입	4,500	3,800	3,200
예산상 비용	3,900	3,350	2,800
예산상 이익	600	450	400
실제 수입	4,890	4,010	3,600
실제 비용	4,050	3,400	3,100
실제 이익	840	610	500

(1) 이 사례를 예로 사용하여 유리한 차이가 무엇을 의미하는 것인가를 설명하라.

(2) 이 회사의 연도별 수입, 비용, 그리고 이익 차이를 구하라.

(3) 모든 차이 중 이익 차이가 가장 중요한 이유는?

(4) (3)에서 구한 차이를 분석하라.

(5) 갑돌이는 해외시장에 진입하기 위해 자금조달을 목적으로 주식시장에 이 회사를 상장시킬 것을 희망한다. 이익 차이가 이러한 결정에 어떻게 영향을 줄 것인가?

(6) 재무관리의 수단으로서 이 회사가 예산을 활용하는 단점에 대해 설명하라.

해설

(1) 차이는 예산상의 값과 실제의 값 사이의 차이다. 이익에서 유리한 차이는 실제의 값이 예산상의 값보다 더 큰 경우이다. 이 사례에서 2007년의 이익차이는 2억 4천만원(F)이다. 이것은 그 해의 실제 이익이 예산상의 이익보다 2억 4천만원 더 많았다는 것을 의미한다.

(2) (단위: 백만원)

	2007년	2006년	2005년
수입차이 비용차이	390F 150A	210F 50A	400F 300A
이익차이	240F	160F	100F

(3) 이익 차이는 모든 차이 중 아마도 가장 중요한 차이이다. 이익은 기업의 핵심적인 성과지표이다. 기업소유주들, 경영자들, 그리고 다른 이해관계자들은 연말 기업이 창출한 이익에 관심이 매우 많다. 이익 차이는 그 해의 계획된 이익과 실제 이익간의 차이를 나타낸다. 이익 차이는 이익 예상치가 실현되었는가의 여부를 나타낼 것이다.

(4) 2005년 이익 차이는 1억원이었다. 그것은 유리한 차이이었고, 4억원의 유리한 수입차이에서 3억원의 불리한 비용차이를 차감하여 계산되었다. 이러한 편차는 사업의 증가 때문이었을 것이다. 이 회사는 주문의 증가를 경험했을 가능성이 있다. 이로 인해 매출이 증가하고 매출비용도 증가할 것이다. 이것은 유리한 수입차이와 불리한 비용차이를 설명할 것이다. 또 다른 가능성으로는 이 회사가 마케팅 지출을 증가시키기로 결정했다는 점이다. 그러한 마케팅 활동이 성공할 경우 매출이 증대할 것이다. 이것이 또한 두 가지 차이의 요인이 될 것이다.

2006년에는 이익 차이가 더 컸으며, 1억 6천만원으로 유리했다. 그러나 수입과 비용차이는 둘 모두 더 작았다. 비용차이는 5천만원(A)으로 하락했고, 수입 차이는 2억 1천만원(F)이었다. 수입차이는 예상매출보다 더 큰 매출에 의해 발생되었을 것이다. 생산량이 더 커지면 또한 불리한 비용차이가 예상될 것이다.

2007년에는 이익 차이가 2억 4천만원(F)으로 훨씬 더 높았다. 수입과 비용차이 모두 2006년보다 더 컸으나, 2005년만큼 크지는 않았다. 매출성장의 속도 때문에 이 회사의 회계사가 정확한 예산을 설정하는 것이 어려웠다. 그러나 가장 중요한 차이인 이익 차이가 유리하기 때문에 회사 주인들은 이 사례에서 차이에 낙담하지는 않을 것 같다.

(5) 명인.com은 성과가 매우 좋은 것처럼 보인다. 이익 차이는 그 회사가 2005년 이후 해마다 예상이익을 초과했다는 것을 보여 준다. 이익 차이가 해마다 유리했다. 2005년에 1억원 유리했고 2007년까지 그것은 2억 4천만원으로 증가했으며 유리했다. 주어진 표에 나타난 재무정보에 의하면, 이 회사는 이익을 4억원에서 6억원으로 증가시키려고 계획했었다. 그러나 이익은 실제로 5억원에서 8억 4천만원으로 증가했다. 그 회사의 영업성과는 매우 좋아 보이며, 또한 예상보다 이 회사는 더 잘하고 있다는 것이 분명하다. 이러한 재무정보는 이 회사를 주식시장에 상장시킬지의 여부를 결정할 때 갑돌이게 도움을 줄 것이다. 이와 같이 유리한 재무정보가 주어지면, 갑돌이는 회사를 상장시킬

때가 되었다고 결정할 수 있다. 이 회사는 주식시장에서 잘 받아들여질 것이다. 투자자들은 지속적으로 예상이익을 초과하는 회사에 관심을 가질 것이다. 이와 같은 이익 차이는 갑돌이로 하여금 성공적인 상장에 대해 더욱 더 자신감을 갖게 할 것이다.

(6) 예산의 활용이 한 기업의 재무자원을 관리할 때 매우 도움이 될지라도, 그것은 몇 가지 단점을 지니고 있다. 몇몇 기업에서는 직원들이 예산이 설정될 때 계획과정에서 제외된다. 직원들이 그 예산에 대해 잘 모른다면 그 예산을 활용하여 직원들에게 동기부여를 하는 것은 더 어려울 것이다. 예산은 경영자들에 의해 조작될 수도 있다. 예를 들어, 이 사례에서 회계사는 예산의 설정에 상당한 영향을 준다. 그 회계사는 달성하기가 쉬우며 이 회사를 성공한 것처럼 보이게 하도록 예산을 조정할 수 있다. 몇몇 경영자들은 너무 현재의 예산에만 중점을 둘 수도 있다. 그들은 단지 현재의 예산목표만을 달성하기 위해 기업의 미래성과를 해치는 조치를 취할 수도 있다. 이 사례에서 예를 들면, 현재의 예산시점에서 유리한 이익 차이를 달성하기 위해, 그 회계사는 기업의 다른 사람들로 하여금 고객서비스부문에 대한 직원충원을 줄이도록 독려할 수도 있다. 이것은 당장에는 비용을 줄일지라도 시간이 지나면 빈약한 서비스로 인하여 고객들의 이탈을 초래할 수도 있다. 따라서 기업의 장기적인 성과가 나빠질 것이다.

그러나 이 사례에서는 회사가 예산활용의 단점 때문에 고통을 받고 있다는 것을 암시하는 증거가 없다. 예를 들어, 이익 차이는 3년 연속 유리했고 실제 이익이 아직도 증가하고 있다. 단기주의에 집착한다는 증거도 없다. 직원들 간의 동기부여가 빈약하다는 증거도 없으며, 회계사가 예산을 조작한다는 증거도 없다. 회사의 재무관리가 정상적이고 예산활용의 문제점도 없었다는 결론을 이 사례에서 내릴 수 있을 것이다.

제5편 대차대조표와 활용

제16장
대차대조표

서 론

기업들이 사용하는 많은 성과지표들은 기본적으로 금액으로 측정된다. 매출액, 이익, 자본수익률, 운전자본 그리고 배당지급액과 같은 여러 가지의 성과지표들을 만들기 위해 적절한 재무자료를 수집하는 것이 필요하다. 기업들이 그러한 재무자료를 수집하는 한 가지 방법은 재무제표를 준비하는 것이다. 재무제표에는 대차대조표와 손익계산서가 있다.

주요 내용

1. 대차대조표
2. 기업의 성과 및 잠재력의 평가
3. 대차대조표를 이용한 성과평가의 한계점
   (1) 많은 자산의 가치가 실제의 매각금액과 차이: 예) 추정감가상각비의 차이
   (2) 무형자산이 포함되지 않는 경우
   (3) 특정시점의 대차대조표는 정태적임.

사례 16-1

강창기업은 달서구에 있는 노인 요양원이다. 그 요양원은 최대 22명의 노인을 수용할 수 있으며 그 지역에서 평판이 좋기 때문에 대기자명단을 가지고 있다. 그 요양원은 가족에 의해 운영되며 그 기업은 비상장주식회사이다. 이 회사의 대차대조표는 다음과 같다.

〈표 16-1〉 강창기업의 대차대조표(2008년 12월 31일 현재)

(단위: 천원)

고정자산	
부동산	1,200,000
고정물 및 반고정물	21,000
장비	16,000
	1,237,000
유동자산	
재고자산	2,300
매출채권	6,400
현금(은행)	31,000
	39,700
유동부채	
매입채무	4,500
기타부채	12,900
확정배당	5,400
	22,800
순유동자산	?
총자산-유동부채	1,253,900
장기부채	
주택담보대출	500,000
기타부채	22,000
	522,000
순자산	?
자본과 유보금	
주식자본	500,000
기타유보금	45,100
유보이익	?
	731,900

(1) 이 기업이 보유할 수 있는 다음에 대해 두 가지 예를 제시하라:
① 고정물과 반고정물 ② 매입채무

(2) 다음의 값을 구하여 위의 대차대조표를 완성하라:
① 순유동자산 ② 순자산 ③ 유보이익

(3) 순유동자산의 값이 대차대조표에서 왜 중요한 숫자인가?

해설

(1)

① 강창기업은 요양원이므로 고정물과 반고정물의 예로는 침대, 의자, 탁자와 소파, 장식품, 내장된 옷장, 커튼, 가벼운 반고정물, 카펫, 욕실과 부엌세트 그리고 라디에이터와 같이 요양원 방에 있는 가구일 수 있다.

② 매입채무는 공급업자에게 진 빚의 양이다. 이 사례에서 이 기업에 대한 공급업자로서는 요양원 음식공급업자, 연료공급업자, 물, 전기, 가스 등과 같은 공공물의 제공자, 그리고 고객운송과 같은 서비스 제공자들이다.

(2)

① 순유동자산 = 16,900천원

② 순자산 = 731,900천원

③ 유보이익 = 186,800천원

(3) 대차대조표의 순유동자산은 그 기업의 운전자본이다. 이 사례에서 운전자본은 16,900천원이다. 운전자본을 구하는 것은 중요하다. 운전자본은 매일매일의 기업의 청구서(bills)를 결제하는데 사용된다. 이 자본이 부족하면 기업은 핵심 공급업자들이나 직원들에 대해 중요한 지급을 하는데에도 어려워진다. 이 사례에서는 강창기업이 충분한 운전자본을 보유한 것처럼 보인다.

사례 16-2

갑순이는 개인사업가로서 부산에서 선물가게를 운영한다. 그녀는 당일여행객들과 기타 해변가지역의 방문객들에게 선물, 기념품, 그리고 새로운 제품을 판매한다. 갑순이는 최근 성공을 해왔으며 2008년 그녀의 대차대조표는 다음의 표에 나타나 있다.

〈표 16-2〉 갑순이의 대차대조표(2008년 7월 31일 현재)

(단위: 천원)

	2008년	2007년
고정자산		
고정물 및 반고정물	8,000	9,000
장비	3,000	3,500
차량	4,000	5,000
	15,000	17,500
유동자산		
재고자산	18,600	16,500
매출채권과 선급금	2,900	3,500
보유현금 및 은행예금	12,900	10,100
	34,400	30,100
유동부채		
매입채무	9,800	9,500
기타 유동부채	6,300	5,600
	16,100	15,100
운전자본	18,300	15,000
순자산	33,300	32,500
자금조달:		
기초자본	32,500	26,400
순이익	29,600	32,100
	62,100	58,500
− 인출액	28,800	26,000
기말자본	**33,300**	**32,500**

(1) 고정자산의 가치가 2008년에 왜 하락했는가를 설명하라.
(2) 2008년 기초자본은 어떻게 계산되는가?
(3) 2008년에 인출액이 왜 증가했다고 생각하는가?
(4) 갑순이 기업의 가치는 얼마인가?

해설

(1) 대부분의 고정자산의 가치는 시간에 따라 하락할 것이다. 이것은 감가상각 때문이다. 회계사들은 매년 감가상각충당금을 설정한다. 그들은 이 충당금을 추정하여 고정자산에 대한 새로운 가치를 구하기 위해 전년도의 고정자산가치에서 그 충당금을 차감한다. 이 사례에서 갑순이의 차량은 2007년 대차대조표에서 500만원으로 평가되었다. 2008년에 이것은 400만원으로 하락했다. 이것은 감가상각비가 100만원이었다는 것을 의미한다.

가끔 고정자산의 가치는 그 해에 일부의 고정자산이 매각된 경우에도 하락할 것이다. 그러나 이 사례에서는 갑순이가 어떠한 고정자산도 팔았다는 증거가 없다.

(2) 개인사업자 대차대조표에서 기초자본은 전년도의 기말자본과 동일하다. 이 사례에서 갑순이 기업의 기초자본은 2008년에 3,250만원이다. 이것은 2007년 기말자본의 금액인 3,250만원과 동일하다.

(3) 인출금액은 주인이 기업에서 가져간 돈의 양이다. 그 돈은 보통 개인적인 용도로 인출된다. 이 사례에서 갑순이는 인출액을 2007년 2,600만원에서 2008년 2,880만원으로 증가시켰다. 이에 대한 한 가지 가능한 이유는 갑순이의 생활비 및 기타 개인적인 비용이 2008년에 더 높았다는 것이다. 이것은 그녀가 기업에서 더 많은 돈을 가져갔다는 것을 의미한다. 이것은 비정상적인 행동은 아니다– 만약 그 기업이 성공하면 인출액은 시간에 따라 증가할 것이다.

(4) 대차대조표는 기업의 가치를 보여주는 데에 사용될 수 있다. 순자산이 한 기업의 가치를 대략적으로 나타내는 지표를 제공한다. 이 사례에서 부산에 있는 갑순이의 선물가게는 3,330만원의 가치를 갖는다. 이것은 2007년의 3,250만원에서 증가한 값이다. 그러나 대차대조표는 영업권과 같은 어떠한 무형자산도 나타내지 못한다. 만약 갑순이의 기업이 지속적으로 성공하면 영업권이 발생할 것이다. 이것은 순자산이 그 기업의 가치를 저평가 하게 만든다.

종합사례 16-3

용산목재주식회사는 목재상이다. 이 기업은 처음에 제조업자들에게 공급하는 목재상으로서 출발했다. 그러나 이 기업은 자신의 목재제품을 생산하여 기업을 확대시킬 수 있다는 것을 깨달았다. 이 기업의 주요 사업영역은 사각형 목재판, 받침대와 조경물을 생산하는 제조업이다. 이것은 현재 이 기업의 주요 사업영역이며 재고의 90%가 이 지역 현장에서 생산된다. 용산목재주식회사는 최근 사각형 목재판의 제조를 위한 목재판전문 생산시스템을 설치하였다. 이 기업이 성공적인 이유 중의 하나는 광범위의 재고를 보유하고 있기 때문이다. 다음의 표는 이 기업의 대차대조표를 나타낸다.

〈표 16-3〉 용산목재주식회사의 대차대조표 (2008년 12월 31일 현재)

(단위: 백만원)

	2008년	2007년
고정자산		
장비 및 기계	1,200	1,400
차량	340	310
	1,540	1,710
유동자산		
재고자산	230	160
매출채권	65	80
현금(은행)	180	100
	475	340
유동부채: 1년 이내에 만기가 되는 금액		
매입채무	120	105
미지급금	20	25
세금	100	80
	240	210
순유동자산	**235**	**130**
장기부채: 1년 이후에 만기가 되는 금액		
담보대출	500	500
순자산	**1,275**	**1,340**
자본과 유보금		
주식자본	200	200
기타유보금	115	540
유보이익	960	600
	1,275	1,340

(1) 용산목재주식회사와 같은 기업이 왜 대차대조표를 작성하는가?
(2) 이 사례의 예를 이용하여, 고정자산이 무엇인가를 설명하라.
(3) ① 유보이익, ② 차량이 2008년에 대차대조표에서 왜 증가했는가를 설명하라.
(4) 용산목재주식회사의 재무상황을 여러분은 어떻게 설명하겠는가?
(5) 용산목재주식회사의 주주들에게 이러한 대차대조표가 얼마나 유용한지를 설명하라.

해설

(1) 용산목재주식회사는 이 회사가 주식회사이므로 법에 의해 대차대조표를 작성해야만 한다. 모든 주식회사는 매년 회사등록기관에 대차대조표의 복사본을 제출해야 한다. 또한 대차대조표는 이해관계자들이 이 기업의 재무상태를 이해하는데 도움이 되도록하기 위해 작성될 수도 있다. 예를 들면, 대차대조표는 이 기업의 지불능력을 평가할 때 재무경영자들에 의해 사용될 수 있다.

(2) 고정자산은 기업이 보유한 중요한 자원이다. 그것은 1년 이상의 수명을 가지고 있는 자산이다. 그것은 이 기업이 존재하는 동안, 또는 그것이 더 이상 사용될 수 없을 때까지 반복해서 사용된다. 이 사례에서 대차대조표에 열거된 두 가지 고정자산이 있다. 가장 값진 것은 장비와 기계이다. 2008년 이것은 12억원으로 평가되었다. 용산목재주식회사는 전기톱, 연장, 그리고 컴퓨터와 같은 기계를 보유할 것이다. 이 회사는 최근 목재판의 제조를 위한 목재판전문 생산시스템을 설치하였다. 이 회사는 또한 차량을 보유한다. 이것은 대차대조표에 3억4천만원으로 평가되어 있다. 이것에는 임원들의 회사 차량과 배달을 위한 밴이나 대형트럭 등이 포함된다.

(3) ① 대차대조표에 의하면, 유보이익은 2007년 6억원에서 2008년 9억 6천만원으로 증가했다. 이 이유는 2007년에 유보된 이익이 2008년의 총유보이익에 가산되었기 때문이다. 이 회사는 2008년에 이익 중 3억 6천만원을 회사내부에 남겨 놓았다. 이 금액이 2007년 대차대조표의 유보이익에 가산되면 유보이익의 새로운 총액은 9억6천만원(=3억6천만원+6억원)이 된다. ② 대차대조표에서 차량의 가치가 2007년 3억1천만원에서 2008년 3억4천만원으로 증가했다. 대차대조표에서 고정자산의 가치는 보통 충당금이 감가상각을 위해 설정되기 때문에 매년 하락한다. 이 사례에서 그러한 충당금이

설정되었을 것이다. 그러나 차량의 가치는 새로운 차량이 구입되었기 때문에 증가했다. 더 새롭고 더 많은 비싼 차량이 진부한 것들을 대체하기 위해 구매되었거나 또는 더 많은 차량이 기존의 차량에 추가되었다.

(4) 대차대조표의 정보에 의하면 이 회사는 매우 건전한 재무상태에 있다. 첫째, 운전자본이 2007년 1억3천만원에서 2008년 2억3천5백만원으로 증가했다. 이것은 회사가 급박한 부채를 충족시키는데 가능한 많은 유동자원을 보유하고 있다는 것을 의미한다. 둘째, 현금잔고가 1억원에서 1억8천만원으로 증가했다. 이것은 상당한 폭의 증가율을 나타내며, 이 회사가 그 해에 상당한 현금을 창출했다는 것을 의미한다. 셋째, 이 회사는 이익 중 3억 6천만원을 내부유보할 수 있었다. 이것은 회사가 상당한 이익을 창출했고 목재판전문 생산시스템과 같은 새로운 기계의 구입처럼 미래의 투자를 위해 내부유보할 수 있었다. 넷째, 이 회사는 새로운 차량을 구입할 수 있었다. 이러한 새로운 고정자산의 구입은 추가적인 부채없이 이루어졌다. 담보대출은 5억원으로서 그대로이었고 유동부채의 양도 거의 변화가 없었다. 다섯째, 회사의 가치는 13억4천만원에서 12억7천5백만원으로 약간 감소했다. 그러나 이것을 초래할 수 있었던 부채의 증가는 없는 것처럼 보이므로 걱정할 것은 없다. 이 회사의 재무상태는 좋아 보인다.

(5) 대차대조표는 기업에게 상당한 유용성을 주며, 이 회사는 이러한 유용성에서 이득을 보았을 것이다. 일반적으로 그것은 모든 기업의 자산, 자본, 그리고 부채에 대한 요약과 가치를 제공한다. 더 세부적으로 보면, 첫째 대차대조표는 한 기업의 자산구조를 분석하는데 사용될 수 있다. 그것은 기업이 조달한 자금이 여러 유형의 자산에 어떻게 지출되었는가를 이해관계자들에게 보여줄 수 있다. 예를 들어, 이 회사 자본의 3/4 이상이 고정자산에 지출되었다. 이것은 고정자산이 한 기업에게 생산적인 자산이므로 매우 좋은 것이다. 둘째, 대차대조표는 한 기업의 자본구조를 분석하는 데에도 사용될 수 있다. 이 회사는 주주들의 자본, 유보이익, 그리고 장단기 부채와 같은 여러 가지 많은 원천으로부터 자금을 조달했다. 셋째, 대차대조표의 핵심적인 유용성 중의 하나는 그것이 운전자본을 보여준다는 것이다. 운전자본을 살펴보면, 한 기업이 매일매일의 비용을 지불할 수 있는지 또는 문제를 가질 것인지를 알 수 있다. 이것은 (4)에서 상세히 설명되어 있다. 넷째, 대차대조표는 기업가치에 대한 지표를 제공한다. 일반적으로 기업의 가치는 순자산의 가치로 표현된다. 이 사례에서 이 회사의 순자산은 2008년 12억7천5백만원이므로 이 회사는 주주들에게 10억원 이상의 가치가 있는 것이다.

다른 한편으로, 대차대조표에는 한계점도 있다. 첫째, 대차대조표에 열거된 많은 자산의 가치는 그 자산들이 실제 매각될 경우 기업이 받을 수 있는 금액을 나타내지 못할 수 있다. 예를 들어, 고정자산의 가치는 구입비용에서 감가상각비를 차감하여 기록된다.

그러나 감가상각비는 회계사에 의해 추정된다. 그 추정치가 부정확하다면 고정자산의 가치 또한 부정확할 것이다. 둘째, 많은 대차대조표는 무형자산을 포함시키지 못한다. 영업권, 브랜드 가치, 그리고 인력의 기술 등과 같은 자산은 그것들을 평가하기가 어렵거나 또는 그것들의 가치가 갑자기 변할 수 있기 때문에 제외될 수 있다. 그러한 자산이 제외되면, 그 기업의 가치는 저평가될 수 있다. 대차대조표는 정적인(static) 표이다. 대차대조표에 열거된 자산, 자본, 그리고 부채의 가치는 대부분 그 표가 발간된 날에만 유효하다. 하루의 영업일이 지나면 많은 수치들이 변할 것이다. 이것 때문에 대차대조표의 유용성에 한계가 있는 것이다. 셋째, 대차대조표에는 세부항목이 결여되어 있다고 주장할 수 있다. 많은 수치들이 총액을 나타내며, 상세하게 구분되어 있지 않다. 예를 들어, 2008년 기타 유보금의 가치는 1억1천5백만원이었다. 이 수치는 이 유보금의 성격에 대해 아무런 정보를 주지 못한다. 따라서 이해관계자들이 대차대조표를 사용할 때, 이러한 한계점들을 고려할 필요가 있다.

제17장 기업의 자산과 감가상각

서 론

자산은 기업이 사용하는 자원이다. 기업은 회사에 가치를 부가시키는 자산을 구입하기 위해 기업이 창출하는 자금을 사용한다. 대부분의 자산은 유형자산이며 생산에 사용된다. 그러나 회사의 가치를 부가시켜주는 자산으로서 무형자산도 있다.

대차대조표 기능 중의 하나는 기업의 모든 자산과 그들의 가치를 요약하여 제공해 준다. 자산의 가치는 취득원가에서 감가상각비를 차감한 값으로 평가된다.

주요 내용

1. 자산의 종류
   (1) 고정자산(비유동자산, 장기자산) (2) 유형자산 (3) 무형자산 (4) 금융자산
   (5) 유동자산(단기자산)
2. 유동성
3. 자산의 구조
4. 자산의 가치평가
5. 감가상각과 재무제표
6. 감가상각의 중요성
   (1) 정확한 회계장부 (2) 기업의 가치평가 (3) 수익과 비용의 매칭
   (4) 실제의 비용이 아닌 충당금(provision)

사례 17-1

이곡엔지니어링 주식회사는 고객들의 주문에 맞추어 납작하게 만든 금속부품(pressed metal components)의 하청 공급업자로서 1981년에 설립되었다. 이 회사는 철금속과 비철금속을 사용하여 사각형의 판이나 튜브 형태로 맞춤식 프레스 가공품을 생산한다. 이 회사는 또한 소조립부품, 즉석용접, 표면처리, 나사전조(thread rolling), 그리고 튜브절단과 같은 다양한 보조적인 공정을 제공한다.

2006년 1년 동안 이 회사는 현금흐름문제에 직면하기 시작했다. 너무 많은 자금이 재고자산에 묶여 있었고, 고객들은 너무 늦게 대금을 지급했다고 그 회사의 임원들은 느꼈다. 2007년 초에 재고 및 매출채권을 관리함으로써 현금흐름문제를 개선하기 위해 몇 가지 조치들이 취해졌다. 다음의 표는 2006년과 2007년 동안 이 회사의 유동자산을 나타낸다.

〈표 17-1〉 이곡엔지니어링 주식회사의 유동자산

(단위: 1,000원)

	2007년	2006년
유동자산		
원재료 재고	134,000	135,600
재공품 재고	321,900	342,600
완제품 재고	238,900	243,100
매출채권	289,600	438,000
선급금	34,000	36,400
보유현금 및 은행예금	187,600	2,900
	1,206,000	**1,198,600**

(1) 유동자산이 무엇인가를 설명하라.

(2) 이 회사는 2007년에 현금흐름을 어느 정도 개선했는가?

해설

(1) 1년 이내에 현금화될 수 있는 단기자산을 유동자산이라 부른다. 〈표〉는 이곡엔지니어링 주식회사의 유동자산을 나타낸다. 이 회사는 원재료와 완제품 재고를 보유하고 있다. 재고자산은 유동자산으로 구분되는데, 그 이유는 이 회사가 재고자산을 1년 이내에 현금화하기를 원하기 때문이다. 재공품도 재고자산으로 구분된다. 그것은 부분적으로 완성된 재화, 예를 들어, 부분적으로 완성된 부품이나 가공품(pressings)을 말한다. 이 기업은 재공품도 일년 이내에 현금화하기를 희망할 것이다.

또한 이 회사는 매출채권을 보유하고 있다. 이것은 외상으로 재화를 구입한 고객의 채무금액이다. 선지급금은 매출채권과 관련되어 있다. 선지급금은 미리 지급된 보험료, 임차료 또는 불변의 기업비용 등이 합쳐진 금액이다. 이미 지불되었으나 아직 완전하게 받지 않은 어떠한 서비스도 회계연도 말 대차대조표에 선지급금으로 기록된다. 마지막으로 이 회사는 보유현금과 은행예금을 보유하고 있다. 현금은 가장 유동성이 큰 자산이다.

(2) 2006년 1년 동안 이 회사는 현금흐름의 어려움에 직면했다. 〈표〉는 이에 대한 일부의 증거를 보여준다. 2006년에 이 회사는 단지 290만원의 현금을 보유하고 있었다. 거대한 유동자산의 대부분은 재고자산과 매출채권에 묶여 있었다. 2007년 초에 재고자산과 매출채권을 관리함으로써 몇 가지 조치가 취해졌다. 이러한 조치들이 효과를 본 것처럼 보인다. 이 기업이 보유한 현금의 양은 2007년에 1억8천760만원으로 증가했다. 이것은 매우 큰 개선이다. 많은 개선은 매출채권의 감소에서 기인한다. 매출채권은 4억3천8백만원에서 2억8천960만원으로 감소하였다. 재고자산도 감소되었으나 매출채권과 같은 규모는 아니었다. 예를 들면, 원재료 재고는 1억3천560만원에서 1억 3천4백만원으로 단지 160만원 감소했다. 추가적으로 재고를 줄이면 현금흐름이 훨씬 더 개선될 수 있을 것이다.

사례 17-2

달서 주식회사는 갑돌이와 그의 동업자인 갑순이가 소유하는 작은 운송회사이다. 이 회사는 수원에 작은 사무실을 가지고 있으며, 그 지역주변에 있는 농부들에게 운송서비스를 제공한다. 이 회사는 다양한 농산품 수송을 위해 트럭 2대와

3대의 전문트레일러를 소유하고 있다. 또한 이 회사는 기사 한명을 더 고용하고 있다.

강창마켓은 서울에 기반을 둔 전기제품 할인마켓이다. 이 가게는 3명의 직원을 고용하고 있으며 HD TV, 사운드시스템, 컴퓨터와 백색가전제품 등 매우 광범위한 전기제품을 재고로 보유하고 있다. 다음은 두 기업의 자산구조를 나타낸다.

〈표 17-2〉 달서주식회사와 강창마켓의 자산구조

〈달서주식회사〉 총자산: 7,900만원

(단위: 만원)

현금	300
매출채권과 선급금	1,200
재고자산	100
장착물과 부속품	200
공장, 기계 및 장비	5,500
기타 고정자산	600

〈강창마켓〉 총자산: 9,700만원

(단위: 민원)

현금	1,800
매출채권과 선급금	200
재고자산	5,800
장착물과 부속품	1,200
공장, 기계 및 장비	200
기타 고정자산	500

(1) 두 회사의 자산구조에 대한 차이를 설명하라.

(2) 두 회사 중 어느 회사가 더 큰 감가상각비를 일으키는가를 설명하라.

해설

(1) 달서주식회사는 강창마켓에 비해 훨씬 더 큰 비중의 자본을 공장, 기계 및 장비에 묶어 놓고 있다. 달서주식회사는 두 대의 트레일러트럭과 소수의 특수트레일러를 보유하고 있다. 이로 인하여 5,500만원의 자본이 이러한 종류의 자산에 묶여 있게 될 것이다. 이와는 대조적으로 강창마켓은 공장, 기계와 장비, 그리고 약간의 컴퓨터장비와 전자계산대 등 단지 200만원의 자본을 보유하고 있다. 강창마켓의 경우에는 더 많은 자금이 장착물(fixtures)과 부속품(fittings)에 투자되어 있다. 예를 들어, 강창마켓은 선반세트와 진열세트(shelving and display units)로 갖추어져 있다. 반면, 달서주식회사는 사무용 가구를 설치할 수 있는 정도의 작은 사무실을 보유하고 있다. 그리고 두 기업의 경우에 모두 약간의 자금이 기타 고정자산에 묶여 있다. 그러나 이들이 무엇인지에 대한 상세한 내용은 없다.

강창마켓의 경우 달서주식회사에 비해 훨씬 더 많은 자금이 유동자산에 묶여 있다. 예를 들어, 강창마켓의 재고자산은 5,800만원인데 비해 달서주식회사의 재고자산은 단지 100만원에 불과하다. 그 이유는 강창마켓이 전기제품가게이므로 당연히 판매를 위해 상당한 양의 전기제품 재고를 보유하기 때문인 것으로 예상된다. 반면, 달서주식회사의 재고자산은 연료재고정도일 것이다. 달서주식회사는 훨씬 더 많은 양의 매출채권을 보유하고 있다. 그 이유는 아마도 달서주식회사가 고객들에게 외상판매를 하는 반면, 강창마켓은 대부분의 고객들이 현금으로 구매하는 대형할인마켓이기 때문이다. 마지막으로 강창마켓은 달서주식회사보다 더 많은 현금을 보유하고 있다. 이에 대한 주요 이유는 강창마켓의 고객들은 현금으로 지급하는 반면, 달서주식회사는 외상으로 판매하여 더 많은 자금이 매출채권에 묶여 있기 때문이다.

(2) 감가상각이란 고정자산을 소비 또는 사용하는 것을 말한다. 기업들은 그들의 회계장부에 매년 감가상각충당금을 설정한다. 감가상각은 기업의 비용으로 처리된다. 이 사례에서 달서주식회사는 감가상각을 위해 가장 큰 비용을 설정할 것이다. 그 이유는 달서주식회사가 강창마켓보다 더 많은 고정자산을 보유하고 있기 때문이다.

종합사례 17-3

〈도미노 피자〉

도미노피자그룹(주)은 도미노피자영국과 아일랜드 상장회사의 자회사이며 그 회사가 전체지분을 소유하고 있고, 영국, 스코틀랜드, 웨일즈 그리고 아일랜드의 도미노피자가게를 소유하고, 영업하며, 그리고 가맹점영업권을 팔 수 있는 체인점본부면허를 가지고 있다. 1960년 미국에서 설립된 도미노피자(주)는 신선하게 만들어져 집까지 배달되는 고품질 피자의 세계적 리더로 인식되고 있다. 최초의 영국가게는 1985년에 개설되었으며 현재 도미노피자그룹(주)은 영국과 아일랜드에서 451개의 가게를 운영하고 있다.

2006년은 도미노피자회사에 기록적인 해였다. 가게매출, 가게 수 그리고 전자상거래 모두 기록적인 수준에 도달했다. 가게매출은 19.7% 증가하여 240.1백만파운드에 달했고, 46개의 새로운 가게가 설립되었으며, 그리고 전자상거래 매출도 43.8% 증가하여 20.1백만파운드에 달했다.

도미노의 지속적인 성공에 대한 이유의 한 가지는 배달시간(out-the-door time)을 줄이는 데 선념했기 때문이다. 배달시간은 피자주문이 주문을 받은 후 가게를 떠나는 데 소요되는 시간이다. 도미노회사는 그들의 가게에서 피자제조 및 굽기과정의 실제적인 평균속도를 제공한다. 이러한 방식을 사용함으로써 그 회사는 15분 이내에 가게를 떠나는 주문의 수를 34%나 개선시킬 수 있었다. 실제시간 화면에는 개별가게뿐만 아니라 전국가게의 평균시간도 나타난다. 이것은 각 가게에 경쟁정신을 도입시켜 효율성을 개선하는데 도움을 주었다. 다음의 표는 도미노피자 회사의 고정자산과 감가상각에 대한 몇 가지 정보를 보여준다.

〈표 17-3〉 2006년 도미노피자회사의 고정자산과 감가상각비

(단위: 천 파운드)

	자유보유권 토지와 빌딩	임차권건물 개선	장비	총계
비용:				
2006.1.1 현재	8,245	1,315	9,655	19,215
추가	38	311	1,945	2,294
처분		(206)	(317)	(523)
2006.12.31 현재	**8,283**	**1,420**	**11,283**	**20,986**
감가상각:				
2006.1.1 현재	648	116	4,858	5,622
연중추가액	124	170	1,377	1,671
처분		(5)	(82)	(87)
2006.12.31 현재	**773**	**281**	**6,153**	**7,206**
순장부가치				
2006.12.31 현재	**7,511**	**1,139**	**5,130**	**13,780**

출처: 도미노피자의 연차보고서 및 재무제표

(1) 이 사례에서 "전체지분을 소유한 자회사"의 의미는 무엇인가?

(2) 이 사례의 예를 사용하여, 유형자산이 무엇인가를 설명하라.

(3) 2006년 1,945,000파운드의 장비에 얼마가 추가되었는가?

(4) 비유동자산의 순장부가치(13,780,000파운드)는 어떻게 계산되는가를 설명하라.

(5) ① 기업들은 왜 감가상각비를 설정하는가? ② 도미노의 비유동자산이 감가상각되도록 하는 것은 무엇인가?

(6) 2006년 재무상태표에서 보여진 바와 같이 도미노그룹은 773,000파운드의 영업권을 소유하고 있다. 미래 도미노그룹 영업권의 순장부가치는 어떻게 되겠는가?

해설

(1) (주)도미노피자그룹은 도미노피자영국과 아일랜드 상장회사의 자회사이며 그 회사가 전체지분을 소유하고 있고, 영국, 스코틀랜드, 웨일즈 그리고 아일랜드의 도미노피자가게를 소유하고, 영업하며, 그리고 가맹점영업권을 팔 수 있는 체인점본부면허를 가지고 있다. 자회사는 또 다른 기업에 의해 소유되고 있는 기업이다. 소유주가 최소한 50%의 지분을 소유하고 있을 경우 그러한 기업은 자회사로 불린다. 이 사례에서 (주)도미노피자그룹은 100%의 지분이 도미노피자영국과 아일랜드 상장회사에 의해 소유되고 있다는 것을 의미하는 자회사이다.

(2) 유형자산은 기업의 물적자산이다. 그것들은 만져질 수 있다. 가장 장기의 또는 유동성이 가장 작은 이들 자산은 재무상태표의 비유동자산 중 맨 위에 나타난다. 이 사례에서 도미노피자는 세 가지 범주의 비유동자산을 가지고 있다. 〈표〉에 의하면, 2006년 말 현재 도미노의 비유동자산 가치는 13,780,000파운드이다. 이러한 총액에는 자유보유권토지와 빌딩, 임차권건물 개선, 그리고 장비가 포함되어 있다. 이러한 자산들은 도미노피자에 가장 생산적인 자산이며 장기간 동안 반복해서 사용될 것이다.

(3) 2006년 중 도미노는 1,945,000파운드의 장비를 구입했다. 이것은 그 해에 도미노가 46개의 새로운 가게를 열었기 때문에 예상되었다. 이러한 새 가게들은 오븐, 부엌장비, 상품진열대, 전자계산대와 같은 새로운 장비를 필요로 할 것이다. 또한 도미노의 많은 기존 가게를 위해서도 새로운 장비–예를 들어 진부한 장비를 대체하기 위해서–가 구입되었을 것이다.

(4) 비유동자산은 재무상태표의 순장부가치로 표시된다. 순장부가치는 과거원가에서 감가상각비를 차감한 것이다. 2006년 초에 도미노 비유동자산의 과거원가는 19,215,000파운드이었다. 연중 도미노는 2,294,000파운드의 비유동자산을 더 구입했다. 그러나 같은 기간동안 그 회사는 523,000파운드의 자산을 매각했다. 이것은 도미노의 모든 비유동자산의 과거원가가 20,986,000파운드이었다는 것을 의미한다. 순장부가치를 구하기 위해 감가상각비를 차감하는 것이 필요하다. 2006년의 감가상각비는 1,671,000파운드이었다. 이것은 누적 감가상각비(5,622,000파운드)에 더해져 총 7,206,000파운드에 달한다(처분된 비유동자산의 감가상각비 –87,000파운드를 조정했다는 것을 주목하라). 이러한 감가상각비 총액은 순장부가치(13,780,000파운드)를 구하기 위해 과거원가에서 차감된다

(13,780,000파운드 = 20,986,000파운드 – 7,206,000파운드).

(5) ① 비유동자산은 장기간 동안 반복해서 사용된다. 예를 들어, 오븐은 피자를 굽기 위해 여러 해 동안 사용될 수 있다. 오븐과 같은 비유동자산은 작동기간 동안 소비되어 그들의 가치가 "소모된다". 비유동자산의 소비 또는 유용한 경제적 수명의 감소를 측정하는 이러한 값은 감가상각비로 알려져 있다. 회계사들은 이것을 인식하여 재무제표에 감가상각 충당금을 설정한다. 그들은 그 해의 감가상각비를 추정하여 그것을 손익계산서에서 비용으로 처리한다. 예를 들어, 2006년 도미노의 감가상각비는 1,671,000파운드이었다. 회계사들이 감가상각비를 인식하지 않는다면 그 해의 손익계산서는 과대평가될 것이다.

② 도미노의 비유동자산은 여러 이유로 감가상각될 수 있다. 첫째, 기계, 연장 및 장비 모두가 그것들이 사용될 때 마모(wear and tear)되게 된다. 그것들은 가치저하가 되어 가끔 작동이나 효과에 영향을 줄 수 있다. 둘째, 기술변화로 인하여 그것들은 대체되어야만 할 수도 있을 것이다. 기술의 변화때문에 자산은 종종 구식이 될 수 있다. 컴퓨터와 같은 기계가 아직 작동할 지라도 새로운 컴퓨터가 더욱 더 효율적이어서 기존의 컴퓨터는 사용될 수 없다. 거의 사용될 수 없거나 부실하게 관리되는 자본재는 빠르게 감가상각될 수 있다. 기계의 수명은 그 기계가 잘 관리되면 연장될 수 있다. 셋째, 시간의 경과도 감가상각을 초래할 수 있다. 예를 들어, 어떤 자산이 임대될 경우 구매자는 일정기간 동안 그 자산을 사용할 수 있다. 만기일이 가까워짐에 따라 그 임대차계약(lease)은 점점 가치없게 된다.

(6) 2006년 재무상태표에 나타난 바와 같이 도미노그룹은 773,000파운드의 영업권을 가지고 있다. 영업권은 무형자산이다. 여러 해의 영업에 의해 도미노피자와 같은 기업들은 영업권을 축적한다. 그들은 좋은 평판을 얻었을 수 있는데, 그것은 고객들이 기업의 서비스를 사용하거나 또는 기업들의 제품을 구매할 것이라는 것을 의미한다. 영업권은 재무상태표에 나타날 수 있다. 그것이 재무상태표에 나타나지 않는다면 기업의 가치가 과소평가될 것이다. 회계사의 관점에서 보면, 영업권은 기업의 구매가격이 순자산(=총자산–총부채)을 초과하는 금액과 같다. 회계사들은 재무상태표의 영업권을 추정해야만 한다. 그것 또한 일정기간 동안에 걸쳐 감모상각된다. 영업권의 감모상각은 영업권의 가치가 시간이 지남에 따라 하락한다는 것을 의미한다.

반면, 기업이 성장할 경우 영업권은 커질 것이다. 따라서 영업권의 가치는 시간이 지나면서 증가할 것이다. 도미노 영업권의 가치가 미래에 상승할 것인지 하락할 것인지의 여부는 그것이 감모되는 비율과 그 회사가 얼마나 빨리 성장하는가에 달려 있다. 도미노피자가 성장해서 지속적으로 좋은 평판을 축적한다면 영업권은 감모되는 이상으로 더 빠르게 증가 할 수도 있다

제18장

감가상각비와 재고가치의 계산

서 론

감가상각비를 계산하는 방법으로는 여러 가지가 있다. 대표적으로 정액법과 정률법 등이 있다. 각 방법은 각각 장점을 가지고 있으며 회계사들은 그들이 선호하는 방법을 선택한다.

주요 내용

1. 정액법
2. 정률법
3. 자산의 중도매각시 장부가치는 정확한 가치를 반영 못함
4. 재고자산의 가치평가방법
   (1) 선입선출법(FIFO) (2) 후입선출법(LIFO) (3) 평균비용법

사 례 18-1

성서 바퀴제조회사는 현재 20억원이 소요되는 자동식(robotic) 페인트공장을 건설하고 있다. 그 투자는 세계적인 합금바퀴에 대한 점증하는 수요를 충족시키기 위해 필요하다. 이 회사는 또한 부지를 더욱 더 개발하고 그 부지에 인접한

공장을 구입하는데 5억원을 지출한다. 이 회사는 계속 대량의 운반차량에 투자하고 있다. 올해 이 회사는 새로운 차량에 6천만원을 지출할 것이다.

이 회사는 다음과 같이 추정되는 적정의 경제적 수명동안 정액법으로 자산을 감가상각하는 정책을 갖는다.

- 자체투자 부동산 -50년
- 공장 및 기계 -10년
- 차량 -3년

위에 열거한 세 가지 자산의 각각에 대한 지출은 2008년 12월 31일 현재 대차대조표에서 순전히 과거원가로 기록된다.

(1) 다음의 자산에 대해 첫 해의 감가상각비를 계산하라: ① 자체투자 부동산 ② 자동식 페인트공장 ③ 차량 ④ 이 세 가지 자산의 합계.

(2) 2009년 12월 31일 현재 각 자산의 장부가치는 얼마인가?

(3) 4년이 지난 2012년 12월 31일 현재 각 자산의 순장부가치는 얼마인가?

해설

(1) ① 1천만원: 자체투자 부동산의 최초 비용은 5억원. 수명은 50년.
첫 해의 감가상각비는 5억원/50년 = 연 1천만원
② 2억원: 페인트 공장의 최초 비용 20억원. 수명은 10년.
첫 해의 감가상각비는 20억원/10년 = 연 2억원
③ 2천만원: 차량의 최초 비용 = 6천만원. 수명은 3년.
첫 해의 감가상각비는 6천만원/3년 = 연 2천만원
④ 2억3천만원(=1천만원 + 2억원 + 2천만원)

(2)
자체투자 부동산의 가치 = 5억원 – 1천만원 = 4억9천만원
페인트공장의 가치 = 20억원 – 2억원 = 18억원
차량의 가치 = 6천만원 – 2천만원 = 4천만원

(3) (단위: 원)

	자체투자 부동산		페인트 공장		차량	
	감가상각비	순장부가	감가상각비	순장부가	감가상각비	순장부가
구입시		5억		20억		6천만
첫해 후	1천만	4억9천만	2억	18억	2천만	4천만
둘째해 후	1천만	4억8천만	2억	16억	2천만	2천만
셋째해 후	1천만	4억7천만	2억	14억	2천만	0
넷째해 후	1천만	**4억6천만**	2억	**12억**		

사례 18-2

레이저 종로는 서울에 근거지를 둔 레이저 절단회사로서 하청업체이다. 이 회사는 첨단공장에서 제조업의 광범위한 용도를 위해 재료를 레이저절단한다. 경쟁력을 유지하기 위해 이 회사는 지속적으로 최근의 기술에 투자한다. 2년 전 이 회사는 5억원을 들여 절단기계를 구입했다. 이번 달 이 회사는 6억원짜리 기계를 전달받을 것이다. 바로 1년 전에 이 회사는 8억원짜리 자체투자한 새로운 건물로 이사했다.

이 회사는 다음과 같이 추정된 적정 경제적 수명동안 체감잔액감가상각기준으로 자산을 감가상각하는 정책을 갖고 있다.

- 자체투자 부동산 - 연 5%
- 공장 및 기계 - 연 20%

(1) 주어진 자료정보에 기초하여 다음의 표를 완성하라.

〈표 18-1〉 레이저 종로의 감가상각

(단위: 원)

연도	절단기계		자체투자부동산		절단기계	
	감가상각비	순장부가치	감가상각비	순장부가치	감가상각비	순장부가치
2008	0	5억	0	0	0	0
2009	1억	4억	0	8억	0	0
2010					0	6억
2011						
2012						
2013						

해설

(1)

연도	절단기계		자체투자부동산		절단기계	
	감가상각비	순장부가치	감가상각비	순장부가치	감가상각비	순장부가치
2008	0	5억	0	0	0	0
2009	1억	4억	0	8억	0	0
2010	8천만	3억2천만	4천만	7억6천만	0	6억
2011	6,400만	2억5,600만	3천800만	7억2,200만	1억2천만	4억8천만
2012	5천120만	2억480만	3천610만	6억8,590만	9천600만	3억8,400만
2013	4천96만	1억6,384만	3천429.5만	6억5,160.5만	7천680만	3억720만

사례 18-3

영업기간동안 어느 회사의 재고거래가 다음과 같이 기록되었다:

2008년 7월 1일 50단위가 단위당 2,000원에 구입되었다.

2008년 8월 3일 100단위가 단위당 2,200원에 구입되었다.

2008년 8월 19일 100단위가 방출되었다.

2008년 9월 23일 200단위가 단위당 2,300원에 구입되었다.
2008년 9월 25일 150단위가 방출되었다.

(1) 기초재고가 0이라고 가정하고, 다음의 방법을 사용하여 기말재고의 가치를 구하라: ① 선입선출법 ② 후입선출법 ③ 평균비용법
(2) 위의 거래에 제시된 재고가 잘 상하는 것이라면, 세 가지 방법 중 어느 방법이 재고를 물리적으로 처리하는데 가장 적합한가? 그 이유를 설명하라.
(3) 후입선출법은 기업이 가장 사용하지 않는 방법이라고 생각하는 이유는?

해설

(1) ① 선입선출법

날짜	재고입고와 가격	재고방출과 가격	재고의 가치 재고물건	총계
08.7.01.	50@2,000원		(50@2,000원=10만원)	10만원
08.8.03	100@2,200원		(50@2,000원=10만원) (100@2,200원=22만원)	32만원
08.8.19		50@2,000원 50@2,200원	(50@2,200원=11만원)	11만원
08.9.23	200@2,300원		(50@2,200원=11만원) (200@2,300원=46만원)	57만원
08.9.25		50@2,200원 100@2,300원	(100@2,300원=23만원)	23만원

따라서 선입선출법을 사용하면 기말재고의 가치는 23만원이 된다.

② 후입선출법

날짜	재고입고와 가격	재고방출과 가격	재고의 가치 재고물건	총계
08.7.01	50@2,000원		(50@2,000원=10만원)	10만원
08.8.03	100@2,200원		(50@2,000원=10만원) (100@2,200원=22만원)	32만원
08.8.19		100@2,200원	(50@2,000원=10만원)	10만원
08.9.23	200@2,300원		(50@2,000원=10만원) (200@2,300원=46만원)	56만원
08.9.25		150@2,300원	(50@2,000원=10만원) (50@2,300원=11.5만원)	21.5만원

따라서 후입선출법을 사용하면 기말재고의 가치는 21만 5천원이 된다.

③ 평균비용법

날짜	재고입고와 가격	재고방출과 가격	재고의 가치 재고물건	총계
08.7.01	50@2,000원	2,000원	(50@2,000원=10만원)	10만원
08.8.03	100@2,200원	2,130원	(150@2,130원=31.95만원)	31.95만원
08.8.19		100@2,130원	(50@2,130원=10.65만원)	10.65만원
08.9.23	200@2,300원	2,266원	(250@2,266원=56.65만원)	56.65만원
08.9.25		150@2,266원	(100@2,266원=22.66만원)	22.66만원

따라서 평균비용법을 사용하면 기말재고의 가치는 22만6,600원이 된다.

(2) 위의 거래에서 재고가 상하기 쉬운 것이라면, 그 기업은 재고를 평가할 때 선입선출법을 사용해야 한다. 그 이유는 상하기 쉬운 재고는 값이 빨리 떨어지므로 기업은 재고물건이 상하기 전에 가장 오래된 재고를 항상 먼저 평가해야 한다. 선입선출법에 의하면 기업은 가장 먼저 구입한 재고를 방출하므로, 가장 오래된 재고가 먼저 방출되었다는 것을 선입선출법이 말해 준다.

(3) 실제로 재고를 평가할 때 기업들이 선호하는 방법은 선입선출법이다. 이 방법에 의하면, 방출된 모든 재고의 가격은 상대적으로 먼저 입고된 재고의 비용으로 평가되는 반면, 나머지 모든 재고의 가치는 훨씬 더 대체비용에 가깝게 평가된다. 후입선출법은 기업이 가장 선호하지 않는 방법인데, 그 이유는 후입선출법이 현재의 재고를 과거의 가격으로 평가하기 때문이다. 재고의 대체비용은 현재의 재고가 평가되는 가격과 완전히 다를 수도 있다. 또한 실제로 (2)에서 설명된 이유 때문에 재고는 선입선출법을 사용하여 평가되는 것이 더 낫다.

종 합 사 례 18-4

갑돌이는 달서구에서 용산주유소를 운영한다. 대부분의 수입은 휘발유의 판매에서 발생된다. 차고에서는 또한 간단한 자동차 수리도 수행된다. 2008년 7월 휘발유 재고량의 추이가 다음의 표에 나타나 있다.

〈표 18-2〉 휘발유 재고량의 추이-2008년 7월

날짜	구입량(리터)	사용된 재고량(리터)
08.7.04	400,000@1,000원	
08.7.07		350,000
08.7.07	400,000@1,000원	
08.7.12		410,000
08.7.14	400,000@1,000원	
08.7.18		360,000
08.7.19	400,000@1,050원	
08.7.23		460,000
08.7.24	400,000@1,050원	
08.7.28		410,000

2008년에 갑돌이는 영업을 위해 새 견인차를 구입했다. 그 차의 가격은 3천만원이었고 적정 수명은 10년으로 예상되었다. 10년째 말에 그 차의 잔존가치는 4백만원으로 평가되었다.

(1) 선입선출법을 사용하여 2008년 7월말 기말재고의 가치를 계산하라.

(2) 2008년 7월 휘발유의 판매액이 21억3천3백만원이라고 가정하여 그 달의 매출총이익을 계산하라.

* 매출총이익=매출액-매출원가. 매출원가는 기초재고, 기말재고, 그리고 구입액을 사용하여 계산된다. 그달의 기초재고는 0이라고 가정한다.

(3) ① 후입선출법을 사용하여 기말재고의 가치를 계산하라.

② 7월말 매출총이익에 대한 영향을 보여 주어라.

(4) 감가상각의 정액법을 사용하여 다음을 계산하라:

① 견인차에 대한 연 감가상각충당금

② 매 연도말 견인차의 장부가치

(5) 갑돌이가 6년째 말에 견인차를 1,200만원에 팔았다면 매각처분에 대한 이득 또는 손실은 얼마인가?

해설

(1)

날짜	구입재고와 가격	방출재고와 가격	재고가치평가 재고물량	총계
08.7.04	400,000@1,000원		400,000×1,000원=4억원	4억원
08.7.07		350,000@1,000원	50,000×1,000원=5천만원	5천만원
08.7.07	400,000@1,000원		450,000×1,000원=45천만원	45천만원
08.7.12		410,000@1,000원	40,000×1,000원=4천만원	4천만원
08.7.14	400,000@1,000원		440,000×1,000원=44천만원	44천만원
08.7.18		360,000@1,000원	80,000×1,000원=8천만원	8천만원
08.7.19	400,000@1,050원		80,000×1,000원=8천만원 400,000×1,050원=42천만원	5억원
08.7.23		80,000@1,000원 380,000@1,050원	20,000×1,050원=2.1천만원	2.1천만원
08.7.24	400,000@1,050원		420,000×1,050원=44.1천만원	44.1천만원
08.7.28		410,000@1,050원	10,000×1,050원=1.05천만원	1.05천만원

(2)

매출액			21억3,300만원
매출원가	기초재고	0원	
	구입액	20억4천만원	
		20억4천만원	
(−)	기말재고	1천5십만원	
		20억2,950만원	
매출총이익			1억 350만원

구입액은 400,000×1,000원 + 400,000×1,000원+400,000×1,000원 + 400,000×1,050원 + 400,000×1,050원 = 20억4천만원.

(3)

①

날짜	구입재고와 가격	방출재고와 가격	재고가치평가 재고물량	총계
08.7.04	400,000@1,000원		400,000×1,000원=4억원	4억원
08.7.07		350,000@1,000원	50,000×1,000원=5천만원	5천만원
08.7.07	400,000@1,000원		450,000×1,000원=45천만원	45천만원
08.7.12		410,000@1,000원	40,000×1,000원=4천만원	4천만원
08.7.14	400,000@1,000원		440,000×1,000원=44천만원	44천만원
08.7.18		360,000@1,000원	80,000×1,000원=8천만원	8천만원
08.7.19	400,000@1,050원		80,000×1,000원=8천만원 400,000×1,050원=42천만원	5억원
08.7.23		60,000@1,000원 400,000@1,050원	20,000×1,000원=2천만원	2천만원
08.7.24	400,000@1,050원		20,000×1,000원=2천만원 400,000×1,050원=42천만원	44천만원
08.7.28		400,000@1,050원 10,000@1,000원	10,000×1,000원=1천만원	1천만원

②

매출액			21억3,300만원
매출원가	기초재고	0원	
	구입액	20억4천만원	
		20억4천만원	
(–)	기말재고	1천만원	
		20억3천만원	
매출총이익			1억300만원

(4)

① 연 감가상각금액 = (구입비용 – 잔존가치)/예상수명
= (3천만원 – 4백만원)/10년
= 260만원

② (단위: 만원)

연도	감가상각충당금	장부가치
1	260	2,740
2	260	2,480
3	260	2,220
4	260	1,960
5	260	1,700
6	260	1,440
7	260	1,180
8	260	920
9	260	660
10	260	400

(5) 견인차가 6년째 말에 1,200만원에 매각된다면 갑돌이는 240만원의 처분손실을 보게될 것이다. 이 이유는 6년째 말의 장부가치가 1,440만원이었기 때문이다. 이 가치가 순 실현가치(판매가격인 1,200만원)보다 더 크기 때문이다.

제19장
운전자본

서 론

가끔 순환자본이라고도 불리는 운전자본은 매일매일의 기업거래를 위해 지급되어야 할 금액이다. 기업은 임금, 전기 및 가스요금과 같은 비용을 지불하고, 그리고 제품을 만드는데 필요한 부품을 구입하기 위해 운전자본을 필요로 한다.

운전자본은:

- 쉽게 현금화될 수 있는 유동성이 큰 기업의 자산(현금, 재고자산, 매출채권 등)에서
- 단기에 갚아야 할 기업의 부채(은행부채, 매입채무, 세금, 확정배당금 등)를 차감한 금액이다.

  기업의 대차대조표에서,

  운전자본 = 유동자산 - 유동부채.

한 기업이 보유하고 있는 운전자본의 양은 중요한 문제이다. 그 크기는 기업이 얼마나 잘 성과를 내고 있는지를 반영한다. 예를 들어, 간신히 영업을 지탱하여 도산위협에 시달리고 있는 기업은 매우 낮은 수준의 운전자본을 보유하고 있을 것이다. 따라서 대차대조표를 보고 운전자본의 크기가 매우 낮으면, 그것은 기업이 어려움에 직면할 수 있다는 신호로 받아들여야 할 것이다.

주요 내용

1. 운전자본 사이클

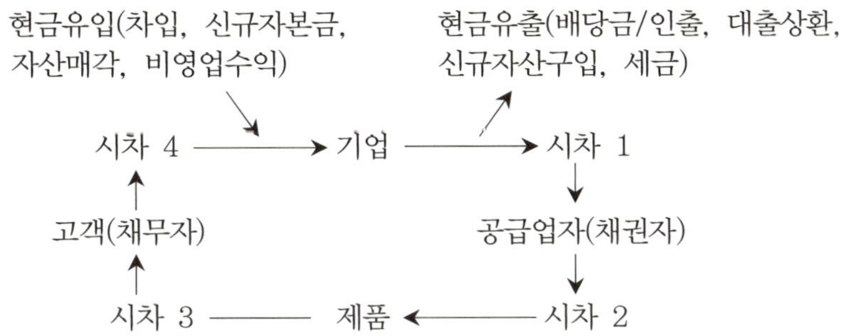

2. 운전자본 필요규모의 결정요인

   (1) 기업의 규모 (2) 산업별 재고수준 차이

   (3) 매출채권회수기간과 매입채무상환기간의 차이

3. 적정수준의 운전자본 보유의 중요성

   (1) 너무 작게 보유할 경우(재고수준, 현금, 과도한 매입채무 등)

   (2) 너무 많이 보유할 경우(재고수준, 현금, 과도한 매출채권 등)

4. 운전자본문제가 발생하는 이유

   (1) 매출채권관리의 부실 (2) 과도 재고와 과소 재고 (3) 과도한 영업(작은 규모의 기업이 급성장하는 경우) (4) 과도한 차입 (5) 수요의 급격한 하락 (6) 계절적 수요

5. 운전자본문제를 해결하는 방법

   (1) 운전자본 크기가 너무 작을 경우: ① 장기자본의 조달 ② 주문 및 매출규모 축소

   (2) 운전자본 크기가 너무 클 경우: 운전자본 중 어느 요인이 너무 큰지를 확인하고 그것을 축소하여 현금조달. 조달된 현금으로 ① 장기부채 상환 ② 투자의 증가 ③ 주주배당금의 증대

   (3) 운전자본 구성요인의 불균형을 확인하여 요인별 해결

6. 운전자본과 현금흐름간의 관계

7. 운전자본과 이익간의 관계

사례 19-1

〈 반월당(주) 〉

반월당(주)은 대구에 있는 자그마한 부동산 개발회사이다. 이 회사는 대지나 버려진 부동산을 구입하여 집이나 작은 아파트를 건설한다. 이 기업은 매년 한두 개의 개발사업을 완성하는 것을 목적으로 한다. 이 회사는 법률적 비용을 부담하며 어떠한 건물을 건설하기 전 설계비용을 지불한다. 이 회사가 사용하는 대부분의 재료는 지역 건축업자의 공급업체로부터 60일 외상으로 구입된다. 가끔 새로운 부동산개발이 완성된 이후에도 팔리지 않을 때도 있다. 이 기업은 두 명의 직원을 고용하고 있다.

〈 갑순이의 택시서비스 〉

갑순이는 두 대의 미니버스를 임차하여 부산에서 공항택시를 운영한다. 그녀는 두 명의 운전기사를 고용하며, 그녀 자신도 운전을 한다. 24시간 서비스는 성공적이나 그 지역에서 경쟁이 치열해지고 있다. 운전기사들은 요금의 25%를 받으며 팁도 갖게 된다. 그들은 주급을 받는다. 모든 여행서비스는 갑순이를 통해 예약되며 운전기사들은 요금을 받을 때 현금만을 받도록 지시받는다. 운전기사들의 임금뿐만 아니라, 주요 가변비용은 디젤연료비용이다. 갑순이는 지역 주유소에 계정을 갖고 있으며 30일간 외상이 된다.

(1) 위의 두 기업의 운전자본 사이클의 차이를 분석하라.

해설

(1) 반월당(주)은 부동산 개발회사이다. 이 회사의 운전자본 사이클은 장기일 것이다. 그 이유는 그 사이클의 여러 단계간의 시차 중 일부가 길 것이기 때문이다. 예를 들어, 이 기업이 적당한 대지를 찾고, 개발허가를 받으며, 계획을 설계하고 땅을 구입하는 데에는 장기의 시간이 소요될 것이다. 이러한 단계를 거치는 동안, 법률적 비용이나 전문가의

자문비용과 같은 많은 비용이 소요될 것이나 반면 수입은 없을 것이다. 일단 땅이 구입되어도 그 부동산을 개발하는데 오랜 시간이 걸릴 것이다. 또한 이러한 기간에도 건설업자의 임금, 재료비, 그리고 간접비와 같은 비용은 발생할 것이다. 일부의 공급업자들은 60일의 외상기간을 제공한다. 이것은 도움이 되지만, 이 기업은 이미 매각된 부동산에 대한 자금을 받지 못했다면 어떠한 수입도 받지 못하게 된다. 마지막으로 부동산이 완성되었을 때에도 또 다른 지체가 존재한다. 가끔 새로운 부동산개발이 완성된 이후에도 매각되지 않는다. 이것은 이 기업에의 현금유입을 더욱 더 지체하게 만든다.

이와는 대조적으로, 갑순이의 택시서비스 회사의 운전자본 사이클은 매우 짧다. 그녀는 공항까지 미니버스 서비스를 제공한다. 모든 요금은 공항에 도착할 때 현금으로 지불된다. 갑순이는 주말까지 임금을 지급할 필요가 없으며, 연료는 30일간 외상으로 구매된다. 이것은 임금청구서 대금이 지급되기 전에 그녀가 현금을 모두 보유하게 된다는 것을 의미한다. 따라서 그녀는 매우 유리한 위치에 있으며 부동산 개발업자와는 매우 다르다.

사례 19-2

문양용접회사는 가치와 전문성이 높은 용접계약을 전문으로 하는 기업이다. 이 기업은 최근 어려움에 직면하였으나 보다 더 강해졌으며 재무적으로도 보다 더 안정되었다.

이 회사는 항상 재무적으로 간신히 영업을 하는 경향이 있었다. 청구서 대금을 지급할 만큼 충분한 현금이 없는 것처럼 보였다. 매달 이 회사는 만기가 된 청구서 대금지급을 연기해야만 하거나 또는 당좌차월을 증대시키기 위해 은행에 부담을 주곤 했다. 2년 전 이 회사는 4명의 고객과 큰 계약을 체결했는데, 그들 모두가 거의 동시에 완성되었다. 이 회사는 고객들에게 45일의 외상기간을 제공했으나 공급업체로부터는 단지 30일간의 외상기간을 받았다. 4개의 큰 계약에 대한 고객들 중 아무도 제때에 청구대금을 지급하지 않았다. 이 회사는 모든 현금자원을 써버렸기 때문에 60일 후 이 회사는 청산위기에 직면하였다.

그래서 관리이사인 갑돌이는 4명의 고객들을 개인적으로 찾아 갔다. 그는 현재의 매우 어려운 상황을 설명했다. 고객들 중 2명은 48시간 내에 대금을 지급하여 위기를 넘길 수 있었다. 다른 2명은 즉각 지급하기로 했으나 실제로는 30일 후에 지급하였다.

그 위기는 악화되었는데, 이유는 회사가 새로운 주문이 증가할 것으로 믿고 추가로 재고를 주문했기 때문이다. 실제로 주문은 해외의 공급업자들과의 치열한 경쟁 때문에 6개월 동안 20% 감소했다.

충고를 받은 갑돌이는 회사가 운영되는 방식을 바꾸었다. 그는 모든 고객과의 계약에 대해 단지 30일간의 외상기간을 제공하기로 바꾸었다. 그는 또한 제 때에 지급하는 고객에 대해 5%를 할인해 주었는데, 할인에 의한 부분은 주로 가격을 올려서 보상받았다. 그는 일관되게 늦게 지급하는 고객들로부터의 주문을 거절하였다. 그는 또한 재고를 줄였으며 짧은 기간에 배송할 준비가 되어 있는 공급업체로부터의 주문으로 바꾸었다. 주문의 수가 1/3로 떨어졌을지라도 매출액은 단지 15%만 하락했으며 이익은 거의 감소하지 않았다.

(1) 문양용접회사는 부실한 신용통제와 과잉재고 때문에 어려움을 당했다. 이에 대해 설명하라.
(2) 이 회사가 이러한 문제를 어떻게 극복했는가를 설명하라.
(3) 문양용접회사는 단순히 충분한 운전자본을 보유하지 못했다. 이것이 그 사례인지의 여부를 설명하라.

해설

(1) 부실한 신용통제는 기업이 매출채권을 통제할 수 없고 채무자들로부터 제 때에 대금을 회수하지 못할 때 발생한다. 이러한 문제가 문양용접회사의 사례에서 일어난 것처럼 보인다. 이 회사는 고객들에게 45일간의 외상기간을 제공했으나, 예를 들어 4명의 큰 계약업체 중 어느 고객도 제 때에 지급하지 않았다. 이러한 것은 이 기업이 거래한 다른 기업들의 사례이었을 수도 있다.

과잉재고는 기업이 필요량에 비해 너무 많은 재고를 보유할 때 발생한다. 문양용접회사의 사례에서 이 기업은 주문의 증가를 예상했고 재고를 적절하게 주문했다. 그러나 해외로부터의 경쟁 때문에 주문이 20% 감소했다.

(2) 기업이 어려운 문제를 해결하는 한 가지 방법은 신용통제를 개선하는 것이다. 관리이사인 갑돌이는 회사가 직면한 유동성 문제를 설명하기 위해 기업의 채무자인 4개의 큰 계약업체를 방문하여 그들로 하여금 좀 더 빨리 대금을 지급하도록 설득하였다. 이것이 몇몇 기업에게는 작동했지만 전체 기업에게는 그렇지 못했다. 갑돌이는 또한 매출채권의 외상기간을 이전의 45일에서 30일로 바꾸었다. 제 때에 대금지급을 하도록 독려하기 위해 그는 약간 가격을 인상하여 보상받은 부분만큼 5% 할인정책을 고객에게 제공했다. 늦게 지급하는 고객들로부터의 주문을 더 이상 받지 않은 것도 그 기업이 더 이상 물건을 공급하지 않을 수 있다고 그들(늦게 지급하는 고객들)이 걱정했을 수도 있으므로 신용통제를 개선하는데 도움이 되었을 것이다. 기업의 재고를 줄이는 동시에 JIT 배송형태에 가까운 공급업체로 이동하는 것 또한 자금이 재고에 묶이는 것을 방지하는데 도움이 되었다.

(3) 기업이 유동부채에 비해 너무 적은 유동자산을 가지고 있거나, 또는 유동부채가 비교적 너무 많을 때 기업은 불충분한 운전자본을 보유하고 있다. 또한 기업이 운전자본의 함수가 되는 매일매일의 청구대금을 지급하기 위해 유동자산을 현금으로 전환할 수 없다면 운전자본이 부족할 수 있다. 예를 들어, 기업은 매출채권과 재고를 보유하였다. 그러나 기업은 만기가 된 청구서대금을 지급할 만큼 충분히 채무자들로부터 대금을 빨리 회수할 수 없었다. 기업이 재고를 과잉으로 보유했기 때문에, 재고 또한 현금으로 전화되지 못하고 그대로 남아 있다. 문양용접회사가 특정시점에 이러한 어려운 문제들을 극복할 수 있는 유일한 방법은 이 기업의 운전자본을 줄이면서 부채를 증가시키게 될 당좌차월을 요청하는 것이다.

이 기업이 직면했던 또 다른 운전자본 문제는 기업이 자신의 채권자(공급업자)에 대한 외상매입기간보다 채무자(기업의 고객)에 대한 외상매출기간을 더 길게 했다는 점이다. 이것은 기업이 채무기업(기업의 고객)들로부터 대금을 받기 전에 기업이 갚아야 할 대금을 채권자(공급업자)에게 먼저 지불했다는 것을 의미한다. 이것은 다시 운전자본문제를 초래했을 것이다. 이러한 이유로 문양용접회사는 단순히 충분한 운전자본을 보유하지 않았다고 주장할 수 있다. 매출채권회수기간과 재고의 축소와 같은 이 회사의 변화는 이 기업의 운전자본상태에 도움이 되었을 것이다. 주어진 자료에 의하면, 이러한 변화들이 완전하게 운전자본 문제를 해결했다고 말할 수 있는 충분한 증거는 없다.

종합사례 19-3

상인주식회사와 월배주식회사

〈상인주식회사〉

상인주식회사는 가족기업이며 컨베이어 벨트시스템의 기어를 만든다. 이 회사 제품의 몇 가지 예는 다음과 같다.

* 웜기어(worm gear)-부식을 방지시키는 기어
* 베블기어(bevel gear)-(기계의) 축을 수평적 개스터빈엔진으로부터 수직적 회전자(rotor)로 전송하는데 사용되는 기어
* 링기어(ring gear)-운동(motion)을 증가시키거나 감소시키는 기어
* 나선형 기어(helical gear)-모터가 장비축에 직각으로 자리잡도록 하는 기어
* 베블나선형 기어(bevel helical gear)-저장과 검색단위로 사용되는 기어

상인주식회사는 매우 안정된 시장에서 영업을 하며 JIT제조기법을 사용한다. 이 회사는 원재료, 부품, 재공품 또는 완제품 등의 재고를 거의 보유하지 않는다. 이 회사의 대부분의 매출은 90일의 외상으로 이루어진다. 2007년 이 회사의 매출액은 36억 4천만원으로 증가했으며 이익은 2억2천1백만원이었다.

〈월배주식회사〉

월배주식회사는 대구서부지역에 위치한 독립적인 DIY(Do It Yourself) 큰 가게이다. 이 회사의 제품범위는 DIY가게에는 매우 일반적이며, 페인트, 벽지, 타일, 목욕탕용품, 부엌용품, 부엌용기기, 연장, 건축물, (장비, 가구 등의) 부품, 바닥재, 정원용 도구, 가구, 난방 및 배관용품 등이 포함된다. 이 회사는 독립적인 위치를 간신히 유지해 왔으며 매우 특별한 고객서비스를 제공함으로써 B&Q와 같은 더 거대한 몇몇 DIY가게와 경쟁한다. 예를 들어, 이 회사는 고객의 주문품을 무료로 배달해준다. 이 회사는 또한 (대부분의 매출이 아직은 현금결제일지라도) 일부의 정기고객들에게 외상으로 판매한다. 이 회사는 광범위한 제조업체와 도매업자로부터 재고를 구매하며 평균적으로 45일의 외상구매를 한다.

2008년 월배주식회사는 가게옆의 커다란 온실건축비를 지불하기 위해 단기대

출을 받았다. 이 시설로 인하여 회사는 광범위한 식물과 유사한 제품을 재배하고 재고로 저장할 수 있게 되었다.

〈표 19-1〉 두 회사의 재무정보, 2008년

(단위: 백만원)

	상인주식회사	월배주식회사
매출액	3,640	3,786
세전 이익	221	289
유동자산		
재고	10	460
매출채권	385	112
은행 및 보유현금	343	123
	738	695
유동부채		
단기은행대출	0	200
매입채무	369	387
확정배당	50	60
법인세	45	53
기타채무	22	45
	486	745

(1) 운전자본이 무엇인가를 설명하라.

(2) 2008년 월배주식회사의 운전자본 사이클에 유입되는 현금에 대해 설명하라.

(3) 월배주식회사가 상인주식회사보다 훨씬 더 많은 재고를 보유하고 있을 것으로 예상되는 두 가지 가능한 이유를 설명하라.

(4) 상인주식회사가 매우 낮은 수준의 재고로 영업을 할 때 직면하게 되는 어려움은 무엇인가?

(5) 두 회사의 운전자본을 계산하라.

(6) 두 회사의 운전자본의 차이에 대해 설명하라.

해설

(1) 운전자본(가끔 순환자본이라고도 함)은 한 기업의 매일매일의 영업에서 지급되어야 하는 돈의 양이다. 상인주식회사와 월배주식회사 같은 기업들은 임금, 재고, 전기 및 가스요금같은 비용을 지불하기 위해, 그리고 제품을 만들기 위해 필요한 부품을 구입하기 위해 운전자본을 필요로 한다. 한 기업의 운전자본은 모든 유동부채가 상환되고 난 후 남은 금액이 된다. 운전자본=유동자산–유동부채.

(2) 가끔 기업들은 운전자본 사이클에 현금을 유입시킨다. 그 예에는 대출, 신규자본, 자산매각대금, 또는 비영업수익 등이 포함된다. 이 사례에서 2008년에 월배주식회사는 가게 옆의 커다란 온실건축비를 지불하기 위해 단기대출을 받았다. 온실투자를 위한 대출로 인하여 그 기업은 광범위한 식물과 유사한 제품을 재배하고 재고로 저장할 수 있게 될 것이다.

(3) 2008년에 상인주식회사는 1천만원어치의 재고를 보유한 반면, 월배주식회사는 4억6천만원어치의 재고를 보유하였다. 이것은 크기가 거의 비슷한 두 기업에 대해서 상당한 차이이다. 월배주식회사가 훨씬 더 많은 재고를 보유한 이유는 그 기업이 소매업자이기 때문이다. 특정시점에서 월배주식회사는 페인트, 벽지, 타일, 목욕탕용품, 부엌용품, 부엌용기기, 연장, 건축물, 스위치, 전구 등과 같은 물건을 재고로 가게의 진열대위에 보유하고 있을 것이다. 또한 진열되지 않은 재고도 더 있을 것이다. 이것은 소매업의 성격이다. 월배주식회사와 같은 기업들은 고객들이 구경하고 사도록 하기 위해 물건을 진열한다.

이와는 대조적으로, 상인주식회사는 제조업체이다. 그 회사는 월배주식회사처럼 상당량의 재고를 보유할 필요가 없다. 또한 상인주식회사는 JIT 제조업체이다. 이와 같은 생산방식에서는 재고를 보유하지 않고 생산을 하는 것이 포함된다. 부품과 원재료들은 그것들이 필요될 때 정확하게 공장에 배송된다. 모든 생산제품은 고객들에게 직접 보내진다.

(4) 상인주식회사는 재고를 작게 보유하면서 영업을 할 때 두 가지 문제에 직면할 수 있다. 첫째, 그 기업이 원재료나 부품 재고를 전혀 보유하지 않는다면 공급업체가 전달할 수 없거나 잘못된 물건을 전달할 경우 생산이 중단될 수 있다. 이것은 직원들과 기계가 잠시 동안 놀거나 가동되지 않을 수 있다. 이것은 상인주식회사에 상당한 비용이 될 수 있다. JIT 생산방식의 문제점 중의 하나는 기업들이 공급업체에 너무 의존한다는 것이다. 둘째, 상인주식회사는 급격한 수요 증가에 재빨리 대응할 수 없을 수 있다. 완제품 재고를 보유하는 기업들은 예상외의 주문에 더 쉽게 대응할 수 있다. 상인주식회사는 고객들에게 기다려 달라고 요청하고 생산을 증가시킬 수도 있다. 그러나 이 때문에 고객들이 불평하거나 고객들을 잃을 수도 있다.

(5) 운전자본 = 유동자산 – 유동부채

상인주식회사: 운전자본 = 7억3천8백만원 – 4억8천6백만원 = 2억5천2백만원

월배주식회사: 6억9천5백만원 – 7억4천5백만원 = –5천만원

(6) 상인주식회사의 운전자본은 2억5천2백만원이다. 이러한 크기는 적정한 수준의 운전자본이라고 주장할 수도 있다. 이 이유는 전통적인 규칙에 의하면 보통의 기업들은 안전하게 영업을 하기 위해 유동부채보다 약 2배정도의 유동자산을 필요로 하기 때문이다. 이것은 유동비율이 1.5 : 1과 2 : 1 사이에 있다는 것을 의미한다. 이 사례에서 상인주식회사의 유동자산의 가치는 유동부채의 가치에 1.52배가 된다. 이것은 상인주식회사의 운전자본이 적정한 범위에 속한다는 것을 의미한다. 또한 상인주식회사는 3억4천3백만원의 건실한 현금잔고와 매우 유동성이 큰 매출채권으로서 3억8천5백만원을 보유하고 있다.

이와 대조적으로, 월배주식회사는 음(–)의 운전자본을 보유하고 있다. 즉, 이 회사의 운전자본은 –5천만원이다. 이것은 유동부채가 유동자산보다 더 크다는 것을 의미한다. 이것은 이 기업에게 상당한 걱정거리가 된다고 할 수 있다.

그러나 몇몇 기업들은 매우 낮은 수준의 운전자본, 심지어는 음의 운전자본을 보유한 채 효과적으로 영업을 할 수 있다. 이러한 기업들은 보통 소매업자나 외상으로 물건을 구입하여 그것들을 곧바로 현금으로 판매하는 기업들이다. 이 사례에서 월배주식회사는 DIY가게이고 제조업체와 도매업체 등 공급업체로부터 재고로 물건을 구입하지만 평균적으로 최소 45일 동안 그 물건값을 지급하지 않는다. 그러나 재고물건은 가게에서 즉시 또는 종종 공급업체로부터 배달된지 수일 내에 판매된다. 대부분의 월배주식회사 고객들은 현금을 지급한다. 따라서 월배주식회사는 대부분의 대형 소매업자들처럼 공급업체들게는 거액의 빚(이 사례에서는 3억8천7백만원)을 지지만 매출채권의 크기는 매우 작은(이 사례에서는 단지 1억1천2백만원) 상태에서도 안전하게 영업을 할 수 있다. 그 결과 운전자본의 크기는 음수(–)이다.

제6편 재무관리

제20장
재무전략의 선택

서 론

대부분의 기업들은 자본수익률의 증대, 현금흐름의 창출, 또는 주주가치의 증대와 같은 재무적 목표를 가지고 있다. 이러한 목표를 달성하기 위해 기업은 재무전략을 활용할 것이다. 재무전략이란 특정의 재무적 목표를 달성하기 위해 고안된 세부적인 행동계획이다. 예를 들어, 자본수익률을 증가시키기 위해 기업은 비용을 낮추려고 할 수도 있다. 기업의 개별부서들이 보다 더 책임을 질 수 있도록 하기 위해 원가중심짐을 도입하여 시도할 수 있다. 재부전략의 예로는 다음의 것들이 있다:

- 자금의 조달
- 원가중심점 또는 이익중심점의 도입
- 비용최소화
- 자본지출의 할당

또한 재무전략은 생산, R&D, 마케팅과 같은 다른 기능들과도 연관되어 있다. 예를 들어, 기업은 경쟁에서 이기기 위해 R&D에 더 많은 지출을 할 필요가 있을 수 있다. 그 기업이 그러한 투자를 행하기로 결정하면 재무적으로 의미가 있다. 예를 들어, 보다 더 장기의 자금을 조달할 필요가 있을 것이다.

주요 내용

1. 자금의 조달
   (1) 상장 (2) 재무구조조정
2. 원가중심점과 이익중심점의 도입
3. 원가와 이익중심점의 장점
   (1) 책임성의 증대 (2) 의사결정에 도움 (3) 동기부여의 개선
   (4) 문세점의 추적 가능
4. 원가와 이익중심점의 단점
   (1) 갈등초래 (2) 비용배분문제 (3) 기업의 외부요인 (4) 자원의 낭비
   (5) 직원들의 스트레스압력
5. 비용최소화
   (1) 외주(outsourcing) (2) 낭비축소 및 재활용 (3) 새로운 공급업체의 발굴
   (4) 신기술 도입 (5) 규모축소(downsizing)
6. 자본지출할당의 결정 요인
   (1) 현재의 필요성 (2) 투자수익률 (3) 위험 (4) 기업외부의 요인
7. 재무전략 가치의 평가: 많은 재무전략은 기업의 전략과 연관

사례 20-1

Cornwall의 북동해안지역 근처에 영국 최대 파력발전계획에 참여하고자 하는 회사 중 한 기업은 AIM(소규모 성장기업을 위한 런던증권거래소의 대체투자시장, 우리나라의 코스닥시장에 해당)에 상장시키려고 계획하고 있다. 오스트레일리아 회사인 Oceanlinx는 R&D에 투자하고 새로운 직원을 고용할 뿐만 아니라 6개의 발전기를 생산하기 위해 35백만파운드를 조달하고자 한다. 그 지역은 시범사업으로 조성되었고 1년의 운영 후에 Oceanlinx는 지역의 에너지기업에 전기를 공급하기 위해 사업계획서에 서명을 했다. 바다에서 10마일 떨어진 영국 파도에너지 전문개발업체인 Wave Hub는 지난달 기획인가를 받았다. 그것의 면적은 4키로

미터 × 2키로미터이며, 거기에다 파력발전 개발업자들은 공장을 설립하고 해저콘센트를 통해 전기배선을 연결할 수 있다. 그것은 2009년에 운용될 것으로 예상되며 7,500 가정에 충분한 전기를 공급할 것이다. 상장을 통해 Oceanlinx는 발전기들을 생산하기 위해 필요한 충분한 자금을 조달할 수 있다. 그 기업은 상장기업이 되며 증권거래소 규정을 준수해야 할 것이다. 회사를 상장시키면 그 회사는 영원히 변할 것이다.

〈출처: www.oceanlinx.com〉

(1) Oceanlinx가 회사를 상장시키려는 주요 이유는 무엇인가?

(2) Oceanlinx가 이러한 방식으로 자금을 조달하는 장점은 무엇인가?

해설

(1) Oceanlinx는 35백만파운드를 조달하기 위해 AIM에 상장시키려고 한다. 그 자금은 회사가 Cornwall의 북동해안지역 근처에 파력발전에 의한 전기를 공급하는 사업계획서에 방금 서명을 했기 때문에 필요하다. Oceanlinx는 R&D에 투자하고 새로운 직원을 고용할 뿐만 아니라 6개의 발전기를 생산하고자 한다. 바다에서 10마일 떨어진 영국 파도에너지 전문개발업체인 Wave Hub는 지난달 운영을 위한 기획인가를 받았다. 그것의 면적은 4키로미터 × 2키로미터이며, 거기에다 파력발전 개발업자들은 공장을 설립하고 해저콘센트를 통해 전기배선을 연결할 수 있다. 그것은 2009년에 운용될 것으로 예상되며 7,500 가정에 충분한 전기를 공급할 것이다.

(2) 이러한 방식으로 자금을 조달하는 장점 중의 하나는 매우 큰 규모의 자금이 조달될 수 있다는 점이다. AIM에 상장시켜 Oceanlinx는 35백만파운드를 조달하고자 한다. 이것은 매우 큰 규모의 자금이며 상장을 통한 자금조달은 Oceanlinx가 그렇게 큰 자금을 조달할 수 있는 유일한 방법이다. 또 다른 장점은 조달자금이 영구자금이라는 점이다. 그 자금은 상환될 필요가 없다. 그러나 회사는 주주들에게 배당을 지급해야 하는 장기적인 계약을 해야할 것이다. 마지막으로 상장은 기업의 인지도를 높이는데 도움을 줄 것이다. 상장을 둘러싼 상당한 홍보, 예를 들어 언론에 보도가 집중되는 점이 있을 것이다. 사람들은 그 기업에 대해 알게 되고 이것은 수많은 방법으로 그 회사에 혜택을 줄 것이다. 예를 들어, 주식을 팔기가 더 쉬워질 것이다.

사례 20-2

갑돌이는 서울의 북동지역에서 자그마한 제과점 체인을 독립적으로 운영한다. 그는 회사가 은행 및 당좌대월에 대해 가지고 있는 문제점을 걱정하고 있다. 은행계정은 당좌대월 한도를 계속 초과하고 있으며 그에 따라 수표가 반송되고 있다. 은행 지점장과 상의를 한 후 그 기업의 재무상태가 불확실하며, 기업가치평가도 최근에 이루어지지 않은 것이 확인되었다. 이러한 상황을 면밀히 분석하고 기업가치를 재평가한 후, 12개월 후에 대출이사율이 다시 조정되는 등 대출에 대한 합의가 이루어져 전체의 재무구조가 재조정되었다. 기존의 상업모기지와 당좌대월은 장기의 새로운 모기지로 전환되었다. 이로 인해 기업으로 현금유입이 되었으며, 월상환금액도 줄어들게 되었다. 이와 같이 기업의 재무구조가 구조조정되었으므로 영업이 잘되면 대출이자율이 다시 조정될 것이라는 합의가 이루어지게 되었다. 은행계정에 잔고가 남아 있으면 이자율도 떨어질 것이다.

(1) 이 사례를 예로 사용하여 재무구조조정이 무엇인가를 설명하라.
(2) 기업은 재무전략으로서 구조조정을 언제 사용하는가?

해설

(1) 가끔 기존의 기업들은 그들의 재무구조를 구조조정해야 한다. 이것은 종종 새로운 자금을 조달하며 자금조달방법을 변화시키는 것을 의미한다. 이 사례에서 갑돌이는 그의 제과점의 자금조달방식을 구조조정해야만 했다. 그 기업의 재무구조가 조정되어 12개월 후 이자율이 다시 조정될 것이라는 대출에 대한 합의가 이루어졌다. 기존의 상업모기지와 당좌대월은 장기의 새로운 모기지로 전환되었다. 이로 인해 기업으로 현금유입이 이루어졌으며, 월상환금액도 줄어들게 되었다. 그 기업의 자산 중 일부가 저평가 되었기 때문에 더 많은 모기지대출(부동산담보대출)이 가능했다.

(2) 재무구조조정의 필요성은 종종 기업이 곤경에 처할 때 발생한다. 예를 들어, 기업이 영업상의 어려움을 겪기 시작하면 자기자본의 일부를 부채와 바꾸어야 하는 압박을 받게 될 수 있다. 이 사례에서 갑돌이의 기업은 은행과의 관계에서 문제에 직면했다. 그

기업은 계속해서 당좌대월한도를 초과하였으며, 그에 따라 수표가 반송되고 있었다. 이로 인해 결국에는 공급업자들이 갑돌이의 기업과 거래를 거절할 것이기 때문에 이 기업은 견딜 수 없는 상태이다. 다행히도 갑돌이는 기업의 재무구조를 구조조정하여 그 문제를 해결할 수 있었다. 또한 기업의 영업이 개선되기 시작되면 대출이자율이 다시 조정될 것이다.

종합사례 20-3

〈 Ambercome 상장회사 〉

Ambercome 상장회사는 비료와 살충제를 생산하는 다국적기업이다. 이 회사는 다음의 지역에 공장을 두고 5개 지부로 나누어 운영한다.

- 영국-베이싱스토크에 기반을 두고 있으며 340명의 직원을 고용하고 전체 영국시장에 공급한다.
- 미국-코네티컷에 기반을 두고 있으며 250명의 직원을 고용하고 북미와 캐나다 시장에 공급한다.
- 인도-델리에 기반을 두고 있으며 450명의 직원을 고용하고 인도, 파키스탄, 방글라데쉬, 태국 그리고 점점 더 중국과 같은 많은 아시아 국가에 공급한다.
- 독일-도르트문트에 기반을 두고 있으며 320명의 직원을 고용하고 유럽시장에 공급한다.
- 호주-브리스베인에 기반을 두고 있으며 130명의 직원을 고용하고 호주시장에 공급한다.

Ambercome 상장회사는 이익중심점(profit center)으로 운영한다. 이것은 각 지사의 성과를 모니터하는데 도움을 준다. 2007년 6월 경영진은 이사회를 열어 기업의 중기 재무전략에 대해 합의했다. 그 전략은 다음과 같이 세 가지로 구성되어 있다.

- 호주 영업을 중단한다. 불행하게도 호주에서는 비료와 살충제의 사용에 대해 점점 저항이 커져 갔다. 그 나라 고객들의 수는 지난 3년간 40%나 감소하였으며 그러한 하락추세가 멈출 것이라는 믿을만한 근거가 없다. 그 나라 나머지 고객들은 인도 공장으로부터 서비스를 받을 것이다.
- 새로운 R&D 센터에 1억파운드를 투자한다. 그 센터의 주요 목적은 더 많은 친환경적인 비료와 살충제를 개발하는 것이다.
- 신주발행(rights issue-직접모집발행)을 통해 1억5천만파운드를 조달한다. 그 자금은 새로운 R&D센터의 자금으로 사용될 것이며 호주 지점의 폐쇄비용에도 사용될 것이다.

다음의 표는 5개의 이익중심점과 연관있는 Ambercome 상장회사의 재무정보를 나타낸다.

〈표 20-1〉 2007년 Ambercome의 이익중심점

(단위: 백만 파운드)

	영국	미국	독일	인도	호주	총계
매출액	245.9	211.8	265.9	198.7	103.8	1,026.1
매출원가	101.1	95.1	112.6	67.4	67.9	444.1
매출총이익	**144.8**	**115.7**	**153.3**	**131.3**	**35.9**	**582.0**
관리비	87.2	54.3	91.1	54.1	32.5	319.2
배송비용	34.9	29.8	41.4	21.0	18.9	146.0
총간접비	**121.1**	**84.1**	**132.5**	**75.1**	**51.4**	**465.2**
세전이익	**22.7**	**31.6**	**20.8**	**56.0**	**−15.5**	**115.6**

참고 Ambercome 상장회사의 미션

우리 주주들의 가치를 창출하는 것이 우리의 목적이다. 우리는 지속적이고 통제된 성장-최고의 제품과 세계 식료품생산자의 해법을 제공하는 것에 중점을 두어 추진된 성장-을 통해서 이것을 달성한다. 우리는 모든 이해관계자들의 요구에 충실하며 재무적 강점의 제고는 이러한 요구를 충족시키는데 도움이 될 것이다.

(1) 이 회사의 주요 재무목적이 무엇이라고 여러분은 생각하는가?
(2) 이 회사가 성장추구에 전념할 때 이 회사는 호주지사를 왜 폐쇄하려고 하는가?
(3) 이 회사가 이익중심점(profit center)으로 운영하는 두 가지 장점에 대해 설명하라.
(4) ① 직접모집발행(rights issue)이란 무엇을 의미하는가?
② 이 사례에서 직접모집발행의 목적은 무엇인가?
(5) 이 사례에서 언급된 재무전략이 이 기업의 재무목적을 달성하는데 어느 정도 도움이 된다고 여러분은 생각하는가?
(6) 이 회사가 새로운 R&D센터에 1억파운드를 투자하기 전에 경영진들이 고려할 수도 있는 요인들에 대해 평가하라.

해설

(1) 이 회사는 분명한 재무목적을 가지고 있는 것처럼 보인다. 이 회사는 주주가치를 증대시키는 것을 목적으로 한다. 이것은 회사 미션의 첫 문장-"우리 주주들의 가치를 창출하는 것이 우리의 목적이다."에 설명되어 있다. 따라서 이 회사는 이익을 증대시켜 더 많은 배당이 주주들에게 지급되도록 해야 할 것이다. 이것은 또한 주가에도 도움이 되며, 이들 두 요인은 모두 주주가치 형성에 도움이 될 것이다.

(2) 이 사례에서 언급된 재무전략의 한 부분은 호주지사를 폐쇄하는 것이다. 이것은 비용을 삭감하기위해 고안된 구조조정(downsizing)의 일환이다. 호주지사는 현재 손실을 입고 있다. 2007년에 이 지사는 1,550만파운드의 손실을 보았다. 이 사례의 정보에 의하면, 호주에서 비료 및 살충제의 사용에 대한 저항이 계속 증가해 왔다. 호주지역의 고객 수는 지난 3년동안 40%나 감소했고 그 하락추세가 멈출 것이라는 근거가 전혀 없다. 호주지사가 폐쇄되어도 그 지역의 나머지 고객들은 인도공장으로부터 서비스를 받을 것이다. 이 회사가 성장에 전념한다고 할지라도 회사는 손실을 내는 지사를 보유할 여력이 없다. 성장은 다른 지역의 영업을 확대하고 R&D센터에서 새로운 제품을 개발하여 달성될 수 있다.

(3) 이 회사는 각 지사의 성과를 모니터하기 위해 이익중심점(profit center)을 사용한다. 이러한 방식은 많은 장점을 가지고 있다. 기업 전체의 성과를 측정하는 것이 중요하다고 할 지라도, 각 지사의 진척과정을 서로 모니터하는 것도 도움이 된다. 이익중심점은 기업의 개별 부서들이 책임을 갖도록 하는데에도 사용될 수 있다. 이익중심점이 없을 경우 비효율적 부서는 확인될 수 없으며 부실한 성과에 대해서도 책임을 지도록 할 수 없다. 이 사례에서 호주지사의 성과는 매우 나쁘다. 이익중심점을 사용하여 분명하게 이러한 것이 확인되었다. 기업의 여러 지사에 대한 의사결정을 하기 위해, 경영진들은 각 지사에 대한 재무정보를 필요로 한다. 이익중심점은 이러한 정보를 제공하는데에 도움이 된다. 이 사례에서 각 이익중심점으로부터 받은 재무정보는 경영진이 호주지사를 폐쇄하는 의사결정에 도움을 주었다. 이익중심점은 기업조직에서 동기부여(motivation)를 개선시키는데도 도움이 될 수 있다. 이익중심점의 성과는 각 단위들에 고용된 직원들의 노동의 질(quality)에 달려 있다. 목적이나 목표를 달성하기 위해 이익중심점의 직원들에게 인센티브를 제공하므로써 그들에게 동기부여를 주는 것이 가능하다. 예를 들어, 각 단위의 관리자들은 각 이익중심점이 창출한 이익과 연계하여 재무적 인센티브를 받을 수 있다. 그러나 이 사례에서 호주지사의 성과는 외부요인에 의해 영향을 받았던 것처럼 보인다. 직원들은 살충제 및 비료에 대한 호주에서의 저항에 대해 실제로 비난받아서는 안 된다.

(4) ① 직접모집발행은 기업이 자금을 조달할 때 사용하는 방식이다. 거기에는 기존 주주들에게 주식을 매각하는 것이 포함된다. 신주들은 기존의 주주들에게 매입인센티브를 주기 위해 할인가격으로 매각된다. 이 사례에서 이 회사는 직접모집발행으로부터 1억5천만파운드를 조달하기를 바란다.

② 이 기업이 계획한 1억5천만파운드의 직접모집발행 방식의 주식발행은 두 가지 핵심적인 자금조달필요성을 충족시킨다. 1억파운드의 자금은 R&D센터의 운영자금에 필요한 것이다. 나머지 자금은 호주지사의 폐쇄비용에 충당될 것이다. 예를 들어, 직원들은 해고수당을 받을 자격이 있다.

(5) 이 회사의 주요 재무목표는 주주가치를 증대시키는 것이다. 이것은 기업이 더 많은 이익을 창출해야 한다는 것을 의미한다. 이 사례에서 언급된 재무전략은 세 가지로 구분된다.

첫째, 호주지사를 곧 폐쇄시키는 전략이다. 불행하게도 호주에서 비료 및 살충제 사용에 대한 저항이 계속 증가되어 왔다. 이 지역의 고객 수가 지난 3년 동안 40%나 감소했으며 그 추세가 곧 멈출 것이란 믿음이 없다. 이러한 조치는 이익을 증가시키는데 도움이 될 것이다. 호주지사가 없었다면, 이 회사는 2007년에 1,550만 파운드의 이익을 추가로 창출했을 것이다. 이것은 호주지사가 입었던 손실금액에 해당한다. 따라서 일단 호주지사가 폐쇄되면 손실은 다시 발생되지 않을 것이며 기업의 총이익은 증가할 것이다.

둘째, 새로운 R&D센터에 1억 파운드를 투자하는 전략이다. 이 센터의 주요 목적은 보다 더 환경친화적인 비료와 살충제를 개발하는 것이다. 이것은 그 기업에게는 커다란 투자이며, 매우 많은 위험을 수반한다. R&D센터가 성공하여 일련의 새로운 제품을 출시하기 시작하면 그 회사의 미래는 안전할 것이며 이익도 증가할 것이다. 그러나 그 센터가 제품출시에 실패하면, 그것은 미래에 손실을 초래하는 매우 큰 비용이 소요되는 벤처사업이 될 것이다.

셋째, 직접모집주식발행을 통해 1억5천만 파운드의 자금을 조달하는 전략이다. 그 자금은 R&D센터의 운영자금으로 사용될 것이며, 호주지사의 폐쇄비용에도 충당될 것이다. 이 방식은 이 회사에게 자금을 조달하는 우수한 방법이다. 그 자금은 영구자본이며 상환될 필요가 없다. 이 자금은 부채와 달리 회사에 부담을 주지 않으며 회사의 부채비율도 하락할 것이다. 이로 인해 기업의 재무상태가 개선될 것이다.

결론적으로, 기업의 미래는 새로운 R&D센터가 성공할 것인가의 여부에 달려있는 것처럼 보인다. 성공할 경우 그 기업은 번창할 것이며 주주가치도 상승할 것이다. 따라서 재무목적이 충족될 것이다. 그러나 실패할 경우 이 기업은 매우 심각한 상황에 직면하게 될 것이다.

(6) Ambercome 상장회사는 새로운 R&D센터에 1억파운드를 지출하려고 한다. 한 기업의 자본지출은 종종 그 기업의 현재 필요성에 중점을 둔다. 한 기업이 자본지출을 위해 보유하고 있는 자금의 양은 제한적이어서, 제한된 가용자금에 대해 여러 가지 지출수요가 있을 수 있다. 따라서 기업은 현재의 필요성을 감안하여 보다 더 긴급한 투자를 우선적으로 해야 한다. 예를 들어, 이 회사는 매력적으로 보이는 다른 투자프로젝트를 가지고 있을 수 있다. 그러나 새로운 R&D센터가 그 회사에게는 가장 필요성이 큰 프로젝트이다. 그 이유는 보다 더 친환경적인 비료와 살충제를 긴급하게 개발할 필요가 있기 때문이다. 불가피하게 여러 가지 투자프로젝트간에 선택을 하게 될 때에는 기업은 가장 높은 수익률을 나타내는 프로젝트에 투자하기를 선호할 것이다. 이 회사는 R&D센터의 가능한 수익률을 측정하기 위해 계량적인 투자가치 평가방법을 사용하였을 것이다. Ambercome과 같은 회사는 수익률을 평가하지 않고서는 투자프로젝트에 1억파운드나 되는 자금을 지출하지 않을 것이다.

자본투자는 위험투성이다. 그 이유는 투자프로젝트의 수익률이 불확실하기 때문이다. 투자프로젝트가 음(−)의 수익률을 보일 가능성도 있으며, 심지어는 한 기업의 존재를 위험에 빠트릴 수도 있다. 이 사례에서 R&D센터에의 투자는 매우 위험하다. 수년이 지나야 새로운 친환경적인 살충제가 개발될 수 있을 것이다. 그러나 이 사례에서 그러한 투자위험은 감수해야 할 것으로 여겨진다.

자본의 배정은 외부요인들에 의해 영향을 받을 수 있다. 이 사례에서 외부요인은 매우 영향력이 큰 요인이다. Ambercome은 이 회사제품에 대한 저항 때문에 호주지사를 폐쇄시킬 수 밖에 없었다. 또한 보다 더 친환경적인 영업방식에 대한 추세가 국제적으로 증가하고 있다. 따라서 이 회사도 친환경적인 비료와 살충제를 개발해야 하는 압력을 받게 될 것이다. 새로운 R&D센터에 투자하는 의사결정에 가장 큰 영향을 준 요인이 바로 이러한 요인이라고 주장할 수 있을 것이다. 환경적 요인에 대응하지 못하면 이 회사는 다른 경쟁기업들에게 시장을 빼앗기게 될 수 있을 것이다.

제21장
상장기업 재무제표의 해석 - 비율분석

서 론

재무자료는 한 기업의 경영성과를 평가하고 의사결정을 돕기 위해 여러 이해관계자들에 의해 이용된다. 여러 이해관계자들은 서로 다른 이유로 재무자료에 관심을 갖는다. 예를 들어, 주주들은 주식보유에 대한 보상을 평가할 수 있는 정보를 원한다. 경영자들은 경영성과를 측정하려고 할 수도 있다. 여기에서는 재무제표(회계장부)의 정보가 어떻게 해석되는가를 설명한다. 회계장부의 수치 자체를 기반으로 정보를 얻을 수도 있다. 또한 이러한 수치를 조합히여 비율분석을 통해 정보를 얻을 수도 있다. 이사회 의장의 보고서, 이사회보고서, 그리고 회계장부의 주석사항 등도 추가적으로 중요한 정보로 활용된다.

주요 내용

1. 유동성비율
   (1) 유동비율 (2) 당좌비율
2. 수익성비율
   (1) 자본수익률 (2) 매출총이익률 (3) 매출액영업이익률
3. 재무효율성비율 또는 자산활용도비율
   (1) 총자산회전률 (2) 재고기간 (3) 매출채권회수기간 (4) 매입채무상환기간
4. 부채비율
   (1) 타인자본/자기자본 비율 (2) 이자보상비율

5. 주주의 비율

(1) 주당배당금(DPS) (2) 배당수익률 (3) 주당순이익(EPS) (4) 주가순이익비율(PER) (5) 자기자본순이익률(ROE)

사례 21-1

HR Owen은 고급 및 특수 자동차 판매시장에서 주로 런던지역을 중심으로 많은 자동차 체인점을 운영한다. 예를 들어, 그 회사는 벤틀리, 롤스로이스, 마세라티스, 페라리 그리고 람보르기니 등을 판매한다. BPI(British Polythene Industries)는 다양한 용도로 쓰이는 폴리에틸렌 제품을 1년에 30만톤 이상을 생산한다. 다음의 〈표〉는 두 회사의 유동자산과 유동부채를 나타낸다.

〈표 21-1〉 HR Owen과 BPI의 유동자산 및 유동부채

(단위: 천파운드)

	HR Owen		BPI	
	2008	2007	2008	2007
재고자산	42,481	81,559	59,500	55,300
기타유동자산	20,074	49,615	60,500	64,100
총유동자산	62,555	131,174	120,000	119,400
유동부채	53,757	136,531	68,300	75,500

출처 : HR Owen과 BPI의 영업보고서 및 재무제표

(1) 2008년과 2007년 두 회사의 ① 유동비율, ② 당좌비율(acid test ratio)을 계산하라.

(2) ① 두 회사 중 어느 회사의 유동성이 더 큰가?

② ①의 답에 대한 근거를 설명하라.

해설

(1)

	HR Owen		BPI	
	2008	2007	2008	2007
유동비율	1.16	0.96	1.76	1.58
당좌비율	0.37	0.36	0.89	0.85

(2)

① (1)의 계산결과에 의하면, BPI의 유동성이 더 크다. 2년 동안 BPI의 유동비율은 가장 선호되는 영역인 1.5와 2.0 사이에 있다. 2년 동안 당좌비율은 1.0보다 약간 작다. HR Owen의 값들은 상대적으로 상당히 좋지 않다. 2년 동안 유동비율은 1.5보다 훨씬 더 작고, 당좌비율도 선호되는 목표값인 1.0보다 훨씬 더 작다. 2007년과 2008년 사이 두 회사의 유동성 상태는 약간 개선되었다. 예를 들어, 두 회사의 유동비율이 상승했다.

② HR Owen의 유동성 상태가 BPI보다 더 나쁜 그럴듯한 이유가 있다. HR Owen은 특수 자동차 소매유통업체이다. 그 회사는 자동차 전시장에서 고급차를 판매한다. 따라서 그 회사의 주요 자산은 재고자산(전시장에 있는 자동차의 가치)이 될 것이다. 이것 때문에 이 회사의 당좌비율이 낮을 것이다. 또한 HR Owen은 판매가 되면 즉시 대금을 받게 된다-아마도 고객들이 대금을 지급하는 것을 기다릴 필요가 없을 것이다. 따라서 현금회수를 기다릴 필요가 없다. 이것은 이 회사가 훨씬 더 낮은 유동비율과 당좌비율하에서도 영업을 할 수 있다는 것을 의미한다.

반면, BPI는 제조업체이며 아마도 고객들에게 외상판매를 허용할 것이다. 이것은 이 회사가 현금이 회수되기를 기다려야 한다는 것을 의미한다. 따라서 이 회사의 유동비율이 더 높아야 안전할 것이다.

사례 21-2

삼화페인트는 페인트와 기타 덮개를 생산하는 기존의 제조업체이다. 이 회사의 핵심적인 생산전략은 환경적 영향을 최소화하는 현대적 재료와 기술을 사용하는 것이다. 이 회사는 휘발성 유기화합물이 낮은 수성마감재(waterborne finishes)를 선호한다. 2006년 이 회사는 현금흐름상의 문제에 직면하기 시작했다. 그 문제를 해결하기 위해 이 회사는 매출채권을 회수하는 데에 더 많은 자원을 사용했으며 몇몇 핵심적인 공급업체와 상환기간에 대해 재협상했다. 다음의 〈표〉는 삼화페인트의 재무정보를 나타낸다.

〈표 21-2〉 삼화페인트의 재무정보

(단위: 백만원)

	2008년	2007년
매출액	102,876	98,433
매출원가	58,981	56,670
재고자산	3,889	3,467
매출채권	11,870	15,600
매입채무	14,300	11,800

(1) 2008년과 2007년의 ① 매출채권 회수기간, ② 매입채무 상환기간을 계산하라.
(2) 현금흐름을 개선시키려는 삼화페인트의 조치가 여러분은 어느 정도 작동했다고 생각하는가?
(3) ① 삼화페인트의 재고기간을 계산하고 2년 동안의 변화에 대해 설명하라.
② 현금흐름을 개선시키기 위해 그 회사는 재고기간을 어떻게 했는가?

해설

(1) ① 매출채권 회수기간 = 매출채권 / 매출액 × 365일
2007년: 매출채권 회수기간 = 15,600백만원/98,433백만원 × 365일 = 58일
2008년: 매출채권 회수기간 = 11,870백만원/102,876백만원 × 365일 = 42일

② 매입채무 상환기간 =매입채무/매출원가 × 365일
2007년: 매입채무 상환기간 = 11,800백만원/ 56,670백만원 × 365일 = 76일
2008년: 매입채무 상환기간 = 14,300백만원/ 58,981백만원 × 365일 = 88일

(2) 삼화페인트의 현금흐름은 개선된 것 같다. 이 회사의 개선조치가 작동한 것처럼 보인다. 매출채권 회수에 중점을 둔 추가자원이 영향을 주었던 것처럼 보인다. 매출채권

회수기간이 58일에서 42일로 축소되었다. 이것은 이 회사가 고객들로부터 현금을 보다 더 빨리 회수한다는 것을 의미한다. 새로운 매입채무상환기간도 역시 긍정적인 영향을 주었다. 매입채무상환기간은 76일에서 88일로 확대되었다. 이것은 이 회사가 공급업자들에게 지급하기 전 현금을 좀 더 오래 보유할 수 있다는 것을 의미한다.

(3) ① 재고기간 = 재고자산/매출원가 × 365일
2007년: 재고기간 = 3,467/56,670 × 365일 = 22일
2008년: 재고기간 = 3,889/58,981 × 365일 = 24일

② 삼화페인트의 재고기간은 2년 동안 거의 비슷하다. 2007년에는 22일었고 2008년에는 24일이었다. 이것은 약간 악화된 것이다. 재고기간을 축소시켜야 이 기업이 현금흐름을 개선시키는 데에 도움이 될 것이다. 이 이유는 재고자산이 더 빠르게 제품으로 전환되어 판매되기 때문이다. 재고관리를 개선시키기 위해서 삼화페인트는 재고자산을 축소시켜 영업을 할 필요가 있다. 그렇게 하기 위해서 이 회사는 JIT 생산방법을 도입하거나 또는 컴퓨터화된 재고관리시스템을 도입해야 할 것이다.

사례 21-3

갑순이는 은행에서 근무한다. 2008년에 그녀는 5천만원의 성과급을 받았다. 그녀는 이미 큰 규모의 주식포트폴리오를 보유하고 있고, 그 보너스를 광산업체에 투자하기로 결정했다. 휘발유, 광물, 그리고 금속과 같은 천연자원의 가격은 최근 수년 동안 급격하게 상승해 왔으나, 그녀는 더 상승할 것이라고 생각했다. 갑순이는 투자에 적합하다고 생각한 3개의 회사를 확인했다. 3개 회사의 재무정보가 다음의 〈표〉에 나와 있다.

〈표 21-3〉 3개 광산업체의 재무정보

	A기업	B기업	C기업
배당금액	27.6십억원	12.8십억원	143.2십억원
주식수	400백만주	30백만주	600백만주
주가	3,000원	13,340원	13,270원

(1) 3개 광산업체의 ① 주당배당금액(DPS), ② 배당수익률을 계산하라.

(2) 갑순이는 어느 회사에 투자해야 하는가를 설명하라.

(3) (2)에서와 같은 의사결정을 하기 위해 이 사례에서 주어진 정보가 충분하다고 생각하는가를 설명하라.

해설

(1) ①과 ②

	A회사	B회사	C회사
주당배당금액	69원	427원	239원
배당수익률	2.3%	3.2%	1.8%

(2) (1)의 계산결과에 의하면, 갑순이는 B회사에 투자해야 한다. 이 광물기업이 가장 높은 배당수익률을 나타낸다.

(3) 〈표〉의 정보는 갑순이가 어느 회사에 투자할지를 결정하는데 도움을 줄만큼 실제로는 충분하지 않다. 단지 한 해의 값만 주어져 있다. 그 회사의 일반적인 추세를 반영하지 못할 수 있다. 예를 들어, B회사의 3.2%의 배당수익률은 예외적인 상황때문일 수도 있다. 이상적으로 판단하려면, 갑순이는 각 회사에 대해 여러 해의 배당수익률을 조사할 필요가 있다. 또한 그녀는 다른 비율들을 사용하기를 원하나 주어진 정보를 바탕으로 하면 그렇게 할 수 없다.

사례 21-4

진명채석기업(상장회사)은 한국에서 여러 석회암 채석장을 운영한다. 이 회사는 시멘트 제조업자와 거대 건설업체에게 공급한다. 다음의 〈표〉는 그 회사의 재무 정보를 나타낸다.

〈표 21-4〉 진명채석기업의 재무정보

	2004	2005	2006	2007	2008
이익(세후, 10억원)	12.5	13.9	12.8	12.1	10.4
주가(원)	12,290	11,000	9,800	8,800	7,090
주식수(백만주)	20	20	21	21	23
자기자본(10억원)	114.2	116.3	107.1	107.4	109

(1) 이 기업의 ① 주당순이익(EPS), ② 주가순이익비율(P/E비율), ③ 자기자본순이익률(ROE)을 계산하라.

(2) 주주들이 그들의 주식 성과에 만족하는지의 여부를 설명하라.

해설

(1)

비율	2004	2005	2006	2007	2008
EPS(원)	625	695	610	576	452
P/E비율	19.7	15.8	16.1	15.3	15.7
ROE(%)	10.9	12.0	12.0	11.2	9.5

(2) 진명기업의 주주들은 5개년의 성과에 만족할 것이라는 것을 제시하는 근거가 다소 있다.

첫째, EPS가 625원에서 452원으로 하락했다. 그러나 EPS 그 자체로는 회사의 성과에 대해 매우 많이 설명하지 못한다. EPS를 사용하는 P/E비율이 훨씬 더 많이 설명한다.

둘째, 2008년 P/E비율이 15.7이라는 것은 주식의 시장가격이 현재 주당순이익의 15.7배라는 것을 의미한다. 이 기업의 P/E비율은 이 기간 동안 19.7에서 15.7로 하락했다. 이 회사의 신뢰도가 약화되고 있다고 주장할 수도 있다. 그러나 15정도의 P/E비율은 보통 긍정적이라고 간주된다.

셋째, 5년 동안 자기자본순이익률은 10%이상으로서 매우 견고하다. 경제내 이자율이 5%라면 주주의 수익률은 2배가 되는 것이다(위험을 감안할지라도). 한 가지 우려되는

점은 수익률이 2008년에 10%이하로 떨어졌고, 일반적인 추세도 그 기간 동안 약간 하락했다는 점이다.

결론적으로, 주주들은 이 회사의 5개년 성과에 만족할 것 같다. 그 성과는 매우 일관적이며 P/E비율과 ROE 모두 만족스러운 편이다. 그러나 회사가 수익의 하락-EPS와 ROE가 모두 2008년에 하락했다-을 겪게 되었다는 점이 우려스럽다. 마지막으로 최종적 결정을 내리기 전에 주당배당금과 배당수익률과 같은 기타 주주수익률을 살펴보는 것이 유용할 것이다.

종합사례 21-5

〈 easyJet 〉

easyJet은 인기있는 저비용항공사이다. 그것은 런던 루턴공항에 위치해 있으며, 유럽의 광범위한 목적지까지 값싸고 부가서비스가 없는(no-frills) 비행을 제공한다. 1995년 Stelios Haji-loannou에 의해 영업개시된 이후 이 회사는 더욱 더 성장했다. 2006년 몇 가지 핵심영업성과는 다음과 같다:

- 2005년 83백만파운드에서 56% 상승한 129백만파운드의 기록적인 세전이익
- 승객수는 11.5% 상승한 33백만
- 승객매출액은 여름성수기의 영업에 의해 5.9% 상승 또는 좌석당 2.13파운드 증가
- 보조 수입도 모든 분야에서 크게 진전되어, 34% 상승 또는 좌석당 0.86파운드 증가
- 연료를 제외한 단위당 비용이 1.5% 하락 또는 28.78파운드에서 28.36파운드로 좌석당 0.42파운드 하락
- 단위당 연료비용은 33% 상승 또는 좌석당 2.48파운드 증가
- 58개의 새 경유지와 11개의 새 목적지가 추가되어 비행망(network)이 21개국에 걸쳐 262개 경유지와 74개 공항으로 확대
- 비행기수는 연수가 평균 2.2년인 122대로 증가하여 유럽에서 가장 현대적이고 친환경적인 비행기를 보유하게 됨.

- 재무상태표는 861백만파운드의 현금보유와 31%의 부채비율을 나타내 건전한 상태임.

다음의 〈표〉는 2006년 재무상태표와 손익계산서에서 발췌된 easyJet의 재무정보를 나타낸다.

〈표 21-5〉 2006년 easyJet의 재무정보

(단위: 백만파운드)

	2006년	2005년
매출액	1,619.70	1,341.40
영업이익(EBIT)	117.8	66.2
투자자본*	1,614.60	1,215.30
순자산	982.9	863.4
유동자산	1,087.20	890.9
유동부채	509	414.5

* 장기투자자본(자기자본 + 비유동부채)

출처: easyet의 2006년 영업보고서와 재무제표

(1) 비율분석이 재무제표를 해석하는데 어떻게 활용되는가를 설명하라.

(2) 핵심적인 영업성과에 의하면, 2006년 easyJet의 부채비율은 31%이다. 이것이 무엇을 의미하는가를 설명하라.

(3) 2005년과 2006년 이 기업의 ① 이익마진(=영업이익/매출액), ② ROCE(=영업이익/투자자본), ③ 유동비율, ④ 총자산회전율을 계산하라.

(4) (3)의 결과는 easyJet이 더욱 더 성장했다는 것을 어느 정도 설명하는가?

해설

(1) 재무제표의 정보는 한 기업의 성과를 얼마나 잘 나타내는가를 보여줄 수 있다. 예를 들어, 이 사례에서 재무제표에 의하면 이 기업의 이익이 66.2백만파운드에서 117.8백만피운드로 증기했다. 그리니 비율분석은 보디 디 철지히고 명확한 분석을 제공한디.

재무비율은 재무제표에서 어느 정도 관련이 있는 두 값을 비교하여 계산될 수 있다. 두 값을 이용하여 백분율(%)로 나타내거나 단순히 비율(배수)로 나타내기도 한다. 재무비율이 유용하려면 두 수치가 서로 연관되어 있어야 한다. 예를 들어, 이익은 틀림없이 기업이 사용한 자본의 규모와 연관되어 있다. 재무비율들을 사용하여 수익성, 유동성, 부채지급능력, 자산활용의 효율성, 그리고 주주들의 투자가 얼마나 잘 성과를 냈는가를 분석할 수 있다.

(2) 많은 기업의 이해관계자들에게 한 가지 중요한 비율은 부채비율이다. 부채비율을 사용하여 기업의 자본구조를 분석할 수 있다. 그것은 보통주주들부터 조달된 자본규모와 대출로 조달된 자본규모와 비교한다. 이것은 대출이자율이 고정적인 반면에 보통주주주들의 배당은 그렇지 않기 때문에 중요하다. 부채비율을 보면 기업이 대출을 부담할 수 있는 능력이 있는가의 여부를 판단할 수 있다. 그 이유는 부채비율이 높은 기업들은 영업이 어려워져도 계속 이자를 지급해야 하기 때문이다. 이 사례에서 easyJet의 부채비율은 31%이다. 이것은 50% 이하이며 그 기업의 부채비율이 낮다는 것을 말해준다. 이것은 이 기업이 대출을 감당할 능력이 있다는 것을 의미한다.

(3)

	2006년	2005년
이익마진	7.3%	4.9%
ROCE	7.3%	5.4%
유동비율	2.14	2.15
총자산회전율	1.65	1.55

(4) 이 사례의 주어진 정보에 의하면, easyJet이 1995년에 영업을 개시한 이후 더욱 더 성장했다. (3)에서 구한 비율과 같은 증거의 많은 부분이 이러한 관점을 지지해 준다.

첫째, 기업이 비용을 얼마나 잘 통제했는가를 보여주는데 도움이 되는 이익마진이 2005년과 2006년 사이에 증가했다. 그것은 4.9%에서 7.3%로 크게 상승했다. 이것은 커다란 진전이며 매출액이 증가했을지라도 회사가 비용을 확실하게 통제했다는 것을 나타낸다.

둘째, ROCE는 기업의 성과를 측정하는데 사용될 수 있는 가장 중요한 비율이다. 그것은 가끔 기본비율(primary ratio)이라고도 불린다. 그것은 기업이 창출한 이익, 즉 수익과 투자된 자금의 양, 즉 자본을 비교한다. 이 비율의 장점은 이익을 기업의 규모와 연관시킨다는 점이다. easyJet의 ROCE는 2개년에 걸쳐 5.4%에서 7.3%로 크게 증가했다. 이것도 커다란 진전이다. 그것은 이 기업이 회사에 투자된 자본의 양과 관련하여 더 큰 수익을 창출했다는 것을 말해준다. 그러나 7.3%의 수익률이 그렇게 대단하지 않다고 일부는 주장할지도 모른다. 그 이유는 자금이 은행에 예치될 경우 2006년에 위험없이 약 6% 수익률이 얻어질 수 있었기 때문이다.

셋째, 유동비율은 기업이 운전자본을 얼마나 가지고 있는가를 나타낸다. 그것은 유동성비율이다. 2005년과 2006년 모두 이 기업의 유동비율은 건전했다. 유동비율은 대략 1.5와 2.0사이에 있어야 한다. 이 사례에서 그 비율은 2개년 모두 약 2.0을 초과한다. 이것은 이 기업이 단기부채를 매우 안전하게 지급할 수 있다는 것을 의미한다.

마지막으로, 이 기업의 총자산회전율도 개선되었다. 그것은 1.55에서 1.65로 증가했다. 총자산회전율은 이 기업이 비행기와 같은 자산을 얼마나 생산적으로 사용하고 있는가를 나타낸다. 총자산회전율은 산업별로 차이가 난다. 매출액이 크고 고정자산의 가치가 비교적 작은 소매유통업에서는 총자산회전율이 3 이상이다. 반면, 고정자산에 상당한 투자를 하는 제조업에서는 그 비율이 보통 비교적 작다. 예를 들어, 그 비율은 1.0 또는 그 이하가 될 수 있다. 또 다른 항공사와 비교해 보면 이러한 비율과 다른 비율들이 우수한 성과지표를 나타내는가의 여부를 알 수 있다. 그러나 여기에서 주어진 증거자료에 의하면 이 기업은 우수한 성과를 창출하는 것처럼 보인다.

제22장

비율분석의 가치와 한계

서 론

비율분석은 기업들의 성과를 평가할 때 도움을 받고자 하는 주주, 경영자, 재무분석가, 그리고 언론인과 같은 사람들에 의해 사용된다.

주요 내용

1. 비율분석의 장점

   (1) 단순성 (2) 속도 (3) 비교가능성(기간별, 기업별 등) (4) 의사결정

2. 비율분석의 한계

   (1) 비교의 기준(동일기간, 동일산업 등) (2) 대차대조표의 한계(연말기준이므로 연중 변화내용 파악불가) (3) 질적인 정보의 무시 (4) 회계장부의 질(인플레이션 반영, 분식회계 등)

3. 분식회계

   (1) 매출액 조작 (2) 감가상각비와 같은 비용의 조작 (3) 일회성비용과 같은 특별비용의 조작 (4) 부실채권의 상각 (5) 자산가치의 변화 (6) 유동성의 증대(예: sale and leaseback) (7) 유동자산과 유동부채 관리

사례 22-1

평창기업(상장회사)은 서울에서 중형 차량의 딜러이다. 올해는 차량의 판매가 매우 안좋았다. 전국적으로 기록적인 자동차 판매가 되었음에도 불구하고 이 기업의 판매량은 실제로 감소했다. 경영진은 이것이 주가와 주주의 반응에 미칠 수 있는 영향을 우려했다. 따라서 경영진들은 올해의 중요한 마지막 재무연도 말인 4월말에 판매를 증가시키기 위한 전략을 마련했다.

모든 차량판매직원들은 고객이 차량을 인수받고 재무연도 마지막 날에 대금을 완납하면, 4월 차량판매에 대해 직원들이 보통 받는 보너스의 2배를 제안받았다. 4월말이 다가오자 판매직원들은 차량을 선택하고 예치금을 지급했던 고객들이 5월초보다는 4월말에 차량을 인수하도록 적극 설득해야만 했다.

동시에 직원들은 모든 불필요한 비용을 삭감하도록 요구받았다. 2월 중순 이후에는 회사를 떠난 기존의 직원들을 다시 선발하는 것이 금지되었다. 부품재고도 가능한 한 오랜 동안 대체되지 않았다. 이러한 모든 것이 영업상의 어려움을 초래했다. 서비스에 대한 대기시간이 약 3일에서 4일로 길어졌고 보통은 재고로 있었던 부품이 공급업사들로부터 특별히 수분해야 했기 때문에 몇몇 고객들은 그들 차량의 수리가 하루 더 걸린다는 것을 알았다.

(1) 이 기업의 경영진들은 연말 기업의 이익을 부풀리기 위해서 ① 판매량, ② 비용을 어떻게 조정했는가를 설명하라.

(2) 이러한 부풀리기가 다음 재무연도의 매출액, 비용, 그리고 이익에 어떠한 영향을 줄 것인가를 설명하라.

해설

(1) ① 이 기업의 경영진들은 올해 재무연도 마지막 달인 4월에 판매를 집중적으로 증대시키는 전략을 추구함으로써 판매량을 조정했다. 4월동안 적극적인 판매를 유도하기 위해 직원들에게 보너스정책이 제공되었다. 예를 들면, 직원들은 다음 해보다는 올해의 4월말에 판매가 이루어지도록 하기 위해 5월초보다는 4월말 전에 고객들로 하여금

그들의 차량을 인수받도록 설득하고자 하였다.

② 이 기업의 경영진들은 불필요한 비용을 삭감하기 위해 고안된 여러 방법으로 비용을 조정했다. 올해 말 이전에 떠났던 직원들은 대체되지 않았으므로 임금비용이 더 낮아졌다. 더욱이 재고도 다 떨어지도록 내버려 두어 기존의 재고를 대체시키는 비용이 발생되지 않았다.

(2) 차량매입주문이 4월말 이전에 이루어지도록 하여 차량판매를 조정하면 다음 재무연도에는 매출액이 하락할 수 있을 것이다. 보통 5월(**다음 해의 재무연도에 속함**)에 발생했던 판매가 판매직원들에 의해 올해의 재무연도로 이월된 것이다. 이러한 판매가 다음의 재무연도에 이루어지지 않으면 매출액은 하락할 것이다. 다른 한편, 이 기업은 매출액의 하락가능성을 인식하여 매출액감소를 보충하기 위해 홍보전략을 사용할 수도 있다.

비용을 조정하려는 노력 때문에 올해의 재무연도에 이 기업의 비용이 감소했을 수도 있다. 그러나 비용의 감소는 영업상의 어려움을 초래했다. 예를 들어, 회사를 떠났던 직원들을 대체시키지 않아 회사의 직원이 부족했기 때문에 서비스의 대기시간이 평균적으로 하루가 길어졌다. 또한 부품도 재고로 현장에 남아 있지 않아 주문되어야 했기 때문에 서비스가 지연되었을 수도 있다. 이러한 문제가 발생되면 다음의 재무연도에 그 기업은 직원들을 더 뽑아야 하고 그에 따라 임금비용이 높아질 것이다. 이 회사는 또한 모두 소진되었던 재고를 보충해야만 할 것이다.

이러한 것을 방지하기 위한 조치가 취해지지 않으면 다음 해의 매출은 하락하고 비용은 증가할 수 있다고 주장할 수 있다. 따라서 다음 재무연도의 이익은 하락할 것으로 예상된다.

종합사례 22-2

천호플라스틱은 서울동쪽에 위치한 비상장(private limited) 대기업이다. 이 회사는 PVC 파이프, 탱크, 세척기(scrubber), 그리고 덮개(hood)를 디자인하고 생산하는 엔지니어 기업이다. 2008년 이 회사는 재무적으로 어려워지기 시작했다. 이 기업은 자본잠식상태이었고 운영자본을 증가시키고 제품개발자금을 마련하기 위해 100억원의 자금을 조달해야 했다. 은행대출이 경영진에 의해 고려되었다. 불행하게도 2007년의 재무제표는 좋아보이지 않았다. 이 기업의 성과를 분석하기 위해 사용된 몇 가지 비율에 의하면, 대부분의 은행들이 이 기업에게 대출해주는 것을 싫어할 것이다. 그러나 비상이사회에서 재무이사는 기업의 성과가 재무제표를 조정하면 개선될 것이라고 제안했다. 경영이사는 이것에 대해 의심했다. 그러나 재무이사는 조정(window dressing)은 적법이며 그 조정을 통해 보다 더 좋은 관점에서 그 기업을 보여줄 수 있을 것이라고 모든 이사들에게 확신을 주었다. 그 재무이사는 다음의 두 가지 조치를 제안했다.

* 감가상각비를 계산하는 방식이 변경될 수 있다. 이것을 통해 2008년에 이익이 60억원에서 80억으로 20억원 증가할 것이다.
* 공장을 매각한 후 다시 임차(sale & lease back)하는 것. 이를 통해 회사에 현금을 유입시켜 유동성을 높일 것이다. 재무이사는 또한 이것을 통해 운영자금도 증가할 것이라고 설명했 다. 이사회는 결국 재무이사의 의견에 찬성했고 제안된 조치가 이루어졌다.

다음의 〈표〉는 재무제표가 조정된 이후 2008년 이 회사의 재무비율을 나타낸다.

〈표 22-1〉 천호플라스틱의 재무비율

	2008	2007
순이익마진	5.40%	2.40%
ROCE	4.60%	1.90%
유동비율	1.6	1.1
부채비율	42%	41%

(1) 천호플라스틱에 대해 비율분석을 사용하는 가치는 무엇인가?

(2) 재무제표의 조정(window dressing)이란 무엇인가?

(3) 천호플라스틱에 대한 조정의 위험성은 무엇인가?

(4) ① 감가상각비를 계산하는 방식의 변화가 순이익마진과 ROCE에 미치는 영향에 대해 설명하라.

② 공장을 매각한 후 다시 임차하는 방법이 유동비율과 부채비율에 주는 영향에 대해 설명하라.

(5) 공장을 매각한 후 다시 임차하는 방법이 이 기업에 미치는 장기적인 영향은 무엇인가?

해설

(1) 비율분석은 성과를 평가하는데 도움이 되기 위해 천호플라스틱 기업에 의해 사용된다. 그것은 여러 가지 분명한 장점을 가지고 있다. 첫째, 비율은 계산하기에 쉽다. 비율은 보통 재무제표에서 직접 가져온 수치를 시용하여 두 값으로 만들어진다. 대부분의 비율은 일관성이 있는 공식을 가지고 있으며, (부채비율과 같이) 단지 소수의 비율만이 서로 다른 사용자에 따라 정의에서 차이가 난다. 이러한 단순성 때문에 비율을 이해하기가 쉽다. 예를 들어, 7%의 순이익마진은 4%의 경우보다 더 우수한 것으로 쉽게 판단할 수 있다. 비율분석은 매우 쉽게 행해질 수 있다. 이 기업의 재무제표가 준비만 되면 사실 이 기업의 재무상태가 매우 빨리 분석될 수가 있다.

둘째, 비율은 기업간의 비교분석을 할 때, 특히 동일한 환경적 여건하에서 영업을 하는 동일한 산업의 기업들을 분석할 때 이상적이다. 천호플라스틱은 그의 성과를 다른 플라스틱 제조업체와 비교할 수 있다. 기업간 분석, 기간별 분석, 그리고 시간에 따른 기업별 분석이 모두 비율분석을 사용하여 이루어질 수 있다. 천호플라스틱은 또한 비율분석을 사용하여 내부 비교를 할 수도 있다. 예를 들어, 이 기업은 서로 다른 제품간에 순이익마진을 비교할 수 있고, 서로 다른 부서간에 ROCE를 비교할 수 있다.

마지막으로, 비율분석은 천호플라스틱의 의사결정권자들에게 유용하다. 그 이유는 비율분석을 통해 이 기업의 강점과 약점을 파악할 수 있기 때문이다. 예를 들어, 이 기업이 매출총이익마진은 매우 높은 반면 순이익마진은 매우 낮다는 것을 발견하면, 경영진은 비용최소화 전략을 결정해야 할 것이다.

(2) 재무제표는 한 기업의 재무적 사건에 대한 "진실하고 공정한 기록"을 나타낸다. 법률과 재무보고기준은 기업이 재무제표를 나타내는 여러 가지 서로 다른 방식에 제한을 둔다. 이러한 제한은 재무제표의 작성과 표시에서 사기와 부실표시를 방지하기 위해 고안되었다. 그러나 기업들은 그들의 재무제표를 합법적으로 조정하여 서로 다른 재무제표를 나타낼 수 있다. 이것은 조정(window dressing)이라고 불려진다. 재무제표는 여러 방법으로 조정될 수 있다. 그 중 한 가지가 부실채권을 상각하여 이익을 줄이는 것이다.

(3) 기업들은 여러 가지 이유로 그들의 재무제표를 조정하기를 희망한다. 예를 들어, 기업의 경영자들은 주주와 잠재적 주주들에게 미래에 가능한 한 재무상태를 좋게 보이기를 희망한다. 우수한 재무결과가 나오면 경영자들은 칭찬, 그리고 아마도 보상을 받을 것이다. 또한 그들은 주주와 재무관련 언론으로부터 비난을 면할 것이다. 그러나 이 사례에서 천호플라스틱은 새로운 자금조달을 희망한다. 이 회사는 100억원의 자금을 차입하기를 원한다. 이 회사가 우수한 것으로 보이면 새로운 자금조달 가능성이 높아질 것이다. 그러나 은행과 다른 자금대여자들이 이 회사의 재무제표가 조정되었다는 사실을 알게 되면 이 기업의 신용도와 평판은 해를 입게 될 수 있다. 그들의 신용등급은 상당히 하락할 것이다. 이것은 이 기업에게 장기적인 영향을 줄 것이다. 이 회사는 자금조달을 다시 할 수 없을 것이다.

(4) ① 이 기업이 재무제표를 조정하기 위해 제안한 방법은 감가상각비를 계산하는 방식을 바꾸는 것이다. 계산방법을 변경하면 그 해의 순이익이 60억원에서 80억원으로 증가할 것이다. 이것은 순이익마진과 ROCE에 모두 영향을 줄 것이다. 이들 두 비율 모두 그들의 계산에서 순이익을 사용한다. 순이익이 60억원에서 80억원으로 상승하면 순이익마진과 ROCE 모두 상승할 것이다. 이것은 기업의 성과가 실제보다 더 나아졌다는 것을 의미할 것이다. 예를 들어, 이익이 커져서 순이익마진이 2007년 2.4%에서 2008년 5.4%로서 2배 이상되었다.

② 또한 이 기업의 재무이사는 공장을 매각하고 다시 임차할 것을 제안했다. 이것은 기업의 성과를 개선시킬 뿐만 아니라, 공장을 매각하여 이 기업은 현금을 받기 때문에 운영자금을 증가시키는 데에도 도움을 줄 것이다. 공장의 매각은 이 기업이 보유한 현금의 양을 증가시킬 것이다. 이것은 유동비율에 영향을 주는 유동자산의 크기를 증대시킬 것이다. 유동자산의 증가와 더불어 유동비율이 상승할 것이다. 주어진 〈표〉에 의하면, 유동비율이 2007년 1.1에서 2008년 1.6으로 개선되었다. 이것은 상당히 크게 개선된 것이며, 유동비율을 이상적인 범위인 1.5와 2.0 사이에 있도록 한다.

공장을 매각하여 다시 임차하는 것은 부채비율에 영향을 주지는 않는다. 그 이유는 부채비율이 그 기업이 보유한 대출자본과 지분자본의 양으로 계산되기 때문이다. 공장의 매각이 이 기업이 보유한 부채의 크기나 자기자본의 크기에 영향을 주지 않는다. 부채비율이 2년에 걸쳐 41%에서 42%로 약간 증가했을지라도 이것은 공장의 매각과 아무런 관련이 없다.

(5) 공장의 매각이 단기적으로 운영자금을 증대시켜 주고 유동비율을 개선시켜주는 것은 분명하다. 이것은 상당한 필요자금을 제공하고 자금대출자들에게 기업을 보다 더 매력적으로 보이게 함으로써 이 기업에 혜택을 줄 것이다. 그러나 장기적으로는 공장을

임차하는 것이 비쌀 것이다. 이 기업은 영구적으로 임차료를 지급해야 할 것이다. 이러한 비용은 매년 이 기업의 수익성을 감소시킬 것이다. 따라서 장기적으로는 이익이 낮아질 것이다. 또한 이 기업은 재무상태표의 가치있는 비유동자산을 잃게 될 것이다. 미래에 그 기업은 자금을 차입할 때 담보로 사용할 자산을 덜(less) 보유하게 될 것이다. 이것은 문제가 될 수 있다.

제23장
현금흐름

서 론

현금은 기업의 모든 자산 중에서 가장 유동성이 높은 자산이다. 기업의 현금이란 예를 들어 보유현금과 은행예금을 말한다. 현금은 운전자본의 일부이기는 하지만 그것과 동일하지는 않다. 예를 들어 기업이 대금지급을 해야 할 경우 즉시 현금화될 수 없는 매출채권과 같은 자산이 운전자본에는 포함된다.

현금이 기업에 왜 중요한가? 현금이 없으면 그 기업은 중단되게 된다. 기업이 도산하는 이유는 매우 많은데, 그 중 가장 공통적인 요인들은 다음과 같다:

- 매출부족
- 이익마진(매출액순이익률)의 부족
- 위치선택의 실패
- 너무 작은 고객기반에 의존
- 운전자본의 부실관리
- 현금흐름의 부족

과거 조사에 의하면, 기업실패의 약 20% 이상이 현금흐름의 부족 또는 운전자본의 부족 때문에 발생한다. 심지어 영업조건이 좋은 상황에서도 기업들은 파산한다. 이러한 부류의 많은 기업들은 꽤 수요가 많은 좋은 제품을 생산하기도 한다. 그 기업들은 수익을 창출할 잠재력도 가지고 있지만, (파산한 기업의) 법정관리제도(Receivership)에 들어가기도 한다.

현금흐름이란 지속적으로 현금이 기업에서 유출되고 그 기업으로 유입되는 것을 말한다. 처음에 현금은 자원(재료나 노동)을 구매하거나 고용하는데 사용된다. 이 자원들은 재화나 서비스로 전환되어 고객에게 판매되며 그에 따라 기업에 현금이 유입된다. 판매대금 중 일부는 추가 생산을 위해 사용될 것이다. 성공적인 기업의 경우 이러한 현금흐름은 계속된다. 이러한 현금흐름이 어느 단계에서 중단되면 그 기업은 지속할 수 없을 것이다.

주요 내용

1. 현금흐름의 지속적 모니터링과 통제
2. 현금흐름의 추정
3. 기업들이 현금흐름추정을 준비하는 이유
   (1) 현금과부족의 시점 확인 (2) 대출신청서 지원 (3) 계획절차(planning process)의 향상 (4) 현금흐름의 모니터링
4. 현금흐름 추정의 개선요인
   (1) 정확한 자료 (2) 추정조작 (3) 외부요인의 고려
5. 현금흐름표

사례 23-1

갑돌이는 파주에 농장을 보유하고 있다. 그 농장에는 가게가 하나 있으며 주말에 많은 고객들이 그 농장에서 수제(homemade)비누를 만들 수 있는지를 갑돌이에게 물어보았다. 갑돌이는 비누를 만들어 그 농장에서 파는 새로운 사업아이디어를 실현해 보기로 했다. 그는 농장에서 생산된 채소가 활용될 수 있을 것이라고 생각했다. 갑돌이는 현금흐름추정치를 포함한 사업계획서를 작성했다. 갑돌이는 부친으로부터 100만원을 빌리고, 현재 100만원의 자기자본을 가지고 있는데, 그 금액은 새로운 사업을 하기에 적당한 금액이 된다고 생각했다. 9개월간의 현금흐름 추정치가 다음의 〈표〉에 나타나 있다.

〈표 23-1〉 수제비누생산기업의 현금흐름추정치

(단위: 천원)

	5월	6월	7월	8월	9월	10월	11월	12월	1월
수입									
부친으로부터차입	1,000								
자기자본	1,000								
현금	200								
총수입	2,200	400	500	400	500	600	900	800	1,200
		400	500	400	500	600	900	800	1,200
지출									
요리장비	900								
기타설립비용	900								
채소	50	100	125	100	125	150	225	200	300
기타음식재료	60	80	90	80	90	100	150	130	180
포장	50	100	125	100	125	150	225	200	300
간접비	100	100	100	100	100	100	100	100	100
총지출	2,060	380	440	380	440	500	700	630	880
순현금흐름	140	20	60	20	60	100	200	170	320
기초잔고	0	140	160	220	240	300	400	600	770
기말잔고	140	160	220	240	300	400	600	770	1,090

(1) 6월을 예로 사용하여 갑돌이가 다음에 대해 어떻게 계산하는가를 설명하라:

① 총지출 ② 순현금흐름 ③ 기말잔고

(2) 5월의 기초잔고가 왜 0인가?

(3) 갑돌이의 비누사업에서 발생되는 현금잔고가 어떻게 되는가를 설명하라.

해설

(1) ① 6월의 총지출은 38만원이 될 것으로 예상된다. 이 금액은 6월중에 공급업자에게 지급될 예상현금지출의 총액이다. 거기에는 채소, 기타 재료, 포장, 그리고 연료와 같은 간접비가 포함된다.

② 6월의 순현금흐름은 총현금수입에서 총지출을 차감하여 구해진다. 6월에 총지출은 38만원, 그리고 총수입은 40만원이 될 것으로 예상된다. 따라서 순현금흐름은 2만원(=40만원-38만원)이 될 것이다.

③ 6월의 기말잔고는 16만원이다. 이것은 기초현금잔고에다 6월중 순현금흐름을 더하여 구해진다. 6월 기초현금잔고는 14만원, 그리고 순현금흐름은 2만원으로 예상된다. 따라서 기말잔고는 16만원(=2만원+14만원)이 될 것이다.

(2) 5월 기초현금잔고는 0원이다. 이 이유는 그 기업이 아직 영업을 시작하지 않았기 때문이다. 5월초에는 현금수입이나 현금지출이 선혀 없었다. 따라서 기초현금진고는 0이어야만 한다.

(3) 갑돌이기업의 예상현금상태는 우량한 것처럼 보인다. 9개월간의 영업기간에 기말현금잔고는 매달 더 커질 것으로 예상된다. 9개월말에 기말현금잔고가 109만원이 될 것으로 예상된다. 갑돌이는 그 추정치에 만족할 것 같다.

사례 23-2

갑돌이는 수원에서 주류소매점을 운영한다. 그는 최근 그의 점포를 바로 옆 건물로 확장했으며 보다 더 다양한 재고량을 보유할 것으로 예상한다. 확장비용 때문에 그 기업의 현금잔고가 완전히 소진되었으며, 갑돌이는 재고를 구입하기 위해 자금을 차입해야 한다. 그는 9개월 동안 500만원을 차입할 필요가 있다. 은행대출신청서에 도움이 되기 위해서 그는 다음의 〈표〉와 같이 9개월간 현금흐름추정표를 작성했다. 그 추정치는 대출이 승인되었기 때문에 대출상환도 포함된 것으로 가정한다.

〈표 23-2〉 갑돌이의 현금흐름추정표

(단위: 천원)

	7월	8월	9월	10월	11월	12월	1월	2월	4월
수입									
현금매출	3,800	4,000	5,000	?	6,000	9,000	7,000	3,000	3,500
은행대출	5,000								
총수입	8,800	4,000	5,000	?	6,000	9,000	7,000	3,000	3,500
지출									
재고	7,000	3,000	3,400	3,400	4,000	6,100	,800	2,000	2,400
대출상환	620	620	620	620	620	620	620	620	620
임시직인건비	200	200	200	200	200	200	200	200	200
기타잡비	100	100	100	100	100	100	100	100	100
인출	500	500	500	500	500	500	500	500	500
보험료				450					
광고	370								
전화비			170			200			210
총지출	8,790	?	4,990	5,270	5,420	7,920	6,220	3,420	4,030
순현금흐름	10	(420)	10	(270)	580	1,080	780	(420)	(530)
기초잔고	(90)	(80)	(500)	(490)	(760)	(180)	?	1,680	1,260
기말잔고	(80)	(500)	(490)	(760)	?	900	1,680	1,260	730

(1) 다음의 갑돌이 현금흐름추정값을 계산하라:

① 10월의 현금매출과 총수입 ② 8월의 총지출 ③ 11월의 기말잔고 ④ 1월의 기초잔고

(2) 은행의 대출신청서에 도움이 되는 것 이외에 이러한 현금흐름추정치는 기업을 운영하는 데 갑돌이에게 어떠한 도움을 주는가?

(3) 이러한 현금흐름추정치만을 토대로 하여, 은행이 갑돌이에게 대출을 승인해 줄 것인가에 대해 설명하라.

해설

(1) ① 10월의 현금매출액과 총수입은 500만원(= 527만원 − 27만원)이다.

② 8월의 총지출금액은 442만원(= 300만원 + 62만원 + 20만원 + 10만원 + 50만원)이다.

③ 11월의 기말잔고는 –18만원(= 58만원 – 76만원)이다.

④ 1월의 기초잔고는 90만원(12월의 기말잔고와 동일함)이다.

(2) 기업들은 현금흐름을 통제하고 모니터링하기 위해 현금흐름추정표를 작성한다. 그중에서도 가장 중요한 것은 매달 기업의 현금상태를 갑돌이가 미리 파악할 수 있게 해준다는 점일 것이다. 현금흐름표 맨 아래에 있는 기말잔고는 매달 말에 그가 얼마의 현금을 보유할 것으로 예상되는지를 나타낸다. 예를 들어, 갑돌이는 그의 기업이 처음 5개월 동안에 어딘가에서부터 추가로 현금을 조달해야 한다는 것을 사전에 안다. 둘째, 그는 현금상태가 기간 말에는 개선될 것이라는 것을 안다. 셋째, 현금흐름추정표를 준비하는 것은 기업의 전반적인 계획(planning)을 개선하는데 도움이 된다. 사려깊은 계획은 목적을 분명히 하고 성과를 개선하는데 도움이 되므로 기업에서 중요하다. 현금흐름추정치를 작성하는 것은 그것이 미래를 다루기 때문에 계획과정의 부분이 된다. 넷째, 그것은 현금흐름을 모니터링하는데 도움이 된다. 연말에 갑돌이는 추정치와 실제값을 비교할 수 있다. 이렇게 하면 그는 어떠한 수치가 왜 다른가를 발견하려고 시도할 것이다. 이것은 미래의 추정치를 더욱 더 정확하게 하는데 도움이 되며, 따라서 현금흐름추정치가 유용하다는 것을 의미한다.

(3) 은행은 갑돌이가 요청하는 대출을 승인해줄 수 있을 것이다. 갑돌이는 점포를 확장했기 때문에 다양한 재고를 구입하기 위해 자금을 필요로 한다. 갑돌이는 단지 단기대출을 요구할 뿐이며 그는 9개월 안에 그것을 상환할 수 있을 것이라고 확신한다. 그의 추정에 따르면, 기업의 현금상태는 9개월에 걸쳐 크게 개선된다. 실제로 추정치에는 대출이 승인되었다는 가정하에 대출의 상환금액까지도 포함되어 있다. 그러나 그 대출을 포함했을지라도 그 기업이 처음 5개월동안에는 부채를 질 수밖에 없을 것으로 예상된다고 은행은 갑돌이에게 지적할 수도 있다. 은행은 이 점에 대해 우려할 수 있다. 은행은 갑돌이가 어떻게 이러한 부족현금을 조달할 것인가를 그에게 물어볼 수 있다. 그러나 종합적으로 판단해 볼 때, 이 기업의 예상성과를 살펴보면 대출은 승인될 수 있을 것이다.

종합사례 23-3

〈 갑돌이의 정원디자인 〉

조경과 정원디자인 학위를 마친 후 갑돌이는 자신의 정원디자인 사업을 하기를 원했다. 디자인 과정에는 갑돌이가 정원디자인의 필요성에 대해 고객과 만나고 서베이(survey)를 실행하는 것이 포함될 것이다. 두 번째 미팅에서는 보다 더 간단한 설명을 하고 예산을 짜는 일이 이루어질 것이다. 그런 다음 갑돌이는 3D 기본계획, 도안그리기, 그리고 재료를 조합해야 할 것이다. 디자인뿐만 아니라 갑돌이는 모든 건설공사를 하기로 계획했다. 그는 사람들이 지방에서 새로운 정원디자인에 50만원과 500만원 사이를 지출할 것이라고 생각했다.

갑돌이는 자기자본을 많이 가지고 있지 않으므로 은행대출을 필요로 했다. 대출을 얻기 위해 갑돌이는 정확하고 현실적인 현금흐름추정치를 포함한 사업계획서를 작성해야만 할 것이다. 갑돌이는 그가 주문을 이미 받았다면 대출을 받을 가능성이 높아진다는 것을 알았다. 그는 4월에 직업을 갖고 저축하고, 남은 시간에 주문을 받아 그 사업을 시작하기로 결정하였다. 그는 집에서 살면 되고 사업시작전에 200만원을 저축할 수 있을 것이라고 생각했다.

2월경에 갑돌이는 정원디자인 5개의 확정적 주문을 받았다. 일단 사업을 시작하면 사람들이 그의 작품을 보게 되고 따라서 주문도 따라올 것으로 갑돌이는 확신했다. 그러나 그는 사업에 대한 마케팅을 계획했고 업종별 전화번호부(yellow page)에 광고를 신청했다. 다음의 〈표〉는 기업의 처음 9개월간 예측수입(정원건설에서 식물과 기타 재료비를 차감한 순수입)을 나타낸다. 그리고 다음의 재무정보가 수집되었다.

* 300만원의 은행대출이 필요함.
* 갑돌이는 4월에 200만원의 저축을 자기자본으로 사용함.
* 4월에 200만원인 밴을 구입함.
* 4월에 도구 및 장비가 340만원에 구입될 것임.
* 4월에 전문가 디자인 소프트웨어를 포함한 랩탑컴퓨터가 60만원에 구입될 것임.
* 5월 yellow page에 광고비용으로 10만원이 소요될 것임.

* 매달 일반간접비로 40만원이 소요됨.
* 5월부터 시작하여 격월로 10만원의 광고비가 소요됨.
* 갑돌이는 6월부터 시작하여 매달 80만원을 인출함.
* 대출상환금은 매달 20만원이 될 것임.

〈표 23-3〉 갑돌이의 정원디자인 회사의 예측 수입(처음 9개월 동안)

(단위: 천원)

	4월	5월	6월	7월	8월	9월	10월	11월	12월
예측 수입	2,000	2,100	2,000	2,500	2,500	2,000	1,000	500	0

(1) 현금흐름추정의 의미를 설명하라.

(2) 갑돌이 기업의 9개월간 현금흐름추정표를 작성하라.

(3) ① 9개월간 이 기업의 현금상태를 설명하라.
② 2008년 초에 이 기업의 현금상태가 어떻게 될 것인가를 예상해보고 설명하라.

(4) 일단 갑돌이가 영업을 시작하자마자 그는 4월말 나쁜 상황에 직면했다. 그가 구입한 자동차가 긴급한 수선을 필요로 했으며 수리비는 120만원이었다. 6월 130만원어치의 확실한 주문이 취소되었다. 수정 현금흐름표를 작성하라.

(5) 은행이 수정추정치를 토대로 대출을 승인해 줄 것으로 여러분은 생각하는가?

해설

(1) 현금흐름추정표는 보통 스프레드시트로 작성되는 재무적 서류이며, 그것은 미래 일정기간동안 한 기업의 가능한 수입과 지출을 나타낸다. 모든 예상 수입과 지출이 월별로 작성되며 예상현금잔고가 매월말에 계산되어 나타난다.

(2)

(단위: 천원)

	4월	5월	6월	7월	8월	9월	10월	11월	12월
수입									
은행대출	3,000								
자기자본	2,000								
현금수입	2,000	2,100	2,000	2,500	2,500	2,000	1,000	500	0
총현금수입	7,000	2,100	2,000	2,500	2,500	2,000	1,000	500	0
지출									
밴자동차	2,000								
도구 및 장비	3,400								
랩탑컴퓨터	600								
광고(yellow pages)		100							
일반간접비	400	400	400	400	400	400	400	400	400
광고		100		100		100		100	
인출			800	800	800	800	800	800	800
대출상환	200	200	200	200	200	200	200	200	200
총지출	6,600	800	1,400	1,500	1,400	1,500	1,400	1,500	1,400
순현금흐름	400	1,300	600	1,000	1,100	500	(400)	(1,000)	(1,400)
기초잔고	0	400	1,700	2,300	3,300	4,400	4,900	4,500	3,500
기말잔고	400	1,700	2,300	3,300	4,400	4,900	4,500	3,500	2,100

(3) ① 이 회사의 예상현금상태는 매우 낙관적인 것처럼 보인다. 모든 설립비용이 발생되는 첫 달의 영업에서 이 기업은 아직도 월말에 양(+)의 현금잔고를 가질 것으로 예상된다. 그 후 현금상태는 기말잔고가 490만원에 이를 것으로 예상되는 9월까지 매달 개선된다. 그 이후 몇 개월 동안에는 수입이 하락하기 시작하므로 현금상태가 악화된다. 그러나 수입이 전혀 없는 12월까지도 기말 현금잔고는 아직도 양(+)이다.

② 2008년 초 이 기업의 현금상태는 더욱 더 악화될 것으로 예상된다. 이 이유는 수입이 2008년 초 몇 개월 동안 0일 가능성이 있기 때문이다. 정원디자인 사업은 계절적 수요에 영향을 받을 가능성이 있으며 사람들은 봄에 성장계절이 시작하기까지는 새로운 정원에 대해 생각하지 않을 것이다. 현금지출이 2008년 초 2개월간 매달 140만원으로 동일하고 더 이상의 수입이 없다면 2008년 2월말 현금상태는 −70만원(=210만원−280만원)이 될 것이다.

(4) 수정된 추정현금흐름표 (단위: 천원)

	4월	5월	6월	7월	8월	9월	10월	11월	12월
수입									
은행대출	3,000								
자기자본	2,000								
현금수입	2,000	2,100	700	2,500	2,500	2,000	1,000	500	0
총현금수입	7,000	2,100	700	2,500	2,500	2,000	1,000	500	0
지출									
밴자동차	2,000								
도구 및 장비	3,400								
랩탑컴퓨터	600								
광고(yellow pages)		100							
일반간접비	400	400	400	400	400	400	400	400	400
광고		100		100		100		100	
인출			800	800	800	800	800	800	800
대출상환		200	200	200	200	200	200	200	200
밴자동차수리	1,200								
총지출	7,800	800	1,400	1,500	1,400	1,500	1,400	1,500	1,400
순현금흐름	(800)	1,300	(700)	1,000	1,100	500	(400)	(1,000)	(1,400)
기초잔고	0	(800)	500	(200)	800	1,900	2,400	2,000	1,000
기말잔고	(800)	500	(200)	800	1,900	2,400	2,000	10,00	(400)

(5) 이 기업의 수정된 현금흐름표는 좋아 보이지는 않는다. 4월에는 현금이 충분하지 않을 것이다. 예상 밖의 자동차 수리는 4월말에 현금상태가 −80만원이 된다는 것을 의미한다. 5월에는 현금상태가 개선되나 6월에 취소된 주문 때문에 현금상태가 다시 음(−)으로 된다. 이후 현금상태는 연말까지 개선된다. 12월에 다시 음(−)의 현금잔고가 발생한다. 또한 2008년 초 음의 현금잔고는 유입되는 수입이 없으므로 훨씬 더 커진다. 이러한 환경하에서 은행은 갑돌이에게 300만원의 대출을 꺼려할 수도 있다. 만약 그가 (대출 이외에) 은행당좌대월을 승인받지 못하면 그는 처음 몇 개월간의 영업에서는 살아 남을지라도 2008년 초에는 다시 어렵게 될 것이다. 은행은 갑돌이에게 그의 자본을 기업에 더 투입할 것을 요구하고 겨울기간 달에도 수입을 발생시키는 방법을 찾도록 요구할 것이다. 그는 또한 인출을 축소하여 비용을 줄일 수 있을 것이다.

제24장
현금흐름의 개선

서 론

재무관리의 한 가지 분명한 목적은 기업이 필요한 자금을 충분히 가지고 있는가를 확인하는 것이다. 기업의 현금보유량이 부족하면 영업을 하는 것이 불가능한 것은 아니지만 어렵게 된다. 아마도 기업을 폐쇄시켜야만 할 것이다. 2007년 영국의 음악소매업자인 Fopp도 비정상적인 재고인수후에 도산했다. 그 기업은 2007년 2월에 병든 Music Zone 그룹의 인수를 통해 너무 지나치게 욕심을 부리다가 현금이 부족하여 도산한 것으로 나타났다. 그 해 7월에는 (파산한 기업의) 파산관재인이 소집되었고 105개의 모든 점포가 폐쇄되어 700개의 일자리가 희생되었다고 발표되었다.

이 사례는 재무관리의 중요성을 나타낸다. 사려 깊은 소유주와 경영자들은 예산, 현금흐름의 추정, 그리고 신용관리시스템을 사용하여 재무자원을 효과적으로 관리한다. 효과적인 재무관리를 통해 기업은 필요한 현금을 충분하게 보유한다.

주요 내용

1. 현금부족 요인들

(1) 과다거래(초기기업이나 급성장기업과 같이 거래가 과도하게 증가하여 운전자금이 부족해지는 것) (2) 고정자산에 과도한 투자 (3) 재고의 누적 (4) (고객에게) 외상매출기간 장기화 (5) (공급업자에 대한) 외상매입기간의 단기화 (6) 과도

한 차입 (7) 인플레이션의 과소추정 (8) 예상외 지출 (9) 수요의 예상외 변화 (10) 계절적 요인 (11) 부실한 재무관리

2. 현금흐름의 개선방법

(1) 당좌차입의 활용 (2) 추가적인 장단기 대출의 협상 (3) 재고판매나 재고축소 (4) 팩터링(factoring)회사의 활용 (5) 비핵심 고정자산의 매각 (6) sale and leaseback의 활용 (7) 현금판매 독려 (8) 기한경과 매출채권의 회수 강화 (9) 핵심구매만 허용 (10) 공급업자에 대한 지급연장 (11) 회사자금의 개인적인 인출축소 (12) 새로운 자본투입

3. 신용통제시스템

사례 24-1

2007년 7월 슈퍼마켓 체인점인 Kwik Save는 현금부족으로 몰락했다. 대부분의 직원들은 최대 6주까지 보수를 받지못했다. Kwik Save는 영국의 웨일즈 북쪽지역인 Rhyl에서 점포하나로 1959년 설립되었고, 1970년에는 주식시장에 상장되었다. 1990년대에 그 회사는 1,000개 이상의 점포를 소유했었고, 최근에 Somerfield의 한 부분이 되었다. 그러나 그 기업은 2007년 2월 Niklas가 이끄는 새로운 기업인 BTTF에 매각되었다. 새로운 현금이 이 기업에 투입되었으나 그 체인점을 살려내기에는 충분하지 않았다.

이 기업은 가격을 크게 낮춘 거대한 슈퍼마켓들과, Aldi와 Lidl 같은 외국의 저비용 경쟁자들로부터의 치열한 경쟁압력과 부실한 경영의 복합요인 때문에 몰락했다. 5월 공급업자들은 Kwik Save로부터 대금을 받는데 상당히 어려웠다고 하면서 빵과 우유공급을 중지했다. 그 회사가 몰락하기 바로 전에 81개 점포가 폐쇄되었고 700명의 직원이 직업을 잃었다. 이 기업이 몰락하는 날에는 90개의 점포가 추가로 폐쇄되었으며 동시에 1,100명의 직원들이 해고되었다. 그러나 일부의 점포는 다른 소매업자에 의해 인수되고 일부 직원들도 그대로 남게 될 것이라는 희망이 있었다. 폐쇄되었던 Ellesmere 항구의 한 점포의 전 부지점장이었던 Amanda Higgins는 텔레비전에서 그 뉴스를 보았다. 반면, 그 회사는 침

묵했다. 그녀는 "그일이 잔인하다. 나는 무엇을 할지 모르겠다"고 말했다.

그녀는 집 근처에 있는 Little Sutton 가게에 전화를 걸었으며, 직원으로부터 그 가게도 폐쇄되었다고 들었다. 직원들이 들은 바에 의하면, 직원들이 회사에 와서 합리적인 방법으로 그 가게를 넘긴다면 그 직원들은 일주일치 임금을 받을 것이라고 했다. 그러나 Higgins는 그것을 믿지 않았다.

(1) 이 사례를 예로 사용하여 기업을 운영할 때 현금의 중요성에 대해 설명하라.
(2) Kwik Save의 몰락으로 인하여 ① 직원들, ② 소유주는 어떻게 영향을 받을 것인가를 설명하라.
(3) Kwik Save의 몰락에 대한 가능한 원인에 대해 분석하라.

해설

(1) 현금은 기업에서는 사람의 피와 같다. 현금이 없으면 기업은 작동되지 않는다. 이 사례에서 Kwik Save는 현금이 떨어졌다. 그 결과 이 기업은 2007년 7월 몰락했다. 이 기업이 Niklas에 의해 인수되었던 2월에 약간의 새로운 현금이 이 기업으로 투입되었다. 그러나 이 금액은 충분하지 못했고 Kwik Save는 다시 현금부족에 직면했다. 직원들이나 공급업자들에게 임금이나 대금을 지급하지 못하여 결국 관리대상이 되었다.

(2) ① Kwik Save의 직원들은 큰 타격을 받았다. 회사가 몰락하기 바로 전에 81개 점포가 폐쇄되었고 700명의 직원들이 일자리를 잃었다. 이 기업이 몰락하는 날에는 90개의 점포가 추가로 폐쇄되었으며 동시에 1,100명의 직원들이 해고되었다. 그러나 일부의 점포는 다른 소매업자에 의해 인수되고 일부 직원들도 그대로 남게 될 것이라는 희망이 있었다. 또한 많은 직원들이 6주동안 급여없이 일했다. 기업이 몰락했기 때문에 그들은 작은 돈도 받을 수 없을 것 같다.

② Niklas는 이 기업에 투입한 모든 것을 잃을 것 같다. 기업이 관리대상이 되면 모든 자산은 현금으로 매각된다. 그 현금은 채권자들에게 지급하는데 사용된다. 그 채권자들이 모두 지급을 받은 후 남은 것이 있다면 이 사례에서 주인인 Niklas는 나머지를 갖게 된다. 그러나 Niklas는 어느 것도 받을 수 없을 것 같다. 그는 또한 그 슈퍼마켓을 인수했던 2월에 그가 투입한 현금도 잃게 될 것이다.

(3) Kwik Save가 직면한 주요 문제 중의 하나는 다른 경쟁업체들로부터의 치열한 경쟁압력 때문이었다. 이 회사는 Tesco와 Asda 같은 커다란 경쟁자들의 가격인하 때문에 손실을 입었다. 또한 이 회사는 Aldi와 Lidl 같이 시장에 진입한 외국업체들에게 사업영역을 빼앗겼다. 둘째, 이 사례에서 이 회사는 부실하게 경영되었다고 지적되었다. 자세한 내용은 없으나 부적절한 제품라인의 선택, 비효과적인 마케팅 전략의 사용, 그리고 부실한 기업조직 등과 같은 실수가 있었을 것이다. 셋째, 이 기업은 부실한 재무관리로 고통을 겪었을 지도 모른다. 그 이유는 이 회사가 현금부족을 겪었고 매출의 대부분도 현금판매로 이루어졌기 때문이다.

사례 24-2

갑돌이는 조그마한 의류생산업체를 소유하고 운영한다. 그는 12명의 직원을 고용하고 서울에서 임차건물을 사용한다. 현금흐름은 그에게 항상 문제이다. 그에게서 구매하는 기업들은 늦게 지급하는 반면, 그가 버는 이익마진은 치열한 경쟁으로 악명높은 산업이어서 매우 작다. 최소한 완제품 재고는 전혀 문제가 안 된다. 그는 샘플을 만들어 그를 기반으로 주문을 받는다. 주문을 받자마자 구매자에게 보내진다.

(1) 갑돌이가 현금흐름상황을 개선할 수 있는 가능한 세 가지 방법에 대해 설명하라.

해설

(1) 갑돌이는 운전자본(유동자산-유동부채)을 조정하여 현금흐름상황을 개선한다. 첫째, 현금흐름문제를 해결하는 수단은 늦게 지급하는 기업들(구매자들)이 더 일찍 지급하도록 하는 것이다. 갑돌이로부터 의류를 구매하는 기업들은 이 회사의 채무자들이다. 그 채무자들은 이 회사에 빚을 지고 있다. 보다 더 정기적으로 회수를 하고, 회수가능성을

추적하며, 그리고 전반적인 신용통제시스템을 갖는 것이 도움이 될 수 있다. 둘째, 갑돌이는 채권자(공급업자)들에 대한 상환기간을 늘리면 될 것이다. 이 회사가 이들 채권자들에게 빚을 지고 있는 것이다. 예를 들어, 갑돌이는 의류를 만드는데 사용된 재료의 공급업자들과 지급기간 연장을 협상할 수 있다. 지급기간을 30일에서 90일로 변경하면 이 회사는 더 오랜 기간 동안 현금을 보유하게 될 것이다. 셋째, 갑돌이는 그가 보유하고 있는 원재료 재고량을 축소할 수 있다. 재고를 줄이게 되면 현금이 그 회사로 더 가게 된다.

종합사례 24-3

〈호텔 콘도〉

호텔콘도는 객실이 45개인 호텔로서 회의시설, 식당, 그리고 술집이 갖추어져 있다. 그것은 서울의 북쪽에 위치하며 김포공항에서 차로 20분 거리에 있다. 재산을 포함한 이 호텔기업의 소유주는 갑돌이와 갑순이다. 이 호텔은 미국에 있는 예약시설을 사용하며, 고객 중 약 80%가 미국의 사업여행자와 일반여행자들이다. 이 호텔에는 많은 시설들이 있는데, 객실의 커피메이커, 객실서비스, 안전한 금고, 케이블과 고속인터넷과 연결된 텔레비전 등이 포함된다.

이 호텔은 지난 수년 동안에는 특히 성과를 내지 못했다. 달러에 대한 원화의 강세로 계속 미국 고객들의 유입이 감소했다. 객실점유율은 2005년 82%에서 2006년 50% 미만으로 하락하였다. 사업을 계속 유지하기 위해 주인은 환률이 결국에는 반대로 갈 것으로 희망하면서 2천만원의 현금을 투입했다. 그 중 400만원이 호텔명부에 등재하는데 지출되었다. 이로 인해 영업이 좀 더 잘 되었으나 예상한 만큼은 아니었다. 400만원은 식당을 재구성하는데 지출되었으나, 불행하게도 새로운 주방장의 임명과 메뉴의 변화가 추가로 더 많은 고객들을 끌어들이지는 못했다. 2006년 말경 이 호텔은 은행에 560만원의 현금을 가지고 있었고, 현금흐름추정에 의하면 영업이 크게 개선되지 않으면 2007년 6월에 더 많은 현금이 투입되어야 할 것으로 나타났다.

이 호텔은 서울 북쪽 지역에서 사업을 시작하던 한국회사와 접촉하게 되었다.

그 회사는 직원들을 수용하기 위해 3개월간(5월부터 7월까지) 25개의 객실을 예약하기를 원했다. 그 회사는 또한 회의시설을 정기적으로 사용하기를 원했다. 가격이 합의되었고 예치금도 지불되었으며, 이 호텔은 안정상태로 되는 것 같았다. 그러나 운이 나쁘게도 이 호텔은 의료 및 안전검사관들의 점검 이후 4월 2주 동안 문을 닫아야 했다. 호텔과 식당에 음식을 제공했던 큰 주방의 위생상태가 기준에 미달했다. 약 1,500만원이 소요되는 작업이 끝나야 이 호텔은 문을 다시 열 수 있었다. 은행에는 920만원의 현금이 있었다.

(1) 이 사례를 예로 사용하여 현금흐름의 문제가 무엇인가를 설명하라.
(2) 이 사례에서 외부요인들이 어떻게 현금흐름문제를 일으켰는가에 대해 설명하라.
(3) 갑돌이와 갑순이는 그들의 친척 중 한 사람이 sleeping parter(출자만 하고 경영에 참여하지 않는 동업자)가 되도록 그 기업에 참여시켜 5천만원을 투자하도록 제안했다. 그 친척이 그 제안을 받아들일 것이라고 생각하는가?
(4) 그 회사가 현금흐름위기를 해결하기 위해 취해야할 조치를 검토해 보라.

해설

(1) 현금흐름문제는 기업이 충분한 현금을 보유하지 못할 때 발생한다. 이 사례에서 호텔 콘도는 주방에서 필요한 작업에 소요되는 자금으로 최소 1,500만원을 필요로 한다. 이 기업은 은행에 단지 920만원만 보유하고 있다. 기업에게 필요한 충분한 자금이 없기 때문에 이것이 현금흐름문제이다. 호텔 주인이 현금을 투입하지 않는다면 이 기업은 폐쇄될 수도 있다.

(2) 다양한 요인들이 기업의 현금흐름에 영향을 줄 수 있다. 이러한 요인들 중 일부가 외부적인 요인인데, 이는 그 외부요인들이 기업의 통제 밖에 있다는 것을 의미한다. 즉, 이 요인들은 기업의 외부에서 발생하는 사건들에서 발생한다. 이 사례에서 고객이 감소하는 이유 중의 하나는 달러에 비해 원화의 가치가 상승했기 때문이다. 원화가치가 상승했다는 것은 미국사람들이 한국에서 여행하고 머무를 때 더 많은 돈을 지급해야 한다는 것을 의미한다. 이것 때문에 호텔에서 숙박하는 미국 고객들의 수가 감소했고, 그리고 호텔에의 현금유입이 감소한 것이다.

호텔의 현금흐름문제는 또한 4월에 강제로 폐쇄된 결과이기도 하다. 이 호텔이 정부에 의해서 결정되는 의료 및 안전규정을 지키지 못했다는 것은 이 호텔이 주방의 위생기준을 높여야 한다는 것을 의미한다. 이들에 소요되는 비용은 1,500만원으로 예상되는데, 이 기업은 현재 그만한 자금을 보유하고 있지 않다. 또한 호텔이 강제로 폐쇄되는 동안에는 수입이 전혀 없게 된다. 이와 같은 예상 외의 지출이 현금흐름문제를 일으키는 대표적인 이유이다. 이 사례에서 그것은 외부요인 때문에 발생했다.

(3) 기업이 현금흐름을 개선할 수 있는 한 가지 방법은 새로운 자본을 유치하는 것이다. 이 사례에서 이 호텔의 주인들인 갑돌이와 갑순이는 그들의 친척 중 한 사람에게 호텔의 지분을 제공하는 댓가로 5,000만원의 자본을 제공하도록 제안했다. 이 친척이 그 제안을 받아들일 것인가는 여러 요인에 달려 있다. 아마도 가장 중요한 것은 이 기업이 미래에 성공할 가능성이 있는가의 여부이다. 현재로서는 이 기업이 어려움에 처해 있다. 이 기업은 현금흐름문제에 직면해 있으며, 그리고 현금투입이 없으면 파산할 수도 있다. 그러나 추가로 현금이 투입되면 이 호텔은 주방에 필요한 수리를 할 수 있고 문을 다시 열 수 있다. 이 기업은 매력적으로 보이는 영업계약에 대해 한국회사와 협상했다. 이 한국회사는 3개월간 25개 객실을 예약하였고 회의시설도 정기적으로 사용할 계획이었다. 이것은 호텔에 좋은 영업인 것처럼 보인다. 그러나 이 계약 전에 이 호텔은 어려움에 처해 있다. 식당을 다시 열었으나 실패하였으며, 호텔명부에 등재했지만 추가적으로 영업이 크게 활성화되지 못했다. 만약 이 호텔의 위생상태가 기준에 미달하면 이 호텔영업은 잠시 정지될 수도 있는 것처럼 들린다.

또한 그 친척은 이 호텔이 어떠한 자산을 소유하고 있으며 5,000만원의 투입자본에 대한 댓가로 어느 정도의 호텔지분이 제공될 것인가를 고려해야만 한다. Sleeping partner로서 매일매일의 기업경영참여는 없으며 투자만 하는 것이다. 결론적으로 그 투자는 위험한 것이 될 것이다. 고객 감소의 증거가 있고 현재 심각한 현금흐름위기도 존재한다. 친척동업자의 자본이 호텔지분에 의해 충분하게 커버되지 않는다면, 그 투자제안은 받아들여지지 않을 것이다.

(4) 기업에서 현금흐름을 개선하는 방법에는 여러 가지가 있다. 그러나 그 방법들이 모든 기업에게 적합한 것은 아니다. 예를 들어, 이 사례에서 호텔은 현금매출을 일으킬 수 없다. 이 호텔은 일정기간 동안 문을 닫아야 하며 2주 동안 어떠한 예약도 받을 수 없다. 호텔이 객실요금을 할인해 준다면 사전예약을 받을 수 있으나 호텔은 예약에 대한 보증금만을 회수할 뿐이다. 또한 이 호텔은 더 비싸게 예약했던 다른 고객들, 특히 큰 규모의 집단예약을 마친 한국회사로부터 비난받을 수 있다. 기타 이 호텔에 부적합한 현금흐름개선방법들에는 원재료를 현금으로 판매하는 것, 연체금에 대해 강력한 제제를

가하는 것, 금융기관에게 매출채권을 판매하는 것, 그리고 불필요한 고정자산을 판매하는 것 등이 포함된다.

호텔 콘도는 현금을 빨리 필요로 한다. 한 가지 방법은 은행으로부터 단기대출이나 당좌대월을 받는 것이다. 새로 대출을 받으려면 은행이 호텔을 담보로 사용하도록 해야 하며, 적어도 이 기업은 현금을 받아서 영업을 다시 시작할 수 있을 것이다. 호텔은 분명하게 대출이자를 지급해야 하며 따라서 그로 인해 호텔기업의 수익성은 감소할 것이다. 단기적으로 이것이 이 기업의 현금흐름을 개선할 수 있는 최선의 방법일 것이다.

장기적으로 이 호텔기업은 호텔을 팔아서 다시 그 호텔을 임차하면 상당한 현금투입을 받게 될 것이다. 이것은 현금을 창출하기 위해 기업들이 점점 많이 사용하는 방법이다. 매각 후 호텔재산의 관리는 임대회사의 책임이 될 것이다. 그러나 장기적인 임차는 비싸므로 이익을 축소시킬 것이다. 주인들은 기업의 주요 자산을 매각할 것인가의 여부를 신중하게 고려해야만 할 것이다.

제25장
투자프로젝트의 가치평가

서 론

투자란 자본재의 구입을 말한다. 자본재는 다른 재화의 생산에 직접적으로 또는 간접적으로 사용된다. 예를 들어, 건설업자의 투자는 콘크리트 혼합기, 임시 가설물, 트럭 등을 구입하는 것이다. 이러한 재화는 생산에 직접 사용된다. 그 건설업자가 그 기업 사무실의 컴퓨터와 복사기를 구매하면 그것은 간접적인 투자가 된다. 이러한 재화들은 생산에 사용되지는 않을지라도, 그것들이 없으면 그 기업은 효율적으로 영업을 하지 못할 것이다.

또한 투자란 미래에 수익을 창출해줄 수 있는 기업의 지출을 말한다. 예를 들어, 기업은 새로운 제품개발에 R&D비용으로 200억원을 지출하거나 광고캠페인에 100억원을 투자할 수 있다. 어느 경우든 그 투자지출의 결과로 더 많은 자금이 미래에 창출될 것이라는 기대로 현재의 프로젝트에 자금이 투입되고 있는 것이다.

주요 내용

1. 기업투자의 유형

   (1) 광고캠페인 투자 (2) R&D 투자 (3) 새로운 기술에 투자 (4) 공장확대 투자 (5) M&A 투자 (6) 교체투자

2. 투자판단의 기준

   (1) 투자목적(또는 투자동기) (2) 수익률 (3) 기업의 자신감 (4) 외부요인들

3. 투자의사결정의 위험과 불확실성 평가
4. 투자프로젝트 가치평가와 순현금흐름
5. 투자프로젝트의 가치평가 방법
   (1) 회수기간법 (2) (회계적) 평균수익률법 (3) 순현재가치법 (4) 내부수익률법
6. 투자의사결정에 영향을 미치는 정성적 요인들
   (1) 노사관계 등 인간관계 (2) 윤리적 요인 고려 (3) 기업의 전략
   (4) 위험 (5) 정부의 법과 규제 (6) 자금조달가능성 (7) 기업의 자신감

사례 25-1

천지기업은 완전한 서비스를 제공하는 디지털 마케팅 회사이다. 이 회사는 자문과 창조의 복합업무를 제공하여 완전하게 관리되고 매우 성공적인 온라인 마케팅 캠페인을 실시한다. 이 회사는 소비자, 기업, 광고, 소매유통 및 비영리기관 등을 포함하여 다양한 분야의 고객을 가지고 있다. 그들의 주요 업무는 매우 비용효율적인 방법을 사용하여 웹사이트까지 잘 전달되도록(drive quality traffic to websites) 목표 캠페인을 개발하는 일이다.

2007년 이 회사의 관리이사는 새로운 컴퓨터 시스템의 필요성을 인식했다. 그 이사는 새로운 세 가지 시스템을 조사하여 다음의 〈표〉에 나타난 바와 같이 재무정보를 묶어 놓았다.

〈표 25-1〉 새로운 세 가지 컴퓨터 시스템의 자본비용과 예상 순현금흐름

(단위: 억원)

컴퓨터 시스템	자본비용	2007	2008	2009	2010	2011	2012	총계
시스템 A	240	60	60	60	60	60	60	360
시스템 B	370	80	80	90	90	60	60	460
시스템 C	120	40	40	40	20	10	10	160

(1) 예상 순현금흐름이 무엇인가를 설명하라.
(2) 각 시스템의 회수기간을 계산하고 천지기업이 어느 시스템을 선택해야 하는가를 설명하라.
(3) 이 사례에서 투자프로젝트의 가치를 평가하는 방법으로서 천지기업이 회수기간법을 사용한 이유를 설명하라.

해설

(1) 예상 순현금흐름은 투자프로젝트 기간동안 매년 받을 것으로 예상되는 금액에서 추정 영업비용을 차감한 금액이다. 예를 들어, 이 사례에서 천지기업은 시스템 A가 구입될 경우 6년 동안 매년 60억원을 얻게 될 것으로 예상한다. 이 금액은 영업비용이 차감된 후의 금액이다.

(2) 각 시스템의 회수기간은 다음과 같다.
시스템 A는 4년, 시스템 B는 4년6개월, 시스템 C는 3년.
시스템 C의 회수기간이 가장 짧다. 따라서 천지기업은 시스템 C에 투자할 것이다.

(3) 회수기간법은 투자프로젝트의 가치평가방법 중에서 가장 단순한 방법이다. 이것이 한 가지 장점이다. 그러나 이 사례에서 천지기업이 회수기간법을 사용한 중요한 이유는 컴퓨터 시스템이 매우 빠르게 구식이 되기 때문이다. 실제로 컴퓨터 기술은 매우 빠르게 변하며 천지기업은 가능한 한 빨리 투자자금을 회수하는데 민감하다. 그 이유는 천지기업이 조만간에 다시 컴퓨터를 개선시켜야만 할 수도 있기 때문이다.

사례 25-2

삼청그룹은 항공기, 헬리콥터, 미사일, 그리고 목표시스템(targeting systems)을 위한 전기, 전자 및 기계 부품을 개발, 생산, 설치, 그리고 지원하는 것에 중점을 둔다. 이 회사는 항공기 및 헬리콥터 서비스, 고객맞춤 및 개량 분야에서 선두 주자이다. 삼청그룹의 직원들은 엔지니어와 숙련된 근로자들이다. 2007년 이사들은 회사에 기여를 할 수 있는 다음의 세 가지 투자프로젝트를 확인했다.

* R&D 프로젝트
* 마케팅 캠페인
* 새로운 CNC(Computerized Numerical Control) 기계

이 투자프로젝트들의 자본비용과 순현금흐름이 다음의 〈표〉에 나와 있다.

〈표 25-2〉 세 가지 프로젝트의 자본비용과 예상 현금흐름

(단위: 억원)

투자프로젝트	자본비용	2008	2009	2010	2011	2012	2013	총계
R&D	96	0	0	25	46	50	55	176
마케팅캠페인	90	50	40	30	20	10	10	160
새로운 CNC기계	78	20	20	20	20	20	20	120

(1) ① 각 프로젝트의 평균수익률(ARR)을 계산하라.
② 어느 프로젝트가 선택될 것인가를 설명하라.
(2) 삼청그룹이 이러한 투자평가방법을 사용하는 장점을 설명하라.

해설

(1) ① 프로젝트의 평균수익률(ARR)

투자프로젝트	이익(억원)	연간 이익(억원)	ARR(%)
R&D	80	약 13.3	13.9
마케팅캠페인	70	약 11.7	13.0
새로운 CNC기계	42	7.0	9.0

② 위의 표에서 ARR을 기준으로 R&D 투자프로젝트가 선택되어야 한다. 그러나 그것은 마케팅캠페인 투자프로젝트보다 약간 더 나을 뿐이다.

(2) 삼청그룹에 대한 ARR 투자평가 방법의 주요 장점은 그 방법이 투자프로젝트의 수익성(profitability)을 분명하게 나타낸다는 점이다. 예를 들어, 이 사례에서 R&D프로

젝트가 가장 높은 수익률을 창출시킨다는 것은 확실하다. 또한 그 방법을 통해 다양한 프로젝트를 비교할 수 있으며, 그 수익률은 투자자금을 다른 용도에 사용하였을 때와도 비교될 수 있다. 예를 들어, 삼청그룹이 투자자금을 은행에 예금한다면, 2007년 기준 그 수익률은 약 6%가 될 것이다. 세 가지 모든 프로젝트에 의해 창출된 수익률은 이보다 더 크다. 그러나 이자율이 크게 상승한다면, 삼청그룹은 투자프로젝트를 다시 평가해야 할 것이다.

사례 25-3

삼영은 서울에 있는 의류제조업체이다. 이 회사는 두 종류의 기계 A와 B중에서 하나에 투자를 고려하고 있다. 각 기계의 예상 순현금흐름은 다음의 표에 나타나 있다.

〈표 25-3〉 두 가지 투자프로젝트의 예상 순현금흐름

(단위: 백만원)

연도	0 (최초비용)	1	2	3	4	5	6
기계 A							
순현금흐름	(600)	100	150	200	300	200	100
할인현금흐름							
기계 B							
순현금흐름	(600)	200	300	200	150	100	100
할인현금흐름							

(1) 연 할인율이 15%일 때 각 기계의 연도별 할인현금흐름을 계산하라.

(2) 각 기계의 순현재가치를 계산하라.

(3) 의사결정을 위해 회사가 순현재가치방법을 사용할 경우 이 회사가 왜 기계 B를 선택하는가를 설명하라.

해설

(1) (단위: 100만원)

연도	0 (최초비용)	1	2	3	4	5	6
기계 A 순현금흐름 할인현금흐름	(600)	100 87	150 114	200 132	300 171	200 100	100 43
		(100×0.87)	(150×0.76)	(200×0.66)	(300×0.57)	(200×0.50)	(100×0.43)
기계 B 순현금흐름 할인현금흐름	(600)	200 174	300 228	200 132	150 85.5	100 50	100 43
		(200×0.87)	(300×0.76)	(200×0.66)	(150×0.57)	(100×0.50)	(100×0.43)

(2)

기계 A의 순현재가치 = 47백만원

순현재가치 = (87 + 114 + 132 + 171 + 100 + 43 − 600)백만원

= 647백만원 − 600백만원 = 47백만원

기계 B의 순현재가치 = 112.5백만원

순현재가치 = (174 + 228 + 132 + 85.5 + 50 + 43 − 600)백만원

= 712.5백만원 − 600백만원 = 112.5백만원

(3) 기계 B의 순현재가치가 더 크므로 기계 B가 선택될 것이다. 두 기계 모두 최초비용 600백만원이 소요된다. 그러나 이 비용을 제외한 순현재가치는 기계 B의 경우에 더 크다.

종합사례 25-4

2006년 실린더 제조업체이며 부실회사인 신남기업(상장기업)은 경영진에 의해 40억원에 매입되었다. 이 회사는 169명의 직원을 고용하며 경기도 일산지역의 공장에서 생산을 한다. 이 회사는 비도로용 이동식 특수차량과 유압식 중장비시장에 필요한 맞춤형 고품질의 강력한 유압실린더를 디자인하고 제조한다.

새로운 경영진은 그들이 회사를 흑자회사로 만들 수 있다고 믿는다. 지난해 이 회사는 132억5천6백만원의 매출에서 5억6천만원의 손실을 입었다. 경영진은 지난해 이 회사를 운영했던 사람들이 위험을 감수할 준비가 되어있지 않았다고 믿는다. 결과적으로 그들은 새로운 기술과 작업방식에 투자할 수 없었고 그에 따라 그들의 경쟁자에게 뒤쳐지게 되었다.

새로운 경영이사인 갑돌이는 이미 50억원을 투자에 배정했다. 최초로 4개의 투자프로젝트가 평가되었으나, 회수기간법을 사용하여 예비단계에서 2개는 기각되었다. 나머지 2개의 프로젝트는 현재 심사중에 있다. 이들 프로젝트 중의 하나는 자동화 투자로서 생산과정의 약 60%를 차지한다. 나머지 프로젝트는 전사적 품질경영(total quality management)제도를 도입하는 것이다. 이들 2개 프로젝트의 자본비용과 예상순현금흐름이 다음의 〈표〉에 나와 있다. 할인율 5%일 때 5년째 말까지 매년 말 받게 될 1원의 현재가치도 〈표〉에 나와 있다.

〈표 25-4〉 투자프로젝트의 자본비용과 예상순현금흐름

(단위: 10억원)

투자프로젝트	자본비용	2007	2008	2009	2010	2011	총계
자동화	5.0	2.3	2.6	2.8	3.3	3.2	14.2
전사적품질경영도입	4.4	2.1	2.1	2.3	2.4	2.5	11.4

〈표 25-5〉 할인율 5%일 때 5년째 말까지 매년 말 받게 될 1원의 현재가치

말 기준	0	1	2	3	4	5
1원의 현재가치	0.00	0.95	0.90	0.86	0.82	0.78

회사의 새 주인들은 회사의 미래 방향에 대해 매우 낙관적이다. 그러나 직원들은 주인들의 열정보다는 못하다. 직원 대부분은 제안된 투자계획에 대해 우려를 나타낸다. 직원들의 연령이 매우 높다. 많은 직원들은 학교를 졸업하고 견습생으로 시삭하면서 회사에 입사했다. 50% 이상의 직원들은 다른 곳에서 전혀

일해 본 경험이 없으며 나이도 55세 이상이다. 이 기업이 자동화 프로젝트를 선택한다면 약 50%의 직원들이 회사를 떠나야 할 것이다. 또한 "전사적 품질경영제도의 도입은 많은 직원들에게 압박과 스트레스를 줄 것이다. 그들 중 일부는 전혀 준비가 되어 있지 않다."라고 근로자 대표는 말했다.

(1) 투자프로젝트의 평가(investment appraisal)란 무엇인가?
(2) 전 경영진은 왜 위험을 감수할 준비가 안되어 있었는가를 설명하라.
(3) ① 각 프로젝트의 평균수익률을 계산하라.
② 각 프로젝트의 순현재가치를 계산하라.
(4) 이 회사는 2개 프로젝트 중 어느 것을 선택해야 하는가를 설명하라.
(5) 이 사례에서 정성적인 요인들이 투자의사결정에 어느 정도 영향을 주는가?

해설

(1) 투자프로젝트 평가란 그 투자프로젝트가 수익성이 있는가의 여부를 결정하기 위해서 기업이 투자프로젝트를 객관적으로 평가하는 것을 말한다. 또한 투자프로젝트 평가는 기업들로 하여금 여러 가지 서로 다른 프로젝트간에 서로 비교를 할 수 있도록 해준다. 이 사례에서 신남기업은 회수기간법을 사용하여 다른 2개의 프로젝트를 기각한 후 2개의 프로젝트(자동화와 전사적 품질경영제도 도입)를 비교하고 있다. 프로젝트를 평가할 때 기업이 사용할 수 있는 많은 정량적인 투자평가방법들이 있다. 그러나 그 방법들은 모두 각 프로젝트의 자본비용과 순현금흐름을 비교하는 것이다.

(2) 기업의 투자의사결정은 위험이 수반되므로 기업이 의사결정해야 하는 일 중 가장 어렵다. 투자프로젝트가 이익을 창출한다는 보장이 없다. 의사결정의 판단근거가 되는 모든 비용과 수입의 자료가 정확하다면 그러한 문제가 없을 것이다. 그러나 특히 수입정보는 예측에서 온다. 수입정보는 미래 수요와 경제상태의 예측에 근거한다. 아마도 예측하기가 상대적으로 쉬운 비용까지도 변할 수 있다. 이 사례에서 신남기업은 자동화 프로젝트와 전사적 품질경영제도도입 프로젝트의 예상 순현금흐름을 추정해야 한다. 이것은 매우 어렵다. 과거에 신남기업을 경영했던 사람들은 위험회피적이었다. 이것은 그들이 위험을 싫어하고 투자를 기피했다는 것을 의미한다. 그들은 투자프로젝트들이 수익을 창출할 것인가에 대해 걱정했다. 그들은 적자를 보고 놀랐다. 그러나 새로운 경영진은 회사가 경쟁자들에게 뒤처지게 되었으므로 위험감수(도전)가 필요하다고 믿는다.

(3)

① 평균수익률(ARR)

(단위: 백만원)

	자동화	전사적 품질경영(TQM)제도도입
자본비용	5,000	4,400
총수입	14,200	11,400
이익	9,200	7,000
연이익	1,840	1,400
ARR(%)	36.8	31.8

② 순현재가치(NPV)

	자동화	전사적 품질경영(TQM)제도도입
	10억원 백만원	10억원 백만원
1년	2.3 × 0.95 = 2,185	2.1 × 0.95 = 1,995
2년	2.6 × 0.90 = 2,340	2.1 × 0.90 = 1,890
3년	2.8 × 0.86 = 2,408	2.3 × 0.86 = 1,978
4년	3.3 × 0.82 = 2,706	2.4 × 0.82 = 1,968
5년	3.2 × 0.78 = 2,496	2.5 × 0.78 = 1,950
	현재가치합 = 12,135	9,781
(-)	자본비용 5,000	4,400
	순현재가치(NPV) = 7,135	5,381

(4) (3)의 계산결과에 의하면, 자동화투자가 더 우수한 투자프로젝트인 것처럼 보인다. ARR과 NPV 모두 자동화투자 프로젝트의 경우에 더 높다.

(5) 기업들이 투자프로젝트를 평가할 때 그들은 정량적인 요인들과 정성적인 요인들을 모두 살펴야 한다. 정량적인 요인들은 비용과 예측 순현금흐름과 연관되어 있다. 이 사례에서 정량적인 근거를 바탕으로 자동화 프로젝트가 선택될 것이다. 그 이유는 그 프로젝트가 ARR과 NPV 기준으로 더 높은 수익률을 창출하기 때문이다. 그러나 신남기업의 이사들은 정성적인 요인들, 즉 비재무적인 요인들을 고려할 수도 있다. 이 사례에서 고려해야 할 상당히 중요한 요인이 있다. 두 프로젝트 모두 인력에 영향을 줄 것이다. 자동화 투자프로젝트가 선택되면 약 50%, 아마도 더 많은 직원들이 그들의 직업을 잃게 될 것이다. 이것은 잔존 직원들의 사기에 영향을 줄 것이다. 잔존 직원들도 미래에 그들의 직업도 위협받게 될 것이라고 느낄 수도 있다. 그들은 또한 그들의 동료들이 해고되는 것에 분개할 수도 있다. 비자발적 해고는 갈등과 분열을 초래할 것이다. 예를 들어 파업이 발생할 수 있다.

TQM의 도입도 또한 직원들에게 영향을 줄 것이다. 근로자 대표에 의하면, "전사적 품질경영제도(TQM)의 도입은 여기 많은 직원들에게 압박과 스트레스를 줄 것이다. 그들 중 일부는 전혀 준비가 되어 있지 않다." 이것은 직원들이 TQM의 도입에 반대한다는 것을 의미할 수 있다. 그러나 해고와 TQM에 대한 재훈련간의 선택에 직면할 경우 직원들은 TQM을 더 선호할 것이다. 이것은 신남기업의 경영진들이 의사결정을 할 때 선택을 어렵게 만든다. 경영진들은 자동화를 선택하여 노사분규의 위험을 감수할 것인가, 아니면 TQM에 투자하여 직원들과 좋은 관계를 유지할 것인가? 거의 틀림없이 그들은 자동화를 선택할 것이다. 이것이 훨씬 더 높은 AAR과 NPV를 창출하기 때문이다. 따라서 이 사례에서 정성적인 핵심요인이 중요하다고 할지라노 경영진들의 마음을 바꾸지는 못할 것이다. 그 회사는 현재 손실을 보고 있으므로 재무적 성과를 개선해야만 한다. 이것은 정량적 요인들이 더 많은 영향을 줄 것이라는 것을 의미한다.

제26장

기업가치평가

서 론

재무비율은 기업의 회계장부를 조사하는데 사용될 수 있다. 예를 들어, 어느 기업의 자기자본순이익률이 상대적으로 높다면, 그 기업의 성과가 다른 기업의 성과보다 더 높았다는 것을 나타낼 수 있다. 또한 그것은 그 기업의 자체 성과가 시간이 지나면서 개선되었다는 것을 나타낼 수도 있다. 어느 기업의 부채비율이 비교적 낮다면, 그것은 그 기업이 대출보다는 주주들로부터 자금의 대부분을 조달했다는 것을 의미할 수 있다.

재무비율을 계산하면 기업의 가치평가를 하는데 어느 정도 도움이 된다. 예를 들어, 적절한 운전자본을 보유하고 있으며, 자기자본순이익률과 자본수익률이 높은 기업들의 가치는 그렇지 못한 기업들보다 더 높은 경향이 있다. 한 기업의 가치란 주주 또는 잠재적인 구매자와 같은 관심있는 이해당사자에게 얼마나 가치가 있는가이다. 예를 들어, 2008년 1월 미국기업가인 Andy Appleby는 Derby County 풋볼클럽을 인수했다. 구입가격은 500억달러로 알려졌다. 이것은 판매시점에서 그 기업의 합의된 가격이었다.

서로 다른 사람들은 동일한 기업에 서로 다른 가치를 둘 수도 있다. 매도자는 매수자보다 더 높은 기업가치를 희망할 것이다. 이것은 종종 기대갭(expectation gap)이라고 한다. 또한 기업가치의 차이는 그 기업이 특정의 매수자에게 더 가치가 크기 때문에 발생할 수 있다. 예를 들어, Asda는 이미 어느 마을에 지점을 두고 있는 Tesco보다 지점이 없는 마을에 위치한 독립적인 슈퍼마켓에 더 큰 가치를 둘 수도 있다. 기업가치의 차이는 전략적인 요인들 때문에도 발생한다.

주요 내용

1. 기업가치평가의 이유들
   (1) 기업매각 (2) 기업인수 (3) 기업합병 (4) 기업분할 또는 MBO (5) 상장 (6) 대출담보

사례 26-1

2008년 1월 Scottish and Newcastle(S&N)의 이사들은 주주들이 칼스버그와 하이네켄의 주당 800페니 인수(takeover) 제안을 받아들여야 한다고 추천했다. S&N은 영국의 최대 맥주양조업자이며 세계의 주요 맥주음료회사 중의 하나로서 영국, 프랑스, 러시아에서의 선두권을 포함하여 15개국에서 상당한 위치를 차지하고 있다. 지난 20년간 S&N은 국내기반으로부터 주요 국제적 기업으로 크게 성장하여 맥주판매량이 거의 10배에 달했다. 영국에서 가장 인기있는 몇 가지 브랜드에는 존스미스, 뉴캐슬브라운에일, 포스터스, 크로넨부르그1664, 맥케완스80/-, 스트롱보우 사이더, 그리고 스크럼피잭 등이 포함된다. 이들 브랜드 중 네 개가 상위 10개의 영국 주요 맥주브랜드에 속해 있다.

〈표 26-1〉 주요 맥주브랜드(2008년 현재)

	브랜드	영국 브랜드소유주
1	칼링	Coors
2	포스터스	S&N
3	스텔라아르토이스	InBev
4	칼스버그	Calsberg
5	존스미스	S&N
6	기네스	Diago
7	크로넨부르그1664	S&N
8	버드와이저	Anheuser-Bush
9	테넨츠라거	InBev
10	테틀리비터	S&N

출처: 파이낸셜 타임스, 2008년 1월 26일자

그 인수제안발표 후, S&N은 3개월의 협상이 끝나더라도 주당 800페니의 제안에 대한 승인이 인수전쟁의 끝이 아닐 수도 있다고 경고했다. S&N의 최고경영자인 John Dunsmore는 "우리는 우리의 입찰방어전략을 그대로 유지했다"고 말했다. S&N은 칼스버그와 합작회사인 러시아 볼틱(Baltic)음료지주회사의 이익성장예측에 대한 최근의 발표가 다른 맥주업체들로 하여금 경쟁인수제안을 하도록 유도하고 있다고 믿는다.

(1) 2008년 1월 26일 S&N의 주가는 783페니이었다. 이 가격에서 그 기업의 가치는 7,418백만파운드로 평가되었다. 상정된 인수제안이 승인될 경우 S&N의 시가총액(market capitalization)은 얼마가 되는가?
(2) S&N의 가치가 이 사례에서 설명된 환경에서 왜 중요한 주제가 되는가?
(3) 경쟁입찰이 그 회사에 대해 이루어진다면 S&N의 기업가치는 어떻게 되겠는가?

해설

(1) 시가총액=주가 × 발행주식수
7,418백만파운드 = 783페니 × 발행주식수
발행주식수 = 9,473,818,600
따라서 그 인수제안이 승인될 경우 S&N의 가치는
시가총액 = 800페니 × 9,473,818,600 = 7,579백만파운드

(2) 기업가치평가가 필요한 주요 이유 중의 하나는 한 기업이 다른 기업을 인수하기를 희망할 경우이다. 이 사례에서 칼스버그와 하이네켄은 S&N을 인수하기를 원한다. 그 인수제안이 성공하려면 주주들이 구매자로부터의 제안을 받아 들여야 한다. 이 사례에서 3개월의 협상이 끝난 후 S&N의 주주들은 주당 800페니 인수제안이 받아들여질 것을 추천했다. 주당 800페니의 인수제안은 S&N의 가치를 7,579백만파운드로 평가한다. 이 금액은 S&N과 구매자들을 대표하는 협상자들 간에 합의된 가치이었음에 틀림없다. 이러한 가치평가는 S&N이 보유한 모든 자산의 가치를 반영한 것이다. 이러한 가치평가에 대한 합의가 이루어지면 그것은 S&N 주주들에게 상정될 것이다.

(3) S&N이 주당 800페니 인수제안의 수용을 주주들에게 추천한 후에, 그 회사는 3개월의 협상이 끝나더라도 주당 800페니의 제안에 대한 승인이 인수전쟁의 끝이 아닐 수도 있다고 경고했다. S&N의 최고경영자인 John Dunsmore는 "우리는 우리의 입찰방어 전략을 그대로 유지했다"고 말했다. S&N은 칼스버그와 합작회사인 러시아 볼틱(Baltic) 음료지주회사의 이익성장예측에 대한 최근의 발표가 다른 맥주업체들로 하여금 경쟁인수제안을 하도록 유도하고 있다고 믿는다. 다른 맥주업체들이 입찰과정에 진입한다면 S&N의 가치는 상승할 것이다. 그 이유는 경쟁입찰자들이 주당 800페니 인수제안보다 더 큰 금액을 제시해야만 할 것이기 때문이다. 입찰전쟁이 일어나서 두 개 이상의 맥주업체들이 S&N을 구매하기를 원한다면 그 회사의 가치는 크게 상승할 수도 있다.

종합사례 26-2

〈TelecityGroup〉

TelecityGroup은 독립적인 네트워크 데이터 센터의 범유럽 제공자이다. 이 그룹은 광범위한 기업들에게 다양한 데이터센터와 관리서비스를 제공한다. 이 그룹의 데이터센터는 데이터 및 미디어의 저장, 공유, 그리고 배송을 도와주는 '접속성 및 컨텐츠 허브(hub)'로서 활동한다. 또한 이 그룹의 데이터센터는 기술, 웹, 그리고 인터넷하부구조의 호스팅(hosting)과 관리에 대해 외주를 희망하는 기업들에게 안전한 장소를 제공한다.

런던에 본부를 둔 이 그룹은 7개의 유럽국가에 걸쳐 18개의 독립적인 네트워크 데이터센터를 운영한다. 그 데이터센터는 암스텔담, 더블린, 프랑크푸르트, 런던, 맨체스터, 밀라노, 파리 그리고 스톡홀름을 포함한 주요 지역에 상거래와 접속성(commerce and connectivity)을 위해 위치해 있다. 이 그룹은 고급기술을 가진 엔지니어, 숙련 경영자팀, 그리고 고객서비스에 대한 헌신을 건전한 재정적 지원과 혼합한다. 그의 고객들에는 소니, BBC, AOL, Skype, 그리고 French Connection 등이 포함된다.

Telecity는 그것이 Mike Kelly라는 엔지니어에 의해 세워진 맨체스터 대학에서 뿌리를 갖고 있다. 2000년 기술주전성시대(dot.com boom)에 상장된

Telecity는 호황이 갑자기 파산으로 돌아서고 영업이 고갈되기 전에는 10억파운드의 가치로 평가되었다. 이 회사는 경쟁기업인 Redbus를 인수했으나 결국에는 2005년 3i와 캘리포니아에 있는 Oak Hill 케피털사에 의해 5,800만파운드에 인수(buyout)되었다. 그러나 2007년 10월 Telecity는 상장되어 다시 시장으로 나왔는데, 이 기업의 가치는 주당 220페니 또는 4억3,600만파운드로 평가되었다. Telecity는 글로빅스를 6,200만달러(3천만파운드)에 인수했으며, 글로빅스인수효과가 2006년 전체기간에 적용될 경우 Telecity의 연 순이익이 1,320만파운드에 달했다. 2006년 전반부에 이 회사는 이미 4,610만파운드의 매출액에 대해 1,030만파운드의 순이익을 창출했다. 애널리스트들은 이 회사가 내년에는 3,400만파운드의 순이익을 달성할 것이라고 말한다. 데이터 호스팅(hosting)시장은 광대역인터넷접근의 급속한 개시가 고객들 간의 웹사용을 촉진시켜 최근에 급성장했으며, 규제의 증가는 기업들이 그들의 데이터를 더 오랫 동안 보유해야만 한다는 것을 의미한다. 이것은 모두 Telecity에게는 좋은 뉴스이다. 2008년 1월 29일 주가는 251페니이었다.

〈표 26-2〉 2006년 12월 31일 현재 Telecity의 재무정보

(단위: 천파운드)

비유동자산	149,887
유동자산	35,055
유동부채	64,765
비유동부채	37,467

출처: www.telecitygroup.com과 선데이 타임스, 2007년 10월 28일자

(1) Telecity의 기업가치가 2000년 10억파운드에서 2005년 5,800만파운드로 왜 하락했는가?

(2) 기업가치는 상장전에 왜 필요한가?

(3) ① 2007년 상장 이후 Telecity의 시가총액은 어떻게 되었는가?(발행주식수는 2008년 1월 29일 현재 198.092백만주이었다).

② ①에 나타난 변화는 무엇을 의미하는가?

(4) ① 2006년 12월 31일 현재 Telecity의 순자산가치를 계산하라.
② ①에서의 순자산가치는 기업가치평가에서 어떠한 문제점을 가지고 있는가?

해설

(1) Telecity의 기업가치는 이 회사가 기술주전성시기(dot.com boom)에 처음 상장되었을 때의 약 10억파운드에서 2005년에는 단지 5,800만파운드로 급격하게 하락했다. 이에 대한 주요 이유는 영업이 고갈되었기 때문이다. 이 회사의 서비스에 대한 수요는 하락했고 따라서 이 회사는 간신히 매출과 이익을 창출했다. 반면, 이 회사가 기술주전성시기(dot.com boom)에 고평가되었다고 주장할 수도 있다. 이러한 경우는 그러한 전성시대에 많은 기술주회사들(dot.com companies)에 해당되었다. 주로 과잉과 맹목적 믿음에 의해 촉발된 그러한 회사의 주가는 급격하게 떨어졌다. Telecity의 주가도 이 회사의 매출과 이익이 기대대로 이루어지지 않았다는 것이 인지되었을 때 하락했다.

(2) 기업가치평가가 필요한 이유 중의 하나는 상장을 준비하기 위한 것이다. 회사가 주식거래소에 상장되기 전에 발행될 주식수와 발행시 주가가 미리 결정되어야만 한다. 기업의 가치는 주가에 영향을 줄 것이다. 회사의 가치가 높을수록 주가도 더 높을 것은 자명하다. 이 사례에서 상장시 주가는 220페니이었다. 이것은 기업가치가 436백만파운드로 평가된 것을 기초로 한 것이다.

(3) ① Telecity가 2007년 10월에 상장되었을 때에는 시가총액이 436백만파운드이었다. 그러나 2008년 1월 주가가 251페니로 상승했다. 이 시점에서 발행주식수는 198.092백만주이었으므로 시가총액은 497.211백만파운드(=251페니×198.092백만주)이었다. 이것은 가치가 약 6,100만파운드 증가했다는 것을 나타낸다.

② ①의 계산결과에 의하면 Telecity의 기업가치가 크게 상승했다. 6,100만파운드의 가치상승은 약 1년에 14%의 상승을 나타낸다. 이것은 이 회사의 미래가 밝다고 투자자들이 느끼기 때문에 이 회사의 주식수요가 증가할 것이라는 것을 의미한다. 이러한 관점을 지지하는 몇 가지 정보가 이 사례에 있다. 2006년 1년 동안 Telecity의 연 순이익은 13.2백만파운드이었다. 이 해의 전반부에 이 회사는 이미 46.1백만파운드의 매출에 10.3백만파운드의 순이익을 창출했다. 분석가들은 이 회사가 내년에는 34백만파운드의 순이익을 달성할 것이라고 말한다. 데이터 호스팅(hosting)시장은 광대역인터넷접근의 급속한 개시가 고객들 간의 웹사용을 촉진시켜 최근에 급성장했으며, 규제의 증가는

기업들이 그들의 데이터를 더 오랫 동안 보유해야만 한다. 이것은 모두 Telecity에게 좋은 소식이며 이 회사의 시가총액이 왜 증가했는가를 설명하는데 도움이 된다.

(4) ① 순자산 가치는

순자산 가치= 총자산 가치 − 부채 가치

= (149,887,000+35,055,000)파운드 − (37,467,000 + 64,765,000)파운드

= 184,942파운드 − 102,232,000파운드

− 82,701,000파운드

② 기업의 가치를 평가하는 한 가지 방법은 순자산 규모를 파악하는 것이다. 이 사례에서 순자산가치는 시가총액과 매우 다르다. 실제로 그 차이는 거대하다. 상장시점에서 Telecity의 시가총액은 436백만파운드이었다. 이 시점기준 1년 전에는 순자산의 가치가 겨우 82.7백만파운드에 불과하였다. 그 차이가 353.3백만파운드에 달했다. 이것은 한 기업의 가치를 평가할 때의 어려움들을 강조한다. 한 기업의 시가총액을 계산할 때에는 현재의 주가가 사용된다. 가끔 주가는 그 기업의 성과를 정확하게 반영하지 못한다. 주가는 이자율과 투기자의 행동과 같은 외부요인들에 의해 영향을 받을 수 있다. 주가가 그 기업의 성과를 반영하지 못한다면 가치평가는 부정확할 것이다. 예를 들어, 2007/2008년 겨울에 주가가 실제로 급격하게 떨어졌다. 그 이유는 소위 신용위기(credit crunch)와 기타 외부요인들 때문이었으며, 이러한 사실은 시가총액을 사용할 경우 Telecity이 주당주가 251페니는 그 기업의 기치를 괴소평가하고 있다는 것을 의미한다. 이 때문에 순자산과 시가총액간의 차이가 훨씬 더 커진다.

순자산을 이용하여 한 기업의 가치를 평가할 때, 몇몇 자산의 진실한 가치는 재무상태표에 나타나지 않을 수도 있다. 영업권, 브랜드명, 그리고 저작권과 같은 무형자산들이 있다. 따라서 그러한 자산이 제외되면, 그 기업의 가치는 과소평가될 것이다. 첫째, 많은 회계사들은 무형자산의 가치를 평가하기가 어렵기 때문에 그것들을 평가에 포함시키지 않는 것을 선택한다. 둘째, 무형자산의 가치는 매우 급격하게 그리고 갑자기 변할 수 있다. 이 사례에서 Telecity는 영업권과 같은 몇 가지 가치있는 무형자산을 보유하고 있을 수 있다. 예를 들어, 그 회사는 BBC, 소니, AOL과 같은 매우 유명한 고객들을 보유하고 있다. 이것은 미래의 소득흐름이 매우 좋다는 것을 의미한다. 이 사례에서 순자산의 가치가 상당히 과소평가되었을 가능성이 높다. 마지막으로, 시가총액과 순자산가치간에 여기에서 이루어진 비교는 올바른 것이 못된다. 그 이유는 비교되는 정보가 두 개의 서로 다른 기간에서 나오기 때문이다. 순자산은 2006년 12월 31일 기준으로 평가된 반면, 시가총액은 2007년 10월 기준으로 평가되었다. 두 수치간에 10개월의 시차가 존재한다. 따라서 의미있는 결론을 도출할 수가 없다. 그러나 시가총액이 보다 더 정확하게 2007년 Telecity의 가치를 반영할 것이다.

제27장
신생기업(start-ups)의 가치평가

서 론

대부분의 신생기업들은 5년이 지나면 파산하게 된다. 따라서 기업을 창업한다는 것은 위험하며 그 기업은 장기적으로 운영할 가치가 충분할 만큼 성공적이지 못할 가능성이 높다.

신생기업의 성공은 수많은 요인들로 구성되어 있을 것이다.

- 기업은 기업가가 계속 영업을 하기에 매력적일 만큼 상당한 이익을 창출한다. 그것은 그 기업이 최소한 손익분기점 수준이 되어야 한다는 것이 아니다. 기업가는 다른 어디에서인가, 예를 들어 월급을 받는 직장에서의 급여를 최소한 벌 수 있어야 할 것이다. 사업으로부터의 재무적 보상은 그 기업가가 다른 무엇인가를 포기하지 않고 할 수 있을 만큼 충분해야만 한다.
- 사업으로부터 얻는 만족은 현실의 대안(alternatives)보다 더 커야만 한다. 어떤 사람들은 기업의 운영에서 오는 독립성과 지배력을 즐긴다. 그 사람들은 사장이 되고 기업을 구축하는 것을 좋아한다. 다른 사람들은 이러한 것들이 매우 어렵다는 것을 안다. 그 사람들은 보통의 월급생활이 주는 안전을 더 선호한다. 사업이라는 것이 재무적으로는 성공적일지라도, 기업가들은 그들 자신의 기업을 운영하는 것을 즐기지 못하기 때문에 그들은 사업을 그만두기도 한다.
- 기업가는 기업을 운영할 때의 위험을 극복할 수 있어야 한다. 모든 사업활동에는 위험의 요소가 수반된다. 여러분이 직장생활을 하면 여러분은 내일

정리해고당할 가능성이 있을 수 있다. 그러나 사업을 한다는 것은 이러한 직장생활의 경우보다 더 큰 위험을 수반할 것이다. 사업을 할 경우 잘못될 가능성이 훨씬 더 많다: 예를 들어, 매출이 급격히 악화될 수도 있다, 비용이 예상보다 더 높을 수도 있다. 또는 은행이 결정적인 시점에 대출을 거절할 수도 있다. 어떤 기업가들은 그들이 떠안은 위험을 극복하지 못한다는 것을 안다. 그 사람들은 사업을 그만두고 월급생활을 선택함으로써 더 낮은 위험환경으로 돌아간다.

많은 신생기업들은 매우 작은 규모이며 시간급으로(on a part-time basis) 운영된다. 어린 아이들을 돌보기 위해 집에서 있어야 하는 부모들은 하루에 단지 두세 시간 정도의 영업시간을 요하는 작은 사업을 창업할 수도 있다. 또는 어느 근로자는 직장에서의 일상적인 일 이외에 사입을 창업할 수노 있다. 그리고 자기 자신의 사업을 운영하는 것이 다른 산업에 비해 어떤 산업에서는 훨씬 더 일반적이라는 것을 알아야 한다. 그러한 예로는 농업, 소매업, 그리고 전문서비스업 등이 있다.

주요 내용

1. 기업들이 실패하는 이유

   (1) 예상매출액보다 더 낮은 경우 (2) 예상 초기비용보다 더 높은 경우 (3) 예상 운영비용보다 더 높은 경우 (4) 예상외 충격(shocks) (5) 소수의 거대고객에 의존 (6) 운영상의 문제: 예) 공급업자를 찾는 어려움 (7) 현금흐름 문제 (8) 수익성의 결여

2. 사업계획서의 강점과 약점

   (1) 포괄성 및 연구정도 (2) 실현성 (3) 일관성(논리성)

사 례 27-1

사업계획서를 작성하는 것이 성공을 보증하는 것은 아니라는 것을 갑돌이는 알았다. 갑돌이는 몇몇 대형 슈퍼마켓을 위해 자체상표의 세면도구를 주로 생산한 기업의 생산관리자이었다. 그 시장은 매우 경쟁적이었고 이익률도 매우 낮았다. 갑돌이는 공장에서 비용을 축소하라는 요구를 지속적으로 받았으며, 그렇지 않으면 나머지 생산직원들과 더불어 정리해고위험에 직면하였다. 그는 충분하게 시간을 갖고 연구한 후 세면도구를 생산하는 그의 자체 사업을 시작하기로 결정하였다. 그의 사업아이디어는 그가 가격경쟁을 회피하기 위해 고급시장(up-market)을 대상으로 한다는 것이었다. 그는 주로 비교적 작은 규모의 가게에 판매할 것이며 주요 슈퍼마켓 체인점과의 거래를 회피할 것이다.

그는 수많은 작은 규모의 지역가게들을 접촉하면서 시장조사를 하였는데, 그 사람들은 모두 그들이 그의 제품을 구입는데 확실하게 관심이 있다고 말했다. 그는 샘플을 생산했으며, 중고장비의 구입과 산업단지 내의 부지임차를 바탕으로 비용을 계산해 보았다. 재무적 수치는 좋게 보였으며, 첫 해의 영업에서조차도 상당한 이익이 창출되었다. 그러나 그는 창업자본으로 필요되는 1억원을 차입하는데 어려움을 겪었다. 세 개의 은행은 그의 사업계획서가 부실하다는 이유로 일반적인 사업대출을 거절했다. 결국, 갑돌이는 그의 집을 2차담보로 하여 그가 필요한 1억원을 차입하였다.

그는 사업을 시작했을 때 희망으로 가득하였다. 그는 작은 규모의 제품주문을 받았으나, 일단 생산을 시작한 후 실제의 마케팅 광고를 실행하기로 결정하였다. 문제는 그 마케팅 광고가 실패작이었다는 것이다. 4주간의 판매되지 못한 재고가 쌓였고 남아 있는 현금은 없었다. 그는 그 사업을 그만둘 수밖에 없었다.

(1) 갑돌이의 사업이 실패한 이유를 세 가지로 설명하라.

(2) '그 사업이 실패한 가장 중요한 이유는 부실한 사업계획서 때문이었다.' 여러분은 어느정도 이 견해에 동의하는가?

해설

(1) 기업들은 여러 가지 많은 이유로 도산한다. 첫째, 갑돌이의 기업은 너무 작은 규모의 시장에 의존했기 때문에 실패했을 것이다. 그는 슈퍼마켓보다는 더 작은 규모의 가게에 주로 판매하고 있었다. 그것 때문에 판매가 제한되었을 것이다. 둘째, 비용이 상승하여 파산했을 수도 있다. 그는 기업대출로서 1억원만큼 차입하기를 희망했다. 최종적으로 그는 그의 집을 2차담보로 하여 차입하였는데, 그로 인하여 차입금리가 상대적으로 높았을 것이다. 셋째, 예상외의 충격으로 인하여 파산했을 것이다. 마켓팅 광고가 그렇게 심하게 실패하리라고는 갑돌이가 예상하지 못했을 것이다.

(2) 기업들은 종종 부실하게 만들어진 사업계획서 때문에 파산하기도 한다. 갑돌이는 사업계획서를 작성하였다. 그 계획서상의 수치는 좋게 보였다. 그 계획서에 의하면, 매출액이 첫 해에서 조차도 비용보다 더 컸다. 그러나 그 계획서에는 많은 문제점들이 존재하는 것처럼 보인다. 갑돌이는 그의 시장규모를 과대하게 추정했을 수 있다. 그의 시장조사가 제한적이었을 수도 있다. 피드백을 위해 단순히 몇몇 지역가게를 접촉하는 것은 샘플의 대표성을 갖지 못했을 것이다. 그 가게들이 갑돌이의 제품을 구매할 것이라고 그들이 단순히 대답했다고 해서 그들이 실제로 구매할 것이라는 것을 의미하지는 않는다. 그리고 그 사업계획서는 부수적으로 발생된 비용의 상승을 고려하지 못했다.

한편, 광고계획의 실패가 예상외었다. 이것이 매출액에 상당히 영향을 미쳤을 것이다. 그러나 어떠한 사업계획서라도 시장에서의 예상외 변화를 어느 정도는 고려해야 할 것이다. 갑돌이는 이와 같은 예상외의 충격을 커버할 수 있을 만큼 충분한 자본을 보유하지 못했다. 따라서 결론적으로 부실한 사업계획서가 그 기업실패의 주요한 이유였다고 주장할 수도 있을 것이다.

종합사례 27-2

〈차량서비스 및 수리〉

철수와 영희는 첫 해의 영업을 막 끝냈는데, 그것은 상상할 수 없을 만큼 성공적이었다. 영희는 20년 동안 운전기사로 일한 후 중대형 차량의 정비공으로 일했다. 철수도 차량정비공으로 같은 카센터에서 일했다. 오랫동안 그들은 그들이

근무했던 카센터가 비효율적이라고 생각했다. 그 기업이 고객들을 잘 돌보지 못한 것처럼 보였다. 가격은 높았고 기술수준이 항상 매우 훌륭하지는 못했다. 2년 전에 그들은 그들 자신의 카센터를 설립하기로 결정했다. 그들의 사업아이디어는 그 지역의 다른 기업들보다 더 낮은 가격으로 보다 더 우수한 품질의 서비스를 제공하는 것이었다.

그들은 사업계획서를 작성하는데 1년을 사용했다. 그들의 두 가지 재무목적은 사업 첫 해에 매출액이 2억원이 되도록 하며, 그들이 각각 2천만원의 봉급을 받는 것을 가정하여 그 사업이 손익분기점이 되도록 하는 것이었다. 셋째 목적은 초기비용을 충당하기 위해 1천만원의 당좌대출과 5천만원의 은행대출을 받는 것이었다.

그들이 함께 연 5,000만원을 벌었던 직장을 그만둔 후 그들은 사업을 시작하였다. 첫 해의 영업은 정신없이 바빴다. 철수와 영희는 첫 한달동안 지역고객들에 대한 중대형 새 차량의 관리 및 수리서비스를 마케팅하는 데에 상당한 시간을 사용했다. 그런 다음 카센터가 설립되면서 다음 몇 개월동안 영희는 정비공으로 그녀의 모든 시간을 사용할 수밖에 없었다. 사업계획서의 예상에 의하면, 그 카센터기업은 6개월 후에 2명의 정비공을 더 고용해야만 할 것이다. 실제로 그녀는 3명의 정비공을 고용했다. 12개월후 그들은 7명의 정비공을 포함하여 13명의 직원을 고용하고 있었다. 그 때까지 첫 해의 매출액은 3억7천만원이었다.

그러나 이러한 성장은 문제가 없는 것이 아니었다. 그 해의 중반쯤에 기업의 현금이 다 떨어지고 있다는 것이 분명해 보였다. 고객들이 이 회사에 불입하는 것보다 이 회사의 대금청구서가 더 빠르게 결제되어야만 했다. 1천만원의 당좌차입이 초과되기 시작하였다. 설상가상으로 고객들은 그 기업에게 없는 장비를 필요로 하는 서비스를 요구하고 있었다. 그들은 3천만원의 대출을 요청하기 위해 은행으로 다시 갔으나, 그 은행은 현 단계에서 그들이 너무 위험하다고 말하면서 대출요청을 거절하였다. 그래서 그들은 3천만원의 대출을 해결해준 지방정부기금으로 운영되는 기업발전청에 의지했다. 그 위기는 넘어갔으나 그 기간은 단지 잠시동안이었다.

그들이 6개월 후 사업부지를 옮겨야만 했을 때 또 다른 주요한 문제가 발생했다. 예상외의 확장으로 인하여 그들은 산업단지 내의 처음 부지가 매우 협소하다는 것을 알았다. 그들은 동일한 산업단지 내의 더 큰 부지로 이사하기로 계약을 했다. 그들이 이사하기로 예정되었던 토요일 전날인 금요일 밤에, 괴한들이 그들이 사용하려 했던 산업단지의 부지를 파손시켰다. 장비는 포장된 채 그대로 있었고, 3일간의 근무일동안 예약이 전혀 없었다. 그 이사는 또 다른 산업단지의 부지를 얻을 때까지 2개월 정도 연기되어여만 했다. 업무시간이 손실되었을 뿐만 아니라, 고객들은 예약을 위해 더 오래 기다려야만 했다. 또한 부지의 부족으로 인하여 영업을 하는데 더 많은 시간이 소요되었다.

(1) 사업계획서를 작성하는 것이 신생기업에게 왜 중요한가를 간단히 설명하라.
(2) 철수와 영희가 그들의 사업을 시작할 때 가지고 있었던 위험을 평가하라.
(3) "그 기업이 얼마나 빨리 성장하고 직면하고 있는 위험을 확인하는데 사업계획서가 실패했기 때문에 철수와 영희의 사업계획서는 부실했다." 여러분은 어느 정도 이 의견에 동의하는가?

해설

(1) 사업계획서를 작성하는 것이 새로운 신생기업들에게 중요하다. 첫째, 사업계획서는 기업들로 하여금 그들이 다른 기업들에 비해 경쟁우위를 가지고 있는가를 생각하게 만든다. 기업들은 그들의 제품이 다른 제품들과 비교하여 충분한 차별성을 가지고 있는가 또는 기존의 제품과 비교할 때 충분한 매력을 가지고 있는가를 고려할 것이다. 둘째, 사업계획서는 신생기업이 재무 또는 차입의 필요성을 평가하는데 도움을 줄 것이다. 충분한 자본을 가지는 것은 모든 신생기업들에게 매우 중요하다. 적당한 자본이 없으면, 기업은 어려움에 직면할 경우 영업을 포기해야만 할 수도 있다. 셋째, 사업계획서는 새로운 신생기업이 그 기업의 목적이 실현가능한가를 평가하는데 도움을 줄 수 있다. 그 기업은 다른 사람들에게 그 사업계획서를 살펴보고 논평해달라고 부탁할 수 있다. 만약 그 목적들이 비실현적이면 그것들은 수정될 수 있다. 이렇게 되면 성공가능성이 더 커지게 된다.

(2) 철수와 영희는 그들의 사업을 시작했을 때 많은 위험을 가지고 있었다.

첫째, 매우 단순한 위험은 그들의 직업을 포기하는 것이다. 그들은 정비공으로서 카센터에서 일하고 있었다. 그들은 새로운 신생기업이 그들에게 각각 2천만원의 급여를 지급하는 것으로 계획했다. 이 금액은 그들이 현 직장에서 각각 받고 있었던 2천5백만 원보다 작다. 그들은 이와 같이 더 작은 소득으로 살아갈 수 있을까라는 위험에 직면할 것이다.

둘째 위험은 기존의 기업과 유사한 기업을 설립하면서도, 더 낮은 가격으로 보다 더 우수한 서비스를 제공하는 위험이었다. 보다 더 우수한 서비스를 통해 증가된 수요가 가격의 하락을 상쇄하여 매출액이 증가할 것으로 그들은 계획했다.

셋째 위험은 그 지역에 이미 경쟁기업이 존재하고 있었다는 것이다. 그 경쟁기업들은 아마 충성도가 높은 기존의 고객에게 여러 해 동안 영업을 해왔다.

넷째 위험은 그들이 그들 자신을 위해 일하는 부담을 잘 대처할 수 있을 것인가이다. 새로운 기업의 설립은 어느 경우나 부담이 큰 것이다. 많은 사람들은 그들이 다른 기업을 위해 일할 때의 경우보다 더 많은 시간을 일하게 된다. 그들은 첫 해의 영업이 매우 정신없었다는 것을 알았다. 그들은 그들이 일했던 카센터에서는 다른 사람들에 의해 운영되었으므로 그 사업의 일부를 운영할 만한 기술을 보유하지 못했을 수도 있다.

다섯째 위험은 그들이 영업자금을 조달할 수 있는가이다. 그들은 초기의 비용을 충당하기 위해 당좌대출과 은행대출을 필요로 했다. 이것이 없으면 그들은 기업을 설립하지도 못했을 것이다. 더욱이 2억원의 매출액이 이 비용보다 작았다면 그들은 상환금을 지급할 수도 없었을 것이다.

모든 신생기업은 위험하다고 주장할 수도 있다. 새로운 신생기업들은 그들에게 주어진 부담 때문에 실패할 수도 있다. 그러나 철수와 영희의 경우에는 그들이 이미 경험했던 사업을 운영했다. 그들은 이미 보유하고 있던 고객들을 확보했을 수도 있다. 이로 인해 그들의 위험은 어느 정도 줄어들었을 것이다.

(3) 철수와 영희의 사업계획서가 부실했다고 주장할 수도 있을 것이다. 그들이 사업을 시작한 이후 사업계획서의 많은 부분이 그대로 실현되지 않았다. 수요는 예상보다 더 많았다. 이것은 그들이 6개월 후 계획보다 직원을 한 명 더 고용해야 했으며, 그로 인해 인건비가 상승했다는 것을 의미한다. 그들은 또한 재무적인 어려움도 겪었다. 그들의 당좌대월한도가 부실한 신용관리로 인해 초과되었다. 고객들이 대금을 제 때에 지급하지 않아 그 기업은 현금흐름의 어려움에 직면하였다. 그들은 기업발전청의 자금으로 단지 이러한 위기를 피할 수 있었다. 추가적인 문제점은 예상외로 사업이 급격하게 확대되었다는 점이다. 그들은 사업부지를 옮겨야 했으나 사업부지의 건물이 괴한에 의해 파괴되자 업무가 중단되었다. 따라서 고객들은 기다려야만 했다. 일부 고객들은 다른 카센터로 갔을 수도 있다.

반면, 사업계획서의 강점도 있었다. 사업계획서는 지역시장에 대한 충분한 정보와 연구에 기반하여 작성된 것처럼 보인다. 그들은 보다 더 낮은 가격에 보다 더 우수한 서비스의 필요성을 확인했다. 그 기업이 매우 성공적이었다는 사실은 아마도 이러한 견해를 뒷받침해준다. 또한 그 사업계획서는 성장성이 예상된 바와 같이 실현성이 있는 것처럼 보인다. 그들은 그 사업의 성공가능성을 높이기 위해 상당한 자금의 인출을 예상하지 않았다.

중요한 문제는 예상외의 사건이 발생한 점 때문으로 보인다. 수요의 증대는 매출의 증가를 가져왔다. 이로 인하여 그 기업은 인건비의 상승을 부담해야만 했을 것이다. 그러나 부실한 신용관리는 그 기업이 현금흐름문제에 직면했다는 것을 의미했다. 우수한 사업계획서는 예상외의 사건발생도 고려해야만 한다고 주장할 수도 있을 것이다. 그러나 어떠한 사업계획서도 괴한에 의한 사업부지의 파괴 등과 같이 모든 것을 다 커버할 수는 없다.

결론적으로 사업계획서는 실제로 부실하지 않았다고 주장할 수 있다. 그러나 그 사업계획서가 매우 잘되었다고 할 수는 없다. 아마도 사업계획서는 서로 다른 상황들의 발생가능성을 포괄해야만 할 것이다.

제28장

자금조달의 종류

서 론

기업들은 사업을 시작하기 위해-예를 들면, 장비와 원재료를 구입하고 공장건물을 건설하기 위해 자금을 필요로 한다. 이와 같은 최초의 지출이 충족되면 사업이 진행될 수 있다. 성공하면 기업은 매출로부터 자금을 확보하게 될 것이다. 그러나 사업은 계속적인 활동이며 자금유입은 더 많은 원재료를 구입하고 기타 영업부채를 갚는 데에 사용될 것이다.

기업의 주인이 기업을 확대하기를 원하면 매출로부터 확보된 자금보다 더 많은 자금이 요구될 것이다. 기업의 확장은 더 많은 공장건물, 장비와 직원들을 의미한다. 기업의 일생동안 자금이 외부로부터 조달되어야 할 때가 거의 확실하게 존재한다.

기업의 지출은 두 가지 범주-자본지출 또는 수익지출-로 구분된다. 자본지출은 반복해서 사용될 수 있는 항목에 대한 지출을 말한다. 회사의 차량, 절단기계, 그리고 새 공장 등 모두가 이 범주에 속한다. 자본지출은 고정자산의 구입이 되므로 기업의 대차대조표에 나타난다. 또한 자본지출은 건물과 기계의 유지 및 보수 등을 포함한다.

수익지출은 이미 소비되었거나 또는 곧 소비될 재화와 서비스에 대한 지출을 말한다. 임금, 원재료비 및 연료비 등이 모두 예가 된다. 수익지출은 기업의 비용에 해당하므로 기업의 손익계산서에 나타난다.

주요 내용

1. 내부자금의 종류

   (1) 유보이익 (2) 운전자본 (3) 자산의 매각

2. 장기외부자금의 종류

   (1) 지분자본(share capital) (2) 부채자본(debt capital)-회사채, 담부대출, 정부정책자금, 은행 등 기타금융기관의 장기대출 (3) 벤처캐피털

3. 단기외부자금의 종류

   (1) 은행의 당좌대출(bank overdraft) (2) 은행대출 (3) 할부구매(hire purchase) (4) 매입채무(trade credit), (5) 리스 (6) 팩토링(factoring) (7) 상업어음(무역어음, 환어음, trade bills) (8) 신용카드

4. 자금조달수단의 결정요인

   (1) 비용 (2) 자금의 용도 (3) 기업의 종류와 규모 (4) 재무상태 (5) 부채비율

5. 자본시장과 화폐시장

   (1) 주식시장 (2) 은행 및 기타금융기관

6. 자본구조

사례 28-1

아이스그림 회사인 갑돌기업은 원주에 있다. 이 기업은 농장 옆에 아이스크림 공장과 가게를 가지고 있다. 이 기업의 사업으로는 자기 농장의 우유로 이이스크림을 생산하며, 현장에서 판매, 그리고 여러 가게와 식당을 통해 판매한다. 이 기업의 목적은 기존 제품의 가치를 높여서 제품가격의 하락에 따른 손실을 회복시키는 것이었다. 회사설립전에 주인들은 사업계획서를 작성했고 농촌기업육성 보조금에 대한 신청서를 작성했다. 처음에는 이 기업이 그 보조금을 받을 자격이 있는가에 대한 농수산식품부 직원의 다른 해석으로 문제가 있었다. 그러나 이 기업이 초기 신청자이었고 신청양식과 지침이 확실해져서 이러한 문제는 정책시행 초기의 단순한 문제인 것으로 나타났다. 결국 갑돌기업에 보조금이 지원

되었다. 이 기업의 또 다른 중요한 자금조달원천은 은행의 당좌차월이다.

(1) 갑돌기업의 자금조달에 도움이 되는 보조금의 장점은 무엇인가?
(2) 자금신청을 할 때 사업계획서를 작성하는 것이 중요한 이유는?
(3) 갑돌기업의 주요한 자금조달원천의 하나는 은행의 당좌차월이다.
　① 이것이 외부자금조달원천인 이유는?
　② 이것이 왜 이 기업의 유연한 자금조달수단이 되는가?

해설

(1) 갑돌기업은 원주의 농촌기업육성프로그램으로부터 보조금을 간신히 얻었다. 실제로 이 기업이 그 보조금 신청을 한 최초의 기업이다. 이러한 종류의 자금조달의 중요한 장점은 보조금은 보통 상환할 필요가 없다는 점이다. 따라서 이 프로그램에 의해 조달된 돈은 상환할 필요가 없을 것이다. 이것은 그 기업의 부담을 줄여주고 추가로 부채를 쓰지 않아도 될 것이다.

(2) 자금을 신청할 때 보통 사업계획서를 작성해야 한다. 자세한 사업계획서를 작성하면, 자금을 신청하는 기업들이 잘 정비되어 있고 그리고 그 기업들은 자금으로 무엇을 할 것인가에 대해 생각해왔다는 것을 잠재적인 자금제공자들에게 보여주는데 도움이 된다. 또한 자금제공자들은 사업계획서를 사용하여 그 기업이 성공할 것인지의 여부와 대출이 얼마나 위험할 것인가를 결정하는데 도움을 받는다. 만약 사업계획서가 없었다면 갑돌기업의 보조금은 승인받지 못했을 것이다.

(3) ① 은행당좌차월은 갑돌기업의 외부자금조달원천이다. 즉, 조달된 자금은 기업의 외부에서 조달되었다는 것을 의미한다. 그 자금은 은행에서 조달된다. 갑돌기업과 같은 기업은 창업초기 기업이므로 우선적으로 외부자금조달원천을 사용할 수밖에 없다. 기업이 설립되어 수익이 발생하게 되면 이익과 같은 내부자금이 사용될 수 있다.
② 은행당좌차월의 주요한 장점은 유연성에 있다. 즉, 미래 특정시점에 자금이 필요할 때에만 그 자금을 차입할 수 있다는 점이다. 예를 들어, 갑돌기업은 아이스크림의 판매가 상대적으로 적은 겨울에는 당좌차월을 할 필요가 있게 된다. 그러나 여름에는 그 기업은 당좌차월을 전혀 사용할 필요가 없을 것이다. 이것은 당좌차월이 어떠한 금융수수료도 수반하지 않는다는 것을 의미한다. 갑돌기업은 필요할 경우에만 자금을 사용하게 된다.

또한 갑돌기업은 한도를 초과하지 않는 한 필요에 따라 서로 다른 금액의 자금을 조달할 수 있다는 점에서도 당좌차월은 유연성을 갖는다.

사례 28-2

한국의 유명 여성기업인중의 한 사람에 의해 창업된 82ASK는 이동전화를 활용한 정보기업이며 20억원의 자금조달을 목적으로 내년 초 증권시장에 상장시키려고 한다. 종로기업으로 이름을 바꾼 이 회사는 전 대우증권 투자은행가인 갑순이가 이끌고 있다. 이 기업은 사용자들로 하여금 5분 내에 답을 제공하기로 약속한 연구전문가 팀에게 질문을 문자로 보내도록 한다. 사용자들은 질문이 완전하게 해결될 경우 질문 당 2,000원을 지불해야 한다. 거의 40만명에 가까운 회원을 가진 그 서비스는 일반상식과 오락에서부터 고객들의 이동전화로 식당추천, 여행정보제공, 그리고 지도제공까지 모든 질문에 대한 답변을 제공하기 위해 220명의 전문가 네트워크를 가지고 있다.

산업대출전문가인 A자산관리회사가 새로운 자금조달의 대부분을 제공했으며 종로기업 지분의 14%를 소유하고 있다. 갑순이와 공동창업자인 갑돌이가 각각 약 15%의 지분을 갖고 있다. 지난 4년 동안 종로기업은 3회에 걸친 자금조달에서 주로 부유한 개인들로부터 40억원의 자금을 조달하였다. 최근의 자금조달에서 조달된 20억원 중 약 16억원은 광고와 마케팅을 위해 배정되었다. 이 금액은 지금까지 마케팅에 지출된 3억원보다 훨씬 더 많다.

(1) 종로기업은 왜 자금을 조달하는가?
(2) 최초의 창업자들은 이 회사 지분의 얼마를 소유하고 있는가?
(3) 종로기업이 사용한 자금조달의 주요한 두 가지의 원천에 대해 설명하라.
(4) 위의 (3)과 같은 자금조달을 할 경우, 종로기업의 창업자에게 불리한 점에 대해 토론하라.

해설

(1) 종로기업은 20억원의 자금을 조달하였다. 이 기업은 광고와 마케팅에 약 16억원을 지출할 계획이다. 이 금액은 지금까지 마케팅에 지출된 3억원보다 훨씬 더 많은 금액이다.

(2) 종로기업은 갑순이와 갑돌이에 의해 창업되었다. 그들은 회사 지분의 30%를 소유하고 있다. 그들은 각각 15%의 지분을 갖고 있다. A자산관리회사(14%) 그리고 그 기업에 이미 투자했던 부유한 개인투자자들이 나머지 지분을 갖고 있다.

(3) 가장 최근의 지분자금투입은 A자산관리회사에 의해 제공되었다. 그들은 20억원을 투입했다. A자산관리회사는 금융시장에서 산업전문가로 불린다. 그러한 전문가들은 특히 기업과 상업용 목적으로 자금을 제공한다. 그들은 종종 중소규모 기업들에게 투자하며, 다른 원천으로부터 자금을 조달하는데 애로가 많았던 기업들에게 종종 지분자금을 제공한다.

종로기업도 또한 부유한 개인들로부터 자금을 조달하는 것을 즐겨왔다. 이러한 개인들을 기업천사라고 부른다. 기업천사들은 2천만원에서 최대 2억원까지 종로기업과 같이 창업기업이나 초기확장단계의 기업들에게 종종 투자한다. 기업천사들은 관련된 도박적 게임을 좋아하거나 신생기업 또는 성장기업의 주주가 되는 것을 선호하기 때문에 종종 종로기업과 같은 기업들에 투자한다. 또한 기업천사들은 상당한 세금을 절약할 수 있다.

(4) A 자산관리회사와 같은 산업전문가와 기업천사들로부터 자금을 조달하는 경우의 주요한 문제점의 하나는 그들이 회사의 지분을 갖게 된다는 점이다. 예를 들어, A자산관리회사는 종로기업의 14%지분을 갖고 있으며 부유한 개인투자자들(기업천사들)은 약 50%의 지분을 갖고 있다. 이것은 그들이 종로기업이 얻는 이익의 상당한 몫을 차지하게 된다는 것을 의미한다. 그들은 또한 회사의 의사결정에 참여할 수 있는 권한을 갖고 있다. 이 때문에 투자자들이 창업자들(갑순이와 갑돌이)과 다른 방향으로 회사가 가기를 희망할 경우 문제가 발생할 수 있다. 갈등이 발생할 수 있고 그 결과 회사가 어려움을 겪을 수 있다. 그러나 그 투자자들은 한발 물러나서 이 기업의 운영을 갑순이와 갑돌이에게 맡겨놓는 데에 만족할 수도 있다–특히 이 기업이 잘 될 경우.

종합사례 28-3

상장회사인 게임킹은 1993년에 설립되어 1996년에 영국의 대체투자시장(우리나라의 코스닥시장)에 상장되었다. 2005년 5월 이 회사는 최대 경쟁자인 켈리아이 No. 1 주식회사를 인수하였다. 그리하여 이 그룹은 등록회원클럽시장에 로토와 게임제품 및 서비스를 제공하는 선두주자가 되었다. 이 그룹은 현재 영국에 5,000개의 클럽에 해당하는 고객기반을 갖고 있다. 이 그룹은 전체지분을 모두 갖고 있는 세 개의 자회사로 구성된다:

- **켈리아이 No. 1**: 이 회사는 로토와 게임 제품과 관련된 모든 판매와 마케팅 사업을 책임지고 있다. 이 회사의 판매망은 전국적으로 구성되어 있으며 광범위한 제품포트폴리오를 빠르고 효율적으로 클럽에 제공할 수 있다.
- **로토킹 주식회사**: 이 회사는 개인회원들의 클럽들에게 자동판매기, 로토티켓, 그리고 온라인로토설루션을 제공하는 최초의 기업이었다. 켈리아이를 인수한 후 현재 로토킹은 기술적인 지원서비스, 제조, R&D, 그리고 구매에 중점을 두고 있다.
- **로고킹 주식회사**: 이 회사는 로고모양의 여가 및 작업복을 개인회원들인 클럽들의 상당수의 직원들과 스포츠시장을 포함하여 전국시장에 제공한다.

2006년 게임킹은 51,000파운드의 이익을 달성했으며 이 금액 전체를 회사내부에 남겨놓았다. 이익이 38,000파운드이었던 2005년에도 똑같이 했다. 게임킹은 바클레이즈 은행으로부터 80만파운드의 대출을 사용하여 켈리아이를 인수하였다. 이 대출의 만기는 2010년 4월 15일이었다. 또한 2006년 4월 30일 게임킹은 500만파운드의 수권자본금을 가지고 있으며 290만 7천파운드의 주식을 발행하였다. 게임킹이 사용한 다른 자금조달원천에는 매입채무와 할부구입이 포함된다.

(1) 수권자본금(authorised capital)과 납입자본금(issued capital)간의 차이에 대해 설명하라.

(2) 대체투자시장(Alternative Investment Market)에의 상장이 게임킹의 자본조달능력에 어떻게 영향을 미치는가?

(3) ① 게임킹은 바클레이즈은행으로부터 왜 80만파운드를 대출받았는가?
② 이 대출은 회사의 부채비율에 어떻게 영향을 주는가?

(4) 게임킹 회사가 2005년과 2006년에 이익 모두를 내부유보한 장·단점에 대해 설명하라.

해설

(1) 2006년 4월 30일 현재 게임킹은 5백만파운드의 수권자본금, 그리고 2.907백만파운드의 납입자본금을 가지고 있다. 수권자본금은 한 기업이 발행할 수 있는 지분자본의 최대금액이다. 이 사례에서 게임킹은 5백만파운드 이상의 주식을 발행할 수 없다. 납입자본금은 그 기업이 주식판매로부터 현재 조달한 금액이다. 게임킹은 지금까지 주식판매로부터 총 2.907백만파운드의 현금을 조달하였다.

(2) 상장주식회사인 게임킹은 광범위한 자금조달원천을 갖게 될 것이다. 주요 장점으로는 이 기업이 일반대중에게 주식을 판매하여 자금을 조달할 수 있다는 것이다. 또한 이 기업은 대중의 관심을 받게 되고 자금조달시 경쟁할 때 더 큰 영향력을 갖는다. 게임킹은 또한 신용도가 높아지게 되어 은행들이 더욱 더 대출해주고자 한다. 일반적으로 주식시장에 상장된 기업들은 자금을 조달할 때 더 좋은 위치에 있게 된다.

(3) ① 2006년 4월 30일 게임킹은 바클레이즈은행으로부터 80만파운드의 대출을 받았다. 이 대출의 만기는 2010년 4월 15일이었다. 이 대출의 상당한 부분은 이 기업의 주요 경쟁자인 켈리아이를 인수하는데 사용되었다. 그 인수 후 게임킹은 등록회원들의 클럽시장에 로토와 게임제품 및 서비스를 제공하는 분야에서 선두주자가 되었다. 이 그룹은 현재 영국에 5,000개 클럽의 고객기반을 가지고 있다.

② 바클레이즈은행으로부터의 대출은 80만파운드이었다. 이러한 대출은 게임킹의 부채비율에 영향을 준다. 부채비율은 한 기업의 대출자본과 지분자본간의 관계이다. 어느 기업의 대출자본이 더 크면 그 기업의 부채비율은 높다고 말한다. 이 사례에서 80만 파운드의 대출증가는 게임킹의 부채비율을 크게 높이게 된다. 이 기업의 지분자본은 2006년에 2.907백만파운드에 불과하였다. 이 대출이 이루어지기 전에 대출자본이 비교적 낮았다고 가정하면, 추가로 80만파운의 대출자본은 부채비율을 거의 50% 정도 높이게 된다.

(4) 유보이익은 내부자금조달원천이다. 그것은 기업에 의해 발생된다. 그것은 기존의 기업들에게 하나의 가장 중요한 자금원천이다. 모든 기업의 자금조달액 중 약 65%가 유보이익에서 발생한다. 2006년과 2005년에 게임킹은 이익 전체를 회사내부에 유보했다. 이러한 자금조달의 주요한 장점은 자금조달비용이 싸다는 점이다. 거기에는 이자, 배당, 또는 관리비와 같은 금융수수료가 없다. 그러나 기회비용이 존재한다. 게임킹이 사용한 유보이익은 주인들에게 돌아갈 수 없다. 이 사례에서 그것은 기업을 운영하는 사람들과 A자신관리회사와 기업전사들과 같은 주인들의 일부간에 갈등을 초래할 수 있다. 이러한 투자자들이 자본을 제공한 이유중의 하나는 우선 배당을 받는 것이었다. 그러나 이 사례에서는 이익 전체가 내부유보된 것에 대해 투자자들이 만족하지 않는다는 증거가 없다. 초기 성장단계에 있는 기업의 경우 이익 전체를 내부유보하는 것이 매우 흔한 일이다.

참고문헌

2014년 중소기업 금융이용 애로실태조사 결과 (2014). KBIZ 중소기업중앙회

KB 지식 비타민(2014-31호). 중소기업 정책금융 구조와 이해. KB금융지주 경영연구소

구본성. (2013). 중소기업금융의 새로운 방향과 중장기 과제. 한국금융연구원

구정한. (2013). 중소기업 자금조달시장에서 정책금융의 역할과 향후과제. 금융 포커스, 22(5), 12-13.

손상호 · 김동환. (2013). 중소기업금융의 발전과제. KIF 금융리포트 2013-03

정형권. (2009). 중소기업 정책금융의 효율화 방안에 관한 연구. 한국경제의 분석, 5(2), 1-103.

금융감독원	http://www.fss.or.kr/
삼성경제연구소	http://www.seri.org/
중소기업연구원	http://www.kosbi.re.kr/
중소기업정책자금지원센터	www.sbac.co.kr
중소기업중앙회	http://www.kbiz.or.kr/
중소기업진흥공단	http://www.sbc.or.kr/
중소기업청	http://www.smba.go.kr/
한국금융연구원	http://www.kif.re.kr/
한국은행	http://www.bok.or.kr/
한국벤처캐피탈협회	http://www.kvca.or.kr/

www.drugresearcher.com

www.oceanlinx.com

www.telecitygroup.com

도미노피자의 연차보고서 및 재무제표

easyet의 2006년 영업보고서와 재무제표

파이낸셜 타임스, 2008년 1월 26일자

HR Owen과 Bpi의 영업보고서 및 재무제표

ImmuPharma 2006년 연차보고서 및 회계장부

선데이 타임스, 2007년 10월 28일자

The Guardian, 2007년 3월 19일자

N. Arshadi, "Capital Structure, Agency Theory, and Banks," Financial Review 24 (February 1989): 31-52

Michael D. Carpenter and Jack E. Miller, "A Reliable Framework for Monitoring Accounts Receivable," Financial Management (Winter 1979): 37-40.

Eugene F. Fama, "Term Premiums and Default Premiums in Money Markets," Journal of Financial Economics (September 1986): 175-196.

Larry Gitman and M.D. Goodwin, "An Assessment of Marketable Securities Management Practices," Journal of Financial Research 11(Fall 1979): 161-169.

Larry Gitman, Edwin A. Moses, and I.T. White, "An Assessment of Corporate Cash Practices," Financial Management (Spring 1979): 32-41.

John J. Goetz, "Ten Ways to Conserve Working Capital," Journal of Working Capital Management (Fall 1995): 27-31.

S.H. Griffiths and N.J. Robertson, "Global Cash: Short-term Investing and Borrowing Overseas," Journal of Cash Management (March/April 1987): 52-56.

B.W. Harries, "How Corporate Bonds and Commercial Paper Are Rated," Financial Executive (September 1971): 30-36.

L.C. Heath, "Is Working Capital Really Working?," Journal of Accountancy (August 1989) : 55-62

Ned C. Hill and Kenneth D. Riener, "Determining the Cash Discount in the Firm's Credit Policy," Financial Management (Spring 1979): 68-73.

N.C. Hill, W.L. Sartoris, and S.L. Visscher, "The Components of Credit Line Borrowing Cost," Journal of Cash Management (October 1983): 44ff.

Ravi R. Kamath, Shahriar Khaksari, Heidi Hylton Meier, and J. Winklepeck, "Management of Excess Cash: Practices and Developments," Financial Management (Autumn 1985): 70-77.

Yong H. Kim and Joseph C. Atkins, " Evaluating Investments in Accounts Receivable: A Maximizing Framework," Journal of Finance (May 1978), 402-412.

Yong H. Kim and Kee H. Chung, "An Integrated Evaluation of Investment in Inventory and Credit: A Cash Flow Approach," Journal of Business Finance and Accounting (Summer 1990), 381-390.

J.A. Largay and C.P. Stickney, "Cash Flows, Ratio Analysis and the W.T. Grant Company Bankruptcy," Financial Analyst Journal (July-August

1980), 51-54

Yul W. Lee and John D. Stowe, "Product Risk, Asymmetric Information, and Trade Credit," Journal of Financial and Quantitative Analysis (June 1993): 285-299.

Wilbur C. Lewellen, John J. McConnell, and Jonathan A. Scott,"Capital Market Influences on Trade Credit," Journal of Financial Research (Fall 1980), 105-113.

Charles M. Linke and J. Kenton Zumwalt, "Estimation Biases in Discounted Cash Flow Analyses of Equity Capital Cost in Rate Regulation," Financial Management(Autumn 1984), 15-21.

Shehzad L. Mian and Clifford W. Smith, Jr., "Accounts Receivable Management Policy: Theory and Evidence," Journal of Finance (March 1992): 169-220.

Shehzad L. Mian and Clifford W. Smith, Jr., "Extending Trade Credit and Financing Receivables," Journal of Applied Corporate Finance (Spring 1994): 75-84.

Kanwal S. Sachdeva and Lawrence J. Gitman, "Accounts Receivable Decisions in a Capital Budgeting Framework," Financial Management (Winter 1981), 45-49.

William L. Sartoris and Ned C. Hill, "A Generalized Cash Flow Approach to Short-Term Financial Decisions," Journal of Finance (May 1983), 349-360.

William L. Sartoris and Ned C. Hill, "Evaluating Credit Policy Alternatives: A Present Value Framework," Journal of Financial Research (Spring 1981), 81-89.

Joel M. Shulman and Raymond A.K. Cox, "An Integrative Approach to Working Capital Management," Journal of Cash Management 5(6) (1985): 64-67

K.V. Smith, "State of the Art of Working Capital Management," Financial Management (Autumn 1973) : 50-55

K.L. Stock, "Asset-Based Financing: Borrowing and Lender Perspectives," Journal of Commercial Bank Lending (December 1980): 31-46.

John T. Zietlow, "Evaluating the Risk in Negotiable CDs," Journal of Cash Management (November/December 1990): 39-41, 43, 45-46.

찾아보기

ㅈ

ㅊ

ㅌ

ㅍ

ㅎ

저자 약력

정기웅 교수는 연세대학교 경제학과를 졸업하고 뉴욕주립대학교(SUNY at Albany)에서 경제학 박사학위를 받았다. 한국은행 자금부와 쌍용경제연구소를 거쳐 계명대학교 경영학과 교수로 재직중이다. 전공분야는 재무관리이며 Advances in Applied Microeconomics, European Journal of Political Economy, Journal of Real Estate Research, Pacific Basin Finance Journal, Research in International Business and Finance, Journal of Developing Areas, 재무연구, 재무관리연구, 증권학회지, 국제지역연구 등의 국내외 학술지에 다수의 논문을 출간하였다. 한국학술진흥재단 해외파견 연구교수로 선정된 바 있으며 국제지역학회장을 역임하였다.

재무관리원론 : 사례중심

2015년 8월 30일 1판 1쇄 발행
2018년 2월 20일 1판 2쇄 발행

저 자 정 기 웅
발행인 김 광 식
조 판 아 람 기 획

07285
발행처 서울특별시 영등포구 선유로3길 10, 617호
도서출판 **탑 북 스**
등 록 2009.12.21 제 2016-000101 호
전 화 02)365-2223 팩스 02)365-2224

정가 20,000 원
ISBN 979-11-87343-80-6-93320